Fundamente der Informatik

Funktionale, imperative und objektorientierte Sicht, Algorithmen und Datenstrukturen

von

Peter Hubwieser

Andreas Mühling

Gerd Aiglstorfer

2., vollständig überarbeitete Auflage

Oldenbourg Verlag München

Prof. Dr. Peter Hubwieser leitet den Fachbereich Didaktik der Informatik an der Technischen Universität München. Als Gastprofessor war er zudem an den Universitäten Klagenfurt, Salzburg und Innsbruck tätig. Er hat das Pflichtfach Informatik in Bayern maßgeblich mitgestaltet und hält seit mehr als 10 Jahren Einführungsvorlesungen in die Informatik für Studierende anderer Fachbereiche.

Andreas Mühling ist wissenschaftlicher Mitarbeiter am Fachgebiet Didaktik der Informatik an der TU München. Seit dem Studium der Informatik forscht er im Bereich Wissensmanagement und -diagnose.

Gerd Aiglstorfer ist Geschäftsführer der G.A. itbs GmbH, einem Dienstleister für Business Intelligence und Data Warehouse Lösungen.

Bibliografische Information der Deutschen Nationalbibliothek

Die Deutsche Nationalbibliothek verzeichnet diese Publikation in der Deutschen Nationalbibliografie; detaillierte bibliografische Daten sind im Internet über http://dnb.d-nb.de abrufbar.

© 2013 Oldenbourg Wissenschaftsverlag GmbH
Rosenheimer Straße 145, D-81671 München
Telefon: (089) 45051-0
www.oldenbourg-verlag.de

Lektorat: Johannes Breimeier
Herstellung: Anna Grosser
Covergrafik: Irina Apetrei
Einbandgestaltung: hauser lacour
Gesamtherstellung: Grafik & Druck GmbH, München

Dieses Papier ist alterungsbeständig nach DIN/ISO 9706.

ISBN   978-3-486-71751-8
eISBN   978-3-486-72006-8

Vorwort zur 2. Auflage

Aufgrund des Erfolgs der ersten Auflage wurden wir vom Verlag gebeten, eine zweite Auflage zu erarbeiten. Dazu mussten wir auf die Rahmenbedingungen eingehen, die sich seit der ersten Auflage etwas geändert hatten. Vor allem war zum Zeitpunkt der Drucklegung der ersten Auflage ein zweiter Band der „Fundamente" geplant, der sich vor allem mit der Datenmodellierung und der objektorientierten Modellierung hätte beschäftigen sollen. Leider ist dieser Band nie erschienen, so dass wir für diese zweite Auflage gezwungen waren, die objektorientierte Sichtweise als die derzeit in der Informatik dominierende aufzunehmen. Das haben wir zum Anlass genommen, die Struktur des gesamten Buches zu überarbeiten.

In der 2. Auflage behandeln wir nun drei wichtige (und in gewisser Weise fundamentale) Sichtweisen der Informatik auf Modellierung und Programmierung. Nach einer kurzen allgemeinen Einführung in Grundlagen der Modellierung und Programmierung beginnen wir funktional. Daran schließt sich die imperative und als drittes noch die objektorientierte Sichtweise an. Jeder der drei Herangehensweisen ist nun ein eigener Teil des Buchs gewidmet. Beginnend mit einer typischen Modellierungstechnik stellen wir dann die Programmierung anhand einer Pseudo- und einer realen Programmiersprache im Detail vor und wenden die Techniken abschließend bei der Implementierung von häufig gebrauchten Datenstrukturen konkret an. Dabei ist es stets unser Anliegen, das bisher behandelte auch in den anderen Sichten wieder aufzugreifen und unter neuen Aspekten einzuordnen. Die komplexe Materie wird durch diese Herangehensweise, die zentrale Punkte spiralförmig immer wieder und weiter aufgreift, handhabbarer als es bei einer isolierten Betrachtung der Sichtweisen möglich wäre.

Sowohl im Beruf wie auch im Privatleben haben wir es mit immer komplexeren Systemen und Abläufen zu tun: von komplizierten gesetzlichen Regelungen über immer neue Steuervorschriften bis zu elektronischen Systemen. Von der Steuererklärung über Heimcomputer und Videorekorder bis zur Elektronik im Auto oder zum Mobiltelefon fällt es uns oft nicht leicht, die Bedienung oder die Funktionsweise dieser Systeme auf Anhieb zu durchschauen.

Die Informatiker haben es sich von der Entstehung Ihres Fachgebietes an zur Aufgabe gemacht, *Komplexität* zu thematisieren, zu messen und Algorithmen mit möglichst geringer Komplexität zu entwickeln. Sie haben es immer schon mit so komplizierten Systemen (z. B. Rechenanlagen, Rechnernetzen oder Softwaresystemen) zu tun, dass sie mit alltäglichen Mitteln (wie Sprache oder informellen Zeichnungen) nicht mehr ausreichend genau beschrieben werden können. Daher haben sie im Lauf der Zeit eine Vielzahl von Beschreibungs- (oder *Modellierungs-*) Techniken entwickelt, um solche Systeme besser strukturieren zu können. Diese Kenntnisse und Fertigkeiten können aber auch außerhalb des eigentlichen Fachgebietes der Informatik oft sehr wertvolle Dienste leisten, wenn es darum geht, komplexe Systeme jeglicher Art zu beschreiben oder über sie zu kommunizieren. Deshalb tauchen solche Modellierungstechniken als Lerninhalte auch zunehmend in der Schulausbildung auf, etwa im neuen Lehrplan für das Pflichtfach Informatik an bayerischen Gymnasien. Demzufolge müssen sich natürlich auch die zukünftigen

Informatiklehrerinnen und -lehrer (natürlich noch intensiver als später ihre Schülerinnen und Schüler) mit diesen Techniken und Konzepten auseinandersetzen. Aus diesen Überlegungen heraus haben sich Modellierungstechniken mittlerweile zum zentralen Thema der Lehreraus- und -weiterbildung in Bayern entwickelt.

Die Entstehung

Dieses Buch ist in seiner ersten Auflage ursprünglich aus dem Beitrag der Technischen Universität München zu einer Weiterbildungsinitiative der bayerischen Staatsregierung (SIGNAL für *Sofortprogramm Informatik am Gymnasium - Nachqualifikation von Lehrkräften*) hervorgegangen. Innerhalb dieser Initiative wurden seit Herbst 2001 ca. 400 berufstätige Gymnasiallehrerinnen und -lehrer in zweijährigen Kursen an fünf Universitäten (TU und LMU München, Universität Erlangen-Nürnberg, Würzburg und Passau) zum Staatsexamen in Informatik geführt. Im ersten Kursjahr lag die Betonung dabei auf betreutem Selbststudium, während das zweite Kursjahr auf wöchentlich Präsenzveranstaltungen setzt. Das Material für diese Initiative wurde in sehr unterschiedlicher Form von den teilnehmenden Universitäten beigesteuert. Der Beitrag der Technischen Universität München bestand u. a. (neben der Konzeption und der Gesamtkoordination der Initiative und weiteren Modulen zur *Technischen Informatik*) aus einem Modul zum Themenbereich *Ablaufmodellierung* für das erste Studienjahr und einem Präsenzmodul zu *Algorithmen und Datenstrukturen*. Beide Module wurden inzwischen von vier Kursgenerationen in SIGNAL und einigen weiteren im Rahmen des Nachfolgeprojektes FLIEG (*Flexible Lehrerweiterbildung in Informatik als Erweiterungsfach für Gymnasien*) durchlaufen und haben damit einen Reifegrad erreicht, der eine Publikation in Form einer zweiten, stark verbesserten und ergänzten Auflage dieses Lehrbuchs ermöglichte.

Neben der Lehrerbildung haben Themen aus dem Bereich Modellierung auch massiven Einzug in die Informatikausbildung von Studierenden anderer Fächer (als der Informatik) gefunden. Die Begründung liegt natürlich in ihrem (oben beschriebenen) allgemein bildenden Wert: was für Schülerinnen und Schüler allgemein bildender Schulen notwendig erscheint, kann auch für zukünftige Ingenieure oder Betriebswirte sehr nützlich sein. So haben auch Inhalte und Ideen aus unseren Vorlesungen für diesen Hörerkreis Einzug in dieses Buch gehalten. Inzwischen haben wir hierzu eine zehnjährige Erfahrung, vor allem mit Studierenden der Betriebswirtschaft und Geodäsie gesammelt. In letzter Zeit haben wir vor allem unsere Einführungsvorlesung in die Informatik für letztere inhaltlich und methodisch weiter verbessert und empfehlen dieses Buch ausdrücklich als Grundlage für Vorlesungen dieser Art.

Die Zielgruppen

Neben zukünftigen Lehrkräften und Studierenden der Informatik im Nebenfach empfehlen wir das Buch aber auch „Vollblutinformatikern" als Vorbereitung oder Ergänzung zu den üblichen Einführungsvorlesungen. Da der Modellierung in der Informatikausbildung leider nicht immer den Stellenwert zukommt, der ihr aufgrund ihrer enorme Bedeutung im späteren beruflichen Leben zustünde, kann eine Vertiefung und Systematisierung hier keinesfalls schaden. Wir erheben allerdings nicht den Anspruch, wir mit diesem Buch die Breite und Tiefe der o. g. Anfängervorlesungen abzudecken.

Der Inhalt

Zur Beschreibung eines *Informatiksystems* (darunter versteht man eine Kombination aus Hard- und Softwarekomponenten) sind Aussagen über die zwei wesentlichen Aspekte der Informationsverarbeitung notwendig:

1. Struktur der Daten: „Was wird verarbeitet?"
2. (dynamisches) zeitliches Verhalten: „Wie läuft die Verarbeitung ab"?

Die Struktur der Daten kann mit der klassischen, im Datenbankbereich sehr verbreiteten *Entity-Relationship-Modellierung* oder mit *Objekt-* und *Klassendiagrammen* (wie etwa in der *Unified Modeling Language* UML) beschrieben werden. In der vorliegenden zweiten Auflage beschäftigen wir uns im Rahmen der objektorientierten Sichtweise nun auch mit genau diesen Techniken. Während wir uns in der ersten Auflage vor allem auf die Modellierung von Abläufen (also des zeitlichen Verhaltens) konzentriert haben, erklärt die zweite Auflage auch typische Datenstrukturen (und natürlich auch Algorithmen darauf), die es erlauben, schwierige Aufgabenstellungen effizient (oder evtl. überhaupt) zu lösen. Anhand dieser Algorithmen wird auch der o. g. Begriff der Komplexität präzisiert und quantifiziert werden.

Die einzelnen Kapitel sind folgenden Themen gewidmet: Nach einem kurzen Überblick über Grundlagen der Modellierung in Kapitel 1 werden wir uns in Kapitel 2 die Modellierung mit Hilfe von Algorithmen näher ansehen. Kapitel 3 legt die Grundlagen für die Programmierung die in den folgenden Teilen aus verschiedenen Sichtweisen betrachtet wird.

Daran anschließend wird die funktionale Modellierung mithilfe von Datenflussdiagrammen in Kapitel 4 und Programmierung (Kapitel 5–6) dargestellt. Die Rekursion ist hierbei von zentraler Bedeutung. In Kapitel 7 tauchen zum ersten Mal die „Basisdatenstrukturen" auf, anhand derer wir in jedem der Teile die konkrete Anwendung der Techniken der jeweiligen Sichtweise auf immer dieselben Datenstrukturen vorführen. Der nächste Teil befasst sich mit der imperativen Sichtweise. Wieder wird in Kapitel 8 zunächst eine zentrale Modellierungstechnik (Zustandsmodelle) vorgestellt. Diese wird benötigt um die Sichtweise der imperativen Programmierung in den Kapiteln 9-11 im Detail nachvollziehen zu können. Die Basisdatenstrukturen in Kapitel 12 runden diesen Teil ab. Teil 4 behandelt die heutzutage so zentrale objektorientierte Sichtweise. Die Modellierungstechnik der Klassendiagramme wird in Kapitel 13 eingeführt. Daran anschließen wird, abermals, die Programmierung in den Kapiteln 14-16 behandelt. Dabei wird insbesondere auch das Vererbungskonzept behandelt, das eine zentrale Rolle in der objektorientierten Sicht spielt. Die Basisdatenstrukturen werden in Kapitel 17 dann ein drittes und letztes Mal besprochen.

Auf der Grundlage der bis dahin behandelten Programmierkonzepte führt Kapitel 18 in das Gebiet „Algorithmen und Datenstrukturen" ein. Mit Hilfe der asymptotischen Analyse und der Basisdatenstrukturen lernt der Leser in Kapitel 19 wichtige Sortier- und Suchverfahren der Informatik kennen. Eine effiziente Form des Suchens stellt das Hashing in Kapitel 20 dar. Die Kapitel über Bäume und Graphen führen in bekannte Datenstrukturen und Algorithmen dieser Art ein. Zum Abschluss geben wir in Kapitel 23 noch einen Ausblick auf allgemeine Optimierungsmethoden zum Entwurf von Algorithmen.

Die Programmiersprachen

Die Wahl der verwendeten Programmiersprache hängt grundsätzlich immer von ihrem Einsatzzweck (z. B. Ausbildung, Echtzeitsteuerung, Datenbankprogrammierung) sowie von den speziellen Umständen des jeweiligen Projektes (Altlasten, Hard- und Softwareumgebung, Anforderungen an Verfügbarkeit, Sicherheit, Effizienz) ab. Sie sollte jedoch *nicht* von den (zufälligen) Programmierkenntnissen („Ich kann leider nur JAVA") oder Vorlieben („JAVA ist die beste Programmiersprache überhaupt!") der Entwickler abhängen. Da die o. g. Zwecke und Umstände meist sehr verschiedene (oft sogar widersprüchliche) Anforderungen an die jeweilige Sprache stellen, wurden im Lauf der Zeit sehr viele verschiedene Sprachen entwickelt. Wie gut ein Informatiker seinen Beruf beherrscht, zeigt sich unter anderem darin, ob er in der Lage ist, für die jeweiligen Anforderungen die optimale Sprache auszuwählen und seinen (zunächst möglichst sprachunabhängigen) Systementwurf in diese Sprache abzubilden. Leider vermitteln viele Bücher und Vorlesungen aus der Informatikausbildung immer noch den Eindruck, als ob (oft leider nur) eine Programmiersprache der Dreh- und Angelpunkt aller Überlegungen wäre.

Bei den Zielgruppen dieses Buches tritt die Bedeutung der Programmiersprache noch weiter in den Hintergrund: Lehrkräfte, Schülerinnen und Schüler, Ingenieure (z. B. des Maschinenbaus oder der Geodäsie) oder auch Betriebswirte werden ihren Lebensunterhalt nur in den seltensten Fällen mit Programmierung verdienen. Wenn überhaupt, dann werden sie nur gelegentlich in sehr kleinem Rahmen ein eigenes Programm schreiben müssen. Damit verliert das Erlernen einer Programmiersprache jeglichen Selbstzweck. Programmieren in der Ausbildung dient in diesem Fall nur noch (u. a.) zur Veranschaulichung (meist sehr abstrakter Konzepte), der Vertiefung des Einblicks in die Funktionsweise von Hard- und Softwaresystemen oder auch nur der Motivierung der Studierenden. Dennoch ist es auch für diese Zielgruppe sehr lohnend, sich einige (bedeutende) Konzepte von Programmiersprachen näher anzusehen, allerdings ohne sich dem Zwang zum „perfekten" Erlernen einer bestimmten Sprache aussetzen zu müssen. Auch wenn wir natürlich hoffen, die Leser zu einer intensiveren Beschäftigung mit den vorgestellten Sprachen ermuntern zu können.

Dieses Buch ist daher ausdrücklich *nicht* als Einführung in die Programmierung mit irgendeiner bestimmten Programmiersprache gedacht. Solche Bücher finden Sie massenweise in den Buchläden (die Titel folgen meist dem Schema „X mit Y" oder „X in Y Tagen"). Wir wollen hier vor allem Kenntnisse und Fertigkeiten über spezielle Techniken aus dem Bereich *Modellierung* vermitteln: Zustandsmodellierung, Algorithmen, objektorientierte und funktionale Modellierung, formale Sprachen. Dennoch können diese Konzepte (und insbesondere die Fertigkeiten) nicht ganz ohne die Behandlung von Programmiersprachen (z. B. als Darstellungsmöglichkeit für Algorithmen oder zur Simulation von Abläufen) verstanden werden. Die Bedeutung einer Idee oder eines Konzeptes lässt sich daran ermessen, wie breit der Einsatzbereich ist: ist nur eine bestimmte Programmiersprache betroffen, eine ganze Klasse von Sprachen oder vielleicht sogar alle Programmiersprachen? Dieses Kriterium kann man natürlich nur anwenden, wenn man mehrere Sprachen kennt (oder sich zumindest schnell in eine neue Sprache einarbeiten kann). Daher gehört es unserer Meinung nach zu einer guten Informatikausbildung (auch für Lehrkräfte oder Studierende im Nebenfach), mehrere Sprachen kennen zu lernen. Dies fördert die Einsicht, dass die wesentlichen *Konzepte* der Informatik nicht auf eine bestimmte Programmiersprache zugeschnitten sind, sondern in vielen Sprachen umgesetzt werden können. Da aber die Einarbeitung in die *Syntax* einer Sprache und die meist unterschiedlichen *Entwicklungsumgebungen* sehr zeitaufwendig ist, müssen auch wir uns auf einige Sprachen beschränken.

Um die wichtigsten Strukturmerkmale von Programmiersprachen beschreiben zu können, greifen wir zu einem in der Informatikausbildung sehr bewährten Trick: Wir definieren uns eine eigene (für unsere speziellen Zwecke ideale) Programmiersprache (Pseudo-Programmiersprache PPS in den Abwandlungen FPPS, IPPS und OPPS), die keinerlei Rücksicht auf zufällige technische Randbedingungen nimmt. Diese Sprachen haben aber leider den Nachteil, dass es keine einfache Möglichkeit gibt, die Programme tatsächlich auf einem Rechner ablaufen zulassen. Außerdem ist es auch ganz interessant, die Zwänge einer Umsetzung in einer „realen" Programmiersprache zu erleben. Wir verwenden daher neben den o. g. Pseudosprachen auch drei „echte" Programmiersprachen (je eine für jeden der besprochenen Programmierstile), nämlich HASKELL, PYTHON und JAVA.

Während es im ersten Teil u. a. darum geht, wie man Programmiersprachen definieren kann oder welche Strukturen sie aufweisen, wird die Sprache PPS im zweiten Teil als reines Hilfsmittel zur Beschreibung bestimmter Algorithmen und Datenstrukturen gebraucht.

Am Ende des Buches findet sich eine Folge von Aufgaben, die vor allem der Vertiefung und der Anregung zum Nachdenken dienen sollen. Sie können nicht den Besuch einer Übung oder die Bearbeitung spezieller Aufgabensammlungen ersetzen, die aber für sich genommen schon den Umfang dieses Buches annehmen würden.

Danksagungen

Unser Kollege Alexander Staller hat uns während der gesamten Arbeit an der 1. Auflage durch fachliche, konstruktive Ratschläge und Korrekturen intensiv unterstützt hat, so dass ihm unser besonderer Dank gebührt. Einige der Aufgaben stammen ebenfalls aus seiner Feder. Ohne seine tatkräftige, intelligente und aufmerksame Mithilfe wäre die Qualität dieses Buch (und auch der Lehrerkurse) weitaus niedriger ausgefallen.

Eine wichtige Rolle spielten für die erste Auflage auch der Tutor der SIGNAL-Kurse an der TU München, Matthias Spohrer, der als erster Empfänger jeglicher Kritik an unseren Texten herhalten musste. Er lieferte viele Tipps und Rückkopplungen aus der Lehrpraxis sowie zahlreiche nützliche Hinweise. Daneben seien noch Markus Steinert, Margret Bauer und Stefan Winter erwähnt, die uns ebenfalls durch wertvolle Beiträge unterstützt haben.

Garching b. München im August 2012

Peter Hubwieser, Andreas Mühling und Gerd Aiglstorfer

Inhaltsverzeichnis

I	**Einführung**	**1**

1	**Modellierung als Arbeitstechnik**	**3**
1.1	Modelle und Modellierung	3
1.2	Aktionsstrukturen	5

2	**Algorithmen**	**9**
2.1	Der Begriff „Algorithmus"	9
2.2	Struktur von Algorithmen	12
2.3	Umsetzung in Programmiersprachen	14
2.4	Eigenschaften von Algorithmen	15
2.5	Pseudocode und Struktogramme	17
2.6	Sprachen und Programmierumgebungen	19

3	**Programmiersprachen**	**21**
3.1	Programmierbare Rechner	21
3.2	Programmiersprachen und Maschinencode	22
3.3	Übersetzerprogramme	23
3.4	Syntax formaler Sprachen	23
3.5	(Erweiterte) Backus-Naur-Form	25

II	**Funktionale Sicht**	**29**

4	**Funktionale Modellierung**	**31**
4.1	Datenflussdiagramme und Programme	31
4.2	Aufteilung von Programmen in Unterprogramme	33

5	**Funktionale Programmierung**	**37**
5.1	Das Programm als Term	37
5.1.1	Die Auswertung von Termen	38
5.1.2	Terme, Funktionen und funktionale Programme	39
5.1.3	Variable und Parameter	41
5.1.4	Terme und Datenflussdiagramme	42
5.2	Einfache Sorten	42
5.3	Verbunde (Records)	44
5.4	Sequenzen von Verarbeitungsschritten..................................	45
5.5	Bedingte Terme	47
5.6	Programmieren in HASKELL	48
6	**Rekursion**	**53**
6.1	Rekursive Strukturen	53
6.1.1	Rekursive Datenstrukturen...	54
6.1.2	Rekursive Funktionen	55
6.2	Parametrisierung von Datenstrukturen...................................	57
6.3	Rekursive Funktionen und Datentypen in HASKELL	57
6.4	Dynamische Datenflussdiagramme.....................................	59
6.4.1	Lineare Rekursion	60
6.4.2	Kaskadenartige Rekursion	61
6.4.3	Vernestete Rekursion..	64
6.4.4	Verschränkte Rekursion	65
7	**Basisdatenstrukturen**	**69**
7.1	Listen	69
7.2	Warteschlange und Keller	71
7.3	Binärbaum..	73
7.3.1	Binärbäume in FPPS	74
7.3.2	Binärbäume in HASKELL..	76
III	**Imperative Sicht**	**79**
8	**Zustandsmodellierung**	**81**
8.1	Zustandsdiagramme	81
8.2	Syntaxprüfung	82

9	**Imperative Programmierung**	**87**
9.1	Das Variablenkonzept	87
9.2	Einfache Sorten	88
9.3	Zuweisung als Zustandsübergang	89
9.4	Ein- und Ausgabeoperationen	92
9.5	Programme	93
9.6	Zusammengesetzte Anweisungen	94
9.6.1	Sequenzen	94
9.6.2	Bedingte Anweisung bzw. Alternative	96
9.6.3	Wiederholungen von Anweisungen	98
9.7	Zusammengesetzte Sorten	101
9.7.1	Felder (Arrays)	101
9.7.2	Tabellen als Kombination von Feldern und Records	102
9.8	Programmieren in PYTHON	102
9.8.1	PYTHON als Taschenrechner	103
9.8.2	Variablen und Vergleich	103
9.8.3	Sorten und Typen	104
9.8.4	Ein- und Ausgabe	104
9.8.5	Zusammengesetze Anweisungen	106
9.8.6	Zusammengesetzte Sorten	109
10	**Prozeduren**	**113**
10.1	Deklaration und Aufruf von Prozeduren	113
10.2	Globale und lokale Variablen	114
10.3	Bindung und Gültigkeit	116
10.4	Parameter	117
10.5	Ergebnisübergabe	119
10.5.1	Schreibzugriff auf globale Variable	119
10.5.2	Ausgangsparameter	120
10.5.3	Funktionskonzept	121
10.6	Module	123
10.7	Unterprogramme in PYTHON	123
10.8	Module in PYTHON	125
11	**Rekursion und Iteration**	**127**
11.1	Iterative Darstellung repetitiver Rekursion	127
11.2	Darstellung linear rekursiver Funktionen	129

12   Basisdatenstruturen   133

12.1   Referenzen und Zeiger 133

12.2   Listen 137
12.2.1 Verkettete Liste 137

12.3   Warteschlange und Keller 141
12.3.1 Rekursion und Kellerspeicher 143

12.4   Der Binärbaum 146

IV   Objektorientierte Sicht   151

13   Objektorientierte Modellierung   153

14   Objektorientierte Programmierung   157

14.1   Klassen und Objekte 157

14.2   Konstruktoren 159

14.3   Datenkapselung 160

14.4   Zustandsänderungen von Objekten 162

14.5   Beziehungen zwischen Objekten 162

15   Programmierung in JAVA   167

15.1   Kompiliert und Interpretiert.. 167

15.2   Die ersten Schritte in JAVA 167

15.3   Verarbeitungsschritte und Kontrollstrukturen 169

15.4   Methoden in JAVA.. 171

15.5   Objekte in JAVA.. 172

16   Generalisierung und Spezialisierung   175

16.1   Klassenhierarchien 177

16.2   Polymorphie 178

16.3   Vererbung in JAVA 179

17   Basisdatenstrukturen   183

17.1   Listen 183

17.2   Warteschlange und Keller 186

17.3   Binärbaum... 191

V	**Algorithmen und Datenstrukturen**	**197**
18	**Effizienz von Algorithmen**	**199**
18.1	Asymptotische Analyse	201
18.2	Komplexitätsmaße	202
18.3	Wachstumsverhalten von Funktionen	203
18.4	Amortisierte Kosten	206
19	**Sortieren und Suchen**	**209**
19.1	Sortieren durch Einfügen	209
19.1.1	Die Laufzeit von Sortieren durch Einfügen	210
19.2	Sortieren durch Auswählen	211
19.2.1	Die Laufzeit von Sortieren durch Auswählen	212
19.3	Bubblesort	213
19.3.1	Die Laufzeit von Bubblesort	214
19.4	Quicksort	215
19.4.1	Die Laufzeit von Quicksort	216
19.5	Heapsort	217
19.5.1	Heaps	218
19.5.2	Heapsort-Algorithmus	222
19.6	Sequentielle Suche	224
19.6.1	Die Laufzeit der sequentiellen Suche	224
19.7	Binäre Suche	224
19.7.1	Die Laufzeit der binären Suche	225
19.8	Binärbaumsuche	226
19.8.1	Die Laufzeit der Binärbaumsuche	227
20	**Hashing**	**229**
20.1	Grundlagen	229
20.2	Eine einfache Hashfunktion	231
20.3	Perfektes Hashing	232
20.4	Universelles Hashing	232
20.5	Chainingverfahren	234
20.5.1	Laufzeitanalyse	236
20.5.2	Implementierung in OPPS	237
20.6	Hashing mit offener Adressierung	238
20.6.1	Lineares Sondieren	239
20.6.2	Laufzeitanalyse	240

20.6.3   Quadratisches Sondieren 241
20.6.4   Laufzeitanalyse 242

21   Bäume   245

21.1   Vor-, In- und Nachordnung von Binärbäumen................................ 245

21.2   AVL-Baum 246

21.3   Vorrangwarteschlangen 253

21.4   Binomial Queue 254

21.5   Fibonacci-Heap 259

21.6   (a, b)-Baum 264

22   Graphen   269

22.1   Grundlagen 269

22.2   Darstellung von Graphen im Rechner 272

22.3   Traversierung von Graphen 273
22.3.1   Breitensuche (BFS-Algorithmus) 275
22.3.2   Tiefensuche (DFS-Algorithmus) 276

22.4   Kürzeste Pfade (Dijkstras Algorithmus) 277

22.5   Minimale Spannbäume (Prims Algorithmus) 280

23   Allgemeine Optimierungsmethoden   285

23.1   Dynamisches Programmieren 285

23.2   Greedy Algorithmen 287

23.3   Backtracking 289

VI   Aufgaben   293

A   Die Pseudo-Programmiersprachen FPPS, IPPS und OPPS   307

A.1   Allgemeine Regeln 307

A.2   FPPS 308

A.3   IPPS 309

A.4   OPPS 311

B   Programmierstile im Vergleich   313

Literaturverzeichnis   315

Index   317

I Einführung

1 Modellierung als Arbeitstechnik

Eine der typischen Aufgaben der Informatik besteht darin, *Modelle* von Systemen zu bilden. Häufig, weil man ein Programm entwickelt, das ein Ausschnitt der realen Welt im Rechner abbildet (z.B. ein online Reise-Buchungssystem). Oder man ist mit der Aufgabe konfrontiert, ein bereits existierendes System zu erweitern und muss sich daher erst mit dessen Struktur und Funktionsweise befassen, also ein Modell dieses Systems entwickeln. Genauso arbeitet man auch mit einem Modell, wenn man sich über die mathematisch/logischen Grenzen eines Rechensystems Gedanken macht. Wir wollen uns deswegen erst mit den Grundlagen der Modellierung befassen. Insbesondere unterscheiden wir die *statischen* und *dynamischen* Aspekte von Modellen. Vereinfacht gesagt stellt das eine die Struktur dar, während das Andere (meist) das zeitliche Verhalten meint.

Je nach Konstruktion bzw. Struktur hat ein System oft viele verschiedene Möglichkeiten für dieses zeitliche Verhalten. Zum Beispiel kann ein Getränkeautomat Limo, Wasser oder das eingeworfene Geld ausgeben; eine Bürgermeisterwahl kann nach einem Wahlgang oder erst nach einer Stichwahl zum Ergebnis führen. Welche dieser Möglichkeiten gewählt wird, hängt u.U. auch vom Verhalten der Benutzer oder vom Zufall ab. Aber es stellt jede dieser Möglichkeiten einen bestimmten *Ablauf* dar. Zur umfassenden Beschreibung des zeitlichen Verhaltens eines Systems muss man daher angeben, welche Abläufe möglich sind. Dazu kann man verschiedene Techniken einsetzen.

In diesem Kapitel wollen wir uns nach einigen Grundlagen zunächst mit 2 Techniken der Modellierung befassen, in den späteren Teilen werden dann noch 3 weitere grundlegende Techniken der Modellbildung eingeführt.

1.1 Modelle und Modellierung

In der Informatik begegnet man dem Begriff Modell auf vielen verschiedenen Ebenen und in zahlreichen Facetten. Darunter versteht man unter Anderem jegliche genauere Beschreibung von Vorgängen, die Beschreibung von Problemen mit Hilfe von speziellen Modellierungsprogrammen, irgendeine grafische Darstellung (in beliebiger Form) aus dem betreffenden Problemkreis, eine mathematische Gleichung, ein Programm oder vieles andere mehr. Wir wollen in diesem Buch von folgendem Modellbegriff ausgehen:

Definition 1.1

Ein *Modell* ist eine abstrahierte Beschreibung eines realen oder geplanten Systems, das die
für eine bestimmte Zielsetzung wesentlichen Eigenschaften des Systems erhält. Die Erstellung einer solchen Beschreibung heißt Modellbildung oder Modellierung (siehe Broy, 1998,
Band 1).

Besondere Bedeutung hat in diesem Zusammenhang der Begriff *System*, der das Objekt der
Modellierung bezeichnet. Wir interpretieren ihn wie Wedekind et al. (1998):

Definition 1.2

Als *System* im „weiteren Sinne" [...] gilt dabei eine Menge von Elementen (Systembestand-
teilen), die durch bestimmte Ordnungsbeziehungen miteinander verbunden und durch klar
definierte Grenzen von ihrer Umwelt geschieden sind.

Der Vorgang der *Modellbildung* in unserem Sinne umfasst daher vor allem die folgenden Arbeitsgänge, die nicht notwendigerweise nacheinander ablaufen müssen. Jeder der Arbeitsgänge
ist auf das spezielle Ziel der Modellierung bzw. den Einsatzzweck des Modells hin ausgerichtet:

Abgrenzen: Identifikation der o.g. Grenzen des relevanten Ausschnittes der realen bzw. vor-
   ausgedachten Erfahrungswelt,

Abstrahieren: Weglassen von nicht, oder wenig bedeutsamen Details, Sonderfällen oder speziellen Ausprägungen allgemeinerer Eigenschaften,

Idealisieren: Korrigieren kleiner Abweichungen von idealen Eigenschaften um eine leichtere
   Beschreibung zu ermöglichen,

Beschreiben: Anwendung spezieller Techniken zur Darstellung der wesentlichen Eigenschaften des zu beschreibenden Systems: Systembestandteile (Komponenten) und Verbindungen dazwischen, Interaktion mit der Umgebung, statische Struktur und Verhalten des
   Systems.

Beispiel 1.1

Als Beispiel nehmen wir an, unsere Aufgabe wäre es, ein Fahrplanauskunftssystem für den
ÖPNV zu entwickeln. Als Teil dieser Aufgabe werden wir sicherlich ein Modell des Ver-
kehrsliniennetzes benötigen, das beispielsweise wie in Abbildung 1.1 aussehen kann. Die
oben beschriebenen Arbeitsgänge sehen hier im Speziellen so aus:

Abgrenzen: Wir interessieren uns ausschließlich für die S-Bahn, U-Bahn, Tram- und Bus-
   linien innerhalb einer Stadt. Dagegen interessieren wir uns (in diesem Fall!) z. B.
   nicht für Zugverbindungen in andere Städte oder Taxis.

Abstrahieren: Die Spurbreite der U-Bahnen, welche Busse eingesetzt werden oder wie viele Sitzplätze eine S-Bahn bietet interessiert uns nicht.

Idealisieren: Uns interessieren nicht die genauen Streckenverläufe oder die genaue Lage der Haltestellen. Wir nehmen an, dass die Strecke zwischen zwei Haltestellen geradlinig verläuft und begnügen uns mit einer groben Positionierung der Haltestellen (z. B. im nordwestlichen Teil des Netzes, zwischen Haltestellen den x und y).

Beschreiben: Das System wird mit unterschiedlichen Mitteln beschrieben, z. B. einer grafischen Darstellung sowie einer anderen Repräsentation im Rechner für das Auskunftssystem (mehr dazu in Teil 5).

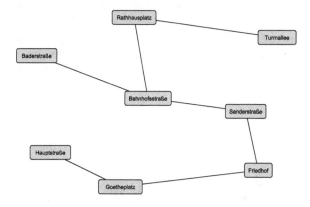

Abb. 1.1: *Ein Verkehrsliniennetz als Modellierungsbeispiel*

In den folgenden Teilen des Buches werden wird noch einige weitere Möglichkeiten kennenlernen, die statischen Aspekte eines Systems zu modellieren.

1.2 Aktionsstrukturen

Neben den statischen Eigenschaften wollen wir auch die dynamischen Aspekte eines Systems erfassen. Eine Möglichkeit zur Beschreibung von Abläufen wird mit Hilfe der Darstellung durch Ereignisse bzw. Aktionen eröffnet. Da wir diese Begriffe für die Zustandsmodellierung benötigen, besprechen wir diese Darstellungstechnik hier eingehender.

Ein *Ereignis* repräsentiert einen einmaligen Vorgang, der an einem bestimmten Ort zu einem bestimmten Zeitpunkt stattfindet, beispielsweise die „Abfahrt des ICE Nr. 602 auf Gleis 4 im Münchner Hauptbahnhof am 23.5. um 13:32".

Da es sehr mühselig ist, mit solchen singulären Ereignissen zu arbeiten, beschreibt man eine Menge gleichartiger Ereignisse durch eine *Aktion*, z. B. die „Abfahrt des ICE Nr. 602". Das o.g. Ereignis kann dann als Instanz dieser Aktion (am 23.5. um 13:32 auf Gleis 4 im Münchner Hauptbahnhof) betrachtet werden. Aktionen sind also vom konkreten Zeitpunkt und Ort abstrahierte Ereignisformen, die dadurch räumlich und zeitlich übertragbar werden.

Anstatt des Bandwurmes „Das Ereignis e als Instanz der Aktion a findet zum Zeitpunkt t am Ort o statt" sagen wir oft kurz: „a findet um t in o statt".

Beispiel 1.2

Eine Verkehrsampel zeigt sehr schön den Unterschied zwischen Aktionen und Ereignissen: Eine Aktion ist gewissermaßen eine Schablone für (oft sehr viele) gleichartige Ereignisse. Die Aktion „Schalte rotes Licht ein" manifestiert sich in Deutschland in Form unzähliger Ereignisse auf einer Unmenge von Ampeln zu jedem beliebigen Zeitpunkt.

Um Aussagen über die zeitliche Abfolge einzelner Ereignisse bzw. ihrer zugeordneten Aktionen machen zu können, benötigen wir eine Möglichkeit, sie zueinander in Beziehung zu setzen. Dafür verwenden wir z. B. eine Kausalitätsrelation, die wir mit dem Symbol „$\rightarrow$" kennzeichnen wollen:

$e_1 \rightarrow e_2$ bedeutet: „e_2 kann erst stattfinden, nachdem e_1 stattgefunden hat".

Diese Relation ermöglicht uns nun Aussagen über die zeitliche Anordnung einer Menge von Ereignissen, die einem Ampelzyklus (an einem bestimmten Ort zu einer bestimmten Zeit) entsprechen.

Ereignis	zugeordnete Aktion
e1, e9	schalte rotes Licht ein
e2, e7	schalte gelbes Licht ein
e3	schalte rotes Licht aus
e4, e8	schalte gelbes Licht aus
e5	schalte grünes Licht ein
e6	schalte grünes Licht aus

Tabelle 1.1: Ereignisse und Aktionen eines Ampelzyklus

Wenn wir diese Ereignisse aus Tabelle 1.1 nun mit unserer Vorrangrelation verknüpfen, entsteht daraus der Graph in Abbildung 1.2

Abb. 1.2: Ereignisdiagramm

Warum verzweigt sich die Kette der kausalen Abhängigkeiten vor e3 bzw. e4? Der Grund dafür liegt darin, dass es (ausgehend von der Situation „Rot-Gelb angezeigt") keine Rolle spielt, ob zuerst das gelbe oder zuerst das rote Licht ausgeschaltet wird (oder auch beide gleichzeitig). Dagegen darf die Ampel erst grün zeigen, wenn sowohl rot als auch gelb ausgeschaltet wurden.

Üblicherweise wartet eine Ampel eine gewisse Zeit, bevor die Lichtsignale umschalten. Wir haben in unserem Ereignisdiagramm darauf verzichtet, diese Wartezeiten zu berücksichtigen. Dafür spricht, dass es sehr zweifelhaft ist, „Nichtstun" (also „warten") als Aktion zu definieren.

Ereignisdiagramme zeigen die mögliche zeitliche Abfolge von Ereignissen im Hinblick auf die Frage, welches Ereignis vor welchen anderen stattfinden kann, sie sagen aber nichts darüber aus, wie viel Zeit zwischen zwei aufeinander folgenden Ereignissen vergehen kann. Es ist also sinnlos, darin Aussagen über Wartezeiten zwischen einzelnen Ereignissen zu machen, wie z. B. die Dauer der Ampelphase „rot" (die ja bei zwei Ampeln an unterschiedlichen Standorten durchaus unterschiedlich lang sein kann). Wenn Sie sich die Modell-Eigenschaften in Erinnerung rufen, die wir oben definiert hatten, sehen wir hier, dass Abgrenzung und Beschreibung aufeinander Einfluss haben: Die Wahl eines Ereignisdiagramms zur Beschreibung macht nur dann Sinn, wenn man sich bereits bei der Abgrenzung dafür entschieden hat, dass konkrete Zeitdauern keine Rolle für das Modell spielen sollten.

Eine Menge von Ereignissen zusammen mit einer Kausalitätsrelation darauf heißt *Prozess*.

Genau genommen gehört zu einem Prozess auch noch eine Vorschrift, die jedem Ereignis eine Aktion zuordnet (z. B. in Form der obigen Tabelle). Da Prozesse damit auch Aussagen über die mögliche Abfolge von Aktionen machen, werden sie auch als Aktionsstrukturen bezeichnet.

Prozesse spielen in vielen Bereichen der Informatik eine wichtige Rolle, z. B. auch bei Betriebssystemen. Hier werden Prozesse durch den Ablauf von Programmen auf einer realen Maschine erzeugt (und dort üblicherweise auch tatsächlich „Prozesse" genannt). Da auf einem Rechner gleichzeitig sehr viele Prozesse aktiv sein können, ist es eine sehr schwierige Aufgabe, den Zugriff auf die Betriebsmittel des Systems (z. B. Prozessor, Speichermedien, Ein-Ausgabegeräte, etc.) so auf diese Prozesse zu verteilen, dass sie sich möglichst wenig gegenseitig stören und trotzdem jeder Prozess seine Aufgabe möglichst schnell erfüllen kann.

2 Algorithmen

Algorithmen sind eine der ältesten Modellierungsformen für Abläufe. Bereits in der Antike kannte man informelle Beschreibungen für Rechenverfahren, wie den berühmten Euklidischen Algorithmus zur Bestimmung ob zwei natürliche Zahlen teilerfremd sind:

„Nimmt man beim Vorliegen zweier ungleicher Zahlen abwechselnd immer die kleinere von der größeren weg, so müssen, wenn niemals ein Rest die vorangehende Zahl genau misst, bis die Einheit übrigbleibt, die ursprünglichen Zahlen gegeneinander prim sein" (aus Euklids Buch VII, §1, zitiert nach Gericke H.: Mathematik in Antike und Orient – Mathematik im Abendland. Fourier, Wiesbaden, 3. Aufl. 1994).

Von diesem Algorithmus wird im Folgenden noch mehrfach die Rede sein. Der Name „Algorithmus" weist auf Al-Khwarizmi hin, der viele Elemente der antiken und altindischen Mathematik im Nahen Osten verbreitete, u.a. auch viele solcher Rechenverfahren.

Dem hohen Alter dieser Entwicklung gemäß gibt es eine Vielzahl von Möglichkeiten, einen Algorithmus darzustellen, z. B. *Zustandsdiagramme*, *Text-* oder *Termersetzungssysteme*, Programme für *abstrakte Maschinen* (*Turing-Maschinen*, *Registermaschinen*) oder für reale Maschinen (formuliert in Programmiersprachen, z. B. im funktionalen oder im imperativen Stil), Formulierungen in Umgangssprache oder in einer *Pseudoprogrammiersprache* (die einer Programmiersprache ähnelt, für die es aber keinen Übersetzer auf einer realen Maschine gibt). Wir werden in diesem Buch u.a. die Darstellung in Programmiersprachen und in Pseudoprogrammiersprachen behandeln.

2.1 Der Begriff „Algorithmus"

Zuerst wollen wir festlegen, was unter diesem Begriff zu verstehen ist. Dem oben angesprochenen Alter dieses Begriffes entsprechend existieren natürlich sehr viele unterschiedliche Definitionen. Wir wollen uns abermals an die von M. Broy halten (siehe Broy, 1998, Band 1).

Definition 2.1

„Ein Algorithmus ist ein Verfahren mit einer präzisen (d. h. in einer genau festgelegten Sprache abgefassten) endlichen Beschreibung unter Verwendung effektiver (das heißt tatsächlich ausführbarer) elementarer (Verarbeitungs-) Schritte."

In dieser Definition wird allerdings nicht festgelegt, wann eine zur Beschreibung des Algorithmus verwendete Sprache *präzise genug* ist. Für viele Zwecke (etwa die Darstellung der

Ablaufstruktur) genügen informelle Darstellungen (Umgangssprache oder Pseudosprachen ohne formale Festlegung ihrer Bedeutung). Für manche Aussagen über Algorithmen (detaillierte Laufzeitanalysen oder Verifikation) benötigt man dagegen formale (d. h. im mathematischen Sinn eindeutige) Darstellungen. In der Informatik hat man es insofern hier einfacher, als man sich einfach darauf beschränken kann, Algorithmen in einer Programmiersprache darzustellen. Diese ist per Definition immer präzise genug, bzw. umgekehrt ist jedes Programm in einer Programmiersprache immer auch ein Algorithmus. Zunächst wollen wir uns aber ein Beispiel in einer schematisch, natürlich-sprachlichen Darstellung ansehen:

Beispiel 2.1

Der Algorithmus „Bubblesort", der eine Liste von Elementen aufsteigend sortiert:

Eingabe: Liste von Namen
Ausgabe: Alphabetisch sortierte Liste von Namen

```
Wiederhole (Anzahl der Elemente der Liste - 1) mal
    Wiederhole für alle Namen vom ersten bis zum vorletzten
    Falls der betrachtete Name alphabetisch hinter den
    folgenden gehört
        Vertausche die beiden Namen
    Ende Falls
  Ende Wiederhole
Ende Wiederhole
Ende Algorithmus
```

Ein exemplarischer Ablauf von „Bubblesort" könnte wie in Tabelle 2.1 dargestellt aussehen.

Liste				Ablauf
				1. Lauf der „äußeren" Wiederholung
Hans	Emma	Yuri	Anna	1. Lauf der „inneren" Wiederholung
Emma	***Hans***	Yuri	Anna	2. Lauf der „inneren" Wiederholung
Emma	Hans	*Yuri*	Anna	3. Lauf der „inneren" Wiederholung
Emma	Hans	**Anna**	**Yuri**	Abschluss des 1. Laufes der „äußeren" Wiederholung
				2. Lauf der „äußeren" Wiederholung
Emma	Hans	Anna	Yuri	1. Lauf der „inneren" Wiederholung
Emma	*Hans*	Anna	Yuri	2. Lauf der „inneren" Wiederholung
Emma	**Anna**	***Hans***	Yuri	3. Lauf der „inneren" Wiederholung
Emma	Anna	Hans	Yuri	Abschluss des 2. Laufes der „äußeren" Wiederholung
				3. Lauf der „äußeren" Wiederholung
Emma	Anna	Hans	Yuri	1. Lauf der „inneren" Wiederholung
Anna	***Emma***	Hans	Yuri	2. Lauf der „inneren" Wiederholung
Anna	Emma	*Hans*	Yuri	3. Lauf der „inneren" Wiederholung
Anna	Emma	Hans	Yuri	Abschluss des 3. Laufes der „äußeren" Wiederholung
				Ende des Algorithmus

Tabelle 2.1: Ablauf von Bubblesort bei Eingabe "Hans, Emma, Yuri, Anna"

Dieses Verfahren ist allerdings mit Vorsicht zu genießen, da es ziemlich ineffizient ist. Eine nähere Betrachtung verschiedener Sortieralgorithmen und ihrer Effizienz finden Sie im fünften Teil dieses Buches, der den Themenbereich „Algorithmen und Datenstrukturen" behandelt.

Ein Algorithmus stellt eine bestimmte Lösung für eine *ganze Klasse* von Aufgaben dar, in unserem Fall für die Sortierung einer endlichen Reihe von Namen. Zu dieser Klasse gehört meist eine Vielzahl konkreter Aufgaben, hier z. B.:

```
Sortiere("Emil", "Anna", "Theo")
```
oder
```
Sortiere("Krokodil", "Falter", "Pferd", "Elefant").
```

Für die Anwendung auf eine konkrete Aufgabe müssen die entsprechenden Daten (hier die Liste der Namen) dem Algorithmus als *Eingabe* übergeben werden. Das Endergebnis wird vom Algorithmus dann wiederum in Form einer *Ausgabe* an den Benutzer zurückgeliefert (siehe auch Abbildung 2.1).

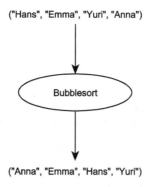

Abb. 2.1: *Funktionale Sicht des Bubblesort-Algorithmus*

Diesen Vorgang kann man mit Hilfe einer *Funktion* `bubblesort`, die jeweils eine Liste von Namen (Eingabe) auf eine andere Liste (Ausgabe) abbildet, beschreiben:

```
bubblesort("Hans","Emma", "Yuri","Anna") =
("Anna", "Emma", "Hans","Yuri").
```

Eine solche Beschreibung durch eine Funktion ist allerdings nur dann zulässig, wenn der Algorithmus zu jeder Eingabe auch eine eindeutige Ausgabe liefert (also *determiniert* ist, siehe Abschnitt 2.4). Im 2. Teil werden wir uns eingehender mit dieser funktionalen Sichtweise beschäftigen.

Andererseits gibt es für eine bestimmte Klasse von Aufgaben meist auch eine Vielzahl verschiedener Algorithmen, so gibt es für die Sortierung einer Liste von Namen eine Unmenge von verschiedenen Verfahren z. B. Bubblesort, Sortieren durch Einfügen, Quicksort, usw. Auch davon wird im letzten Teil des Buches („Algorithmen und Datenstrukturen") noch ausführlich die Rede sein.

Einen bestimmten Algorithmus kann man zudem auf eine Vielzahl verschiedener Arten darstellen (siehe oben). Wir haben zur Beschreibung von „Bubblesort" oben z. B. eine informelle Notation in Umgangssprache verwendet. Dabei symbolisiert die Einrückung eine *Blockbildung*, d. h. alle innerhalb eines zusammengesetzten Verarbeitungsschrittes (Wiederholung, bedingter Verarbeitungsschritt) auszuführenden elementaren Verarbeitungsschritte stehen auf derselben Einrückungsebene. Wir könnten denselben Algorithmus „Bubblesort" aber auch mit Hilfe eines *Struktogramms* darstellen (siehe Abschnitt 2.5).

2.2   Struktur von Algorithmen

Alle Algorithmen weisen gewisse strukturelle Gemeinsamkeiten auf (die allerdings in den verschiedenen Darstellungsarten oft sehr unterschiedlich beschrieben werden). Alle durch Algorithmen beschreibbaren Berechnungen kann man durch elementare Verarbeitungsschritte, bedingte Verarbeitungsschritte sowie Folgen bzw. Wiederholungen von elementaren Verarbeitungsschritten darstellen. Diese Klassen von Bausteinen werden daher auch oft als *Strukturelemente* von Algorithmen bezeichnet.

Elementare Verarbeitungsschritte

Es gibt unteilbare Verarbeitungsschritte, die unbedingt ausgeführt werden, z. B.:

```
schalte rotes Licht aus
```

Neben *elementaren* Verarbeitungsschritten benötigt man zur Beschreibung von Abläufen noch drei Arten von *zusammengesetzten* Verarbeitungsschritten: *Sequenzen, bedingte Verarbeitungsschritte* und *Wiederholungen*.

Sequenzen

Hintereinander auszuführende elementare Verarbeitungsschritte können zu *Sequenzen* zusammengefasst werden (jeder Schritt übernimmt dabei das Ergebnis seines Vorgängers), z. B.:

```
schalte gelbes Licht aus
schalte grünes Licht ein
```

Für die Trennung der einzelnen Komponenten einer solchen Sequenz wird ein festes Trennzeichen vereinbart, z. B. ein Strichpunkt und/oder ein Zeilenwechsel.

In Programmiersprachen ergibt sich oft der Bedarf, Sequenzen mit Hilfe von Begrenzungssymbolen zu einem *Block* zusammenzufassen. Gebräuchlich sind z. B. begin und end bei PASCAL-ähnlichen Sprachen oder geschweifte Klammern { und } in C, C++ oder JAVA. In manchen Sprachen können Blöcke auch durch die Anordnung auf derselben Einrückungsebene festgelegt werden (z. B. in PYTHON). An vielen Stellen können solche Blöcke dann anstatt einzelner Verarbeitungsschritte verwendet werden.

Bedingte Verarbeitungsschritte

Manche Verarbeitungsschritte sollen nur unter einer bestimmten Bedingung ausgeführt werden. Oft will man zusätzlich einen alternativen Verarbeitungsweg angeben, der auszuführen ist, falls die o.g. Bedingung nicht erfüllt ist.

Beispiel 2.2

```
Falls der betrachtete Name alphabetisch hinter den
    folgenden gehört
    Vertausche die beiden Namen
Ende Falls


Falls Nenner ≠ 0 dann
    Dividiere Zähler durch Nenner
Sonst
    Melde Fehler "Division durch 0"
Ende Falls
```

Ebenso wie elementare können auch zusammengesetzte Verarbeitungsschritte einer bedingten Verarbeitung unterzogen werden (wir benützen hier die Einrückung um einen Block zu kennzeichnen).

Beispiel 2.3

```
Falls die PIN akzeptiert wurde
    Wiederhole bis die Netzverbindung steht
      Warte
    Ende Wiederhole
Sonst
    Melde "Abbruch: 3x falsche PIN"
    Schalte Telefon aus
Ende Falls
```

Wiederholung

Wie im letzten Beispiel bereits gesehen, müssen Sequenzen von Verarbeitungsschritten oft *wiederholt* ausgeführt werden. Die Anzahl der Wiederholungen wird wiederum oft durch eine bestimmte Bedingung geregelt. Auch die Wiederholung von zusammengesetzten Verarbeitungsschritten ist möglich.

Beispiel 2.4

```
Wiederhole für alle Namen vom ersten bis zum vorletzten
    Falls der betrachtete Name alphabetisch hinter den
      folgenden gehört
      Vertausche die beiden Namen
    Ende Falls
Ende Wiederhole
```

Dabei macht es einen erheblichen Unterschied, ob die Anzahl der Wiederholungen schon *vor dem ersten Durchlauf* feststeht oder ob sie sich erst im Lauf der einzelnen Wiederholungen ergibt, da es im zweiten Fall nicht unbedingt klar ist, ob die Wiederholung überhaupt irgendwann wieder abbricht (*terminiert*, siehe Abschnitt 2.4). Wir unterscheiden daher zwischen

1. Wiederholungen mit *vorgegebener Wiederholungszahl* und
2. Wiederholungen mit *Anfangs-* (bzw. *End-*) *Bedingung.*

Erstere sind flexibler und erlauben die Berechnung einer größeren Vielfalt von Funktionen, dafür terminieren letztere sicher.

2.3   Umsetzung in Programmiersprachen

Wie oben bereits erwähnt, gibt es eine Vielzahl von Möglichkeiten, einen Algorithmus darzustellen. Eine der wichtigsten und häufigsten Darstellungsarten ist die durch (maschinell ausführbare) *Programme*, also durch Texte in bestimmten *Programmiersprachen*. In Kapitel 3 werden wir genauer besprechen, wie man solche Sprachen definieren und verwenden kann.

Insbesondere kann man Programmiersprachen nach Stilen ordnen. Dabei findet man u.a. zwei wichtige *Programmierstile* (oft auch als *Programmierparadigmen* bezeichnet): den *imperativen* (zuweisungsorientierten) und den *funktionalen* Stil. Den ersten Stil unterstützen z. B. die Sprachen PASCAL, C oder BASIC, den zweiten HASKELL oder ML. Zur Verdeutlichung der Unterschiede werden in der folgenden Tabelle 2.2 die typischen Umsetzungen der oben beschriebenen Strukturelemente von Algorithmen in beiden Stilen gegenübergestellt. Beide Programmierstile werden in den folgenden Kapiteln in Teil 2 und 3 dieses Buches noch ausführlich behandelt.

Strukturelement	Typische imperative Umsetzung	Typische funktionale Umsetzung
El. Verarbeitungsschritt(e)	Zuweisung (von Werten an Variable), Ein- und Ausgabeoperationen	Funktionsanwendung (*Applikation*)
Sequenz	Anweisungsfolgen in denen die Datenübergabe zwischen aufeinander folgenden Anweisungen durch die Zwischenspeicherung von Ergebnissen in Variablen erfolgt.	Verkettung von Funktionen; das Ergebnis der aufgerufenen Funktion wird als Argument an die aufrufende Funktion übergeben.
Auswahl	Bedingte Anweisung	Bedingter Term
Wiederholung	Iteration	Rekursion

Tabelle 2.2: Strukturelemente im imperativen und funktionalen Stil

2.4   Eigenschaften von Algorithmen

Für die Umsetzung und Beurteilung von Algorithmen sind einige Eigenschaften von besonderem Belang. Ein Algorithmus heißt

terminierend wenn seine Ausführung für jede mögliche Eingabe nach einer endlichen Anzahl von Schritten endet,

deterministisch wenn jede Eingabe für jede auszuführende Anweisung jeweils eindeutig die Folgeanweisung festlegt (mit Ausnahme der letzten Anweisung, nach der er endet),

determiniert wenn er für eine bestimmte Eingabe stets dieselbe Ausgabe liefert.

Diese Eigenschaften wurden ursprünglich für *mathematisch definierte* abstrakte Maschinen (wie *Turing-Maschinen* oder *endliche Automaten*) eingeführt. Sie beziehen sich daher ausschließlich auf Algorithmen, die nach dem *E-V-A*-Prinzip (Eingabe – Verarbeitung – Ausgabe) arbeiten, d. h. während der Verarbeitung keine weiteren Eingaben des Benutzers zulassen. Solange keine formale Darstellung des Algorithmus vorliegt, bleibt zudem meist eine gewisse Unschärfe in der Zuordnung der Eigenschaften.

Einige Beispiele sollen diese Eigenschaften verdeutlichen:

Beispiel 2.5

```
Algorithmus "Schach"
Eingabe: Schachbrett mit Figuren in Ausgangsposition
Ausgabe: Endposition der Figuren

Wiederhole bis Schwarz oder Weiß schachmatt
   Ziehe mit weißer Figur gemäß den Regeln des Schachspiels
   Ziehe mit schwarzer Figur gemäß den Regeln des
   Schachspiels
Ende Wiederhole
Ende Algorithmus
```

Obwohl es fraglich ist, ob die Züge im Sinne der obigen Definition 2.1 als „elementare (Verarbeitungs-) Schritte" betrachtet werden können, kann man doch feststellen, dass dieser Algorithmus

weder terminierend (das Spiel kann in einen Zyklus geraten und so ewig dauern),
noch deterministisch (meist gibt es viele mögliche Züge),
noch determiniert (es gibt viele Möglichkeiten für den Endstand)

ist.

Beispiel 2.6

```
Algorithmus "Notenwillkür"
Eingabe: Liste der Schüler einer Klasse
Ausgabe: Liste der Schüler mit der jeweiligen Note
```

```
Wiederhole für jeden Schüler, bis das Ende der
    Liste erreicht ist
   Wähle willkürlich aus:
      Gib dem Schüler eine 1
      Gib dem Schüler eine 2
      Gib dem Schüler eine 3
   Ende Willkür
Ende Wiederhole
Ende Algorithmus
```

Dieser Algorithmus ist

terminierend (er endet sicher mit dem Ende der Schülerliste),
nichtdeterministisch (es gibt drei mögliche Verarbeitungsschritte in der Wiederhbolung),
nichtdeterminiert (es gibt viele Möglichkeiten für die Notenliste).

Beispiel 2.7

Algorithmus "Bauernziehen"
Eingabe: Eine Position auf dem Schachbrett
Ausgabe: Anzahl der Züge

```
Wiederhole bis obere rechte Ecke erreicht
   Wähle willkürlich aus:
     Falls rechter Rand noch nicht erreicht
        Ziehe nach rechts
     Falls oberer Rand noch nicht erreicht
        Ziehe nach oben
   Ende Willkür
Ende Wiederhole
Ende Algorithmus
```

Dieser Algorithmus ist

terminierend (er endet sicher an der rechten oberen Ecke),
nichtdeterministisch (es gibt jeweils zwei mögliche Verarbeitungsschritte solange die
    Ränder nicht erreicht sind),
aber determiniert (für jede Position gibt es genau eine Anzahl von Zügen zum rechten
    oberen Eck).

Der Algorithmus Bubblesort aus 2.1 liefert schließlich ein Beispiel für einen Algorithmus, der sowohl terminierend als auch deterministisch und determiniert ist – diese Klasse von Algorithmen ist in gewisser Weise der „klassische Fall". Zumeist soll ein Algorithmus auf jeden Fall eine Ausgabe liefern, wenigstens also terminierend sein. Allerdings gibt es im Rechner auch eine Menge Programme (Algorithmen!) von denen man genau das nicht möchte, beispielsweise das Betriebssystem, das prinzipiell ewig laufen sollte, solange nicht der Benutzer explizit das Programm beendet.

Bei strenger Anwendung der Definition des Begriffes „Algorithmus" aus 2.1 folgt aus Determinismus und Terminierung zwangsläufig Determiniertheit: Wenn es an jeder Stelle des Ablaufs nur einen möglichen Verarbeitungsschritt gibt, dann kann es auch nur ein mögliches Ergebnis geben. Ließe man dagegen die Verwendung nicht-determinierter (damit aber nicht mehr im strengen Sinne elementarer) Verarbeitungsschritte zu (z. B. die Produktion einer Zufallszahl), dann wird dieser Zusammenhang durchbrochen:

(Pseudo-)Algorithmus `"Zufallszahl"`
Eingabe: `Anfangswert`
Ausgabe: `Zahl`

```
Addiere eine zufällige Zahl zwischen 0 und 1 zum Anfangswert.
Gib das Ergebnis der Addition als Ergebnis aus
Ende Algorithmus
```

2.5 Pseudocode und Struktogramme

Die Verwendung von „echten" (d. h. auf einer realen Maschine ausführbaren) Programmiersprachen zur Darstellung von Algorithmen hat neben dem Vorteil der Ausführbarkeit leider auch einige Nachteile: Zum einen handelt man sich damit die Verpflichtung zur Einhaltung einer speziellen (oft historisch gewachsenen oder auf eine spezielle Maschine abgestimmten) *Syntax* ein, zum anderen sind die Programme oft nicht gerade intuitiv verständlich. Daher stellt man Algorithmen oft auch in einer von der Maschine losgelösten Sprache oder Symbolik dar, vor allem, wenn man die logischen Strukturen in den Vordergrund stellen will. Eine Möglichkeit dazu bieten informelle (d. h. nicht exakt festgelegte) Sprachen, die nahe an unserer Umgangssprache liegen und dennoch eine ausreichende Präzision aufweisen (*Pseudocode*). Alle bisher in diesem Buch dargestellten Algorithmen wurden in einem solchen Pseudocode formuliert, dessen wichtigste Elemente wir nun noch der Übersicht halber in Tabelle 2.3 angeben.

Strukturelement	Pseudocode
elementarer Verarbeitungsschritt	`Verarbeitungsschritt`
Sequenz	`Verarbeitungsschritt 1;`
	`Verarbeitungsschritt 2;`
	`...`
	`Verarbeitungsschritt n;`
Bedingter Verarbeitungsschritt	`Falls `*`Bedingung`*
	`Dann `*`Sequenz 1`*
	`Sonst `*`Sequenz 2`*
	`Ende Wenn`
Wiederholung mit Anfangsbedingung	`Wiederhole solange `*`Bedingung`*
	`Sequenz`
	`Ende Wiederhole`

Tabelle 2.3: *Strukturelemente von Algorithmen in Pseudocode*

Eine Möglichkeit, die Struktur kleinerer Algorithmen sehr übersichtlich darzustellen, bieten *Struktogramme*, die 1973 von Nassi und Shneiderman eingeführt wurden (siehe Abbildung 2.2). Leider sind sie zur Darstellung komplexerer Algorithmen weniger geeignet.

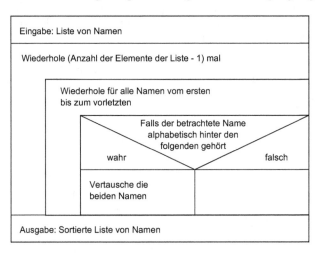

Abb. 2.2: Struktogramm des Bubblesort-Algorithmus

Die folgenden Abbildungen 2.3 bis 2.6 zeigen, wie die einzelnen Strukturelemente von Algorithmen in Struktogramme umgesetzt werden.

Abb. 2.3: Elementarer Verarbeitungsschritt im Struktogramm

Abb. 2.4: Sequenz im Struktogramm

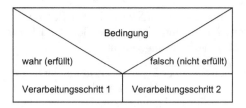

Abb. 2.5: Bedingter Verarbeitungsschritt im Struktogramm

Abb. 2.6: Wiederholung mit Anfangsbedingung im Struktogramm

2.6   Sprachen und Programmierumgebungen

In den folgenden Kapiteln werden wir drei wichtige Programmierstile und die damit verbundenen Sichten auf die Abläufe von Systemen darstellen. Beginnend mit der funktionalen Sichtweise werden wir uns dann der imperativen und schließlich der objektorientierten Sicht zuwenden. Für die entsprechenden Programmierstile werden wir immer jeweils zwei Sprachen einsetzen:

1. eine Pseudo-Programmiersprache (für die es zwar keinen Compiler gibt, man diesen aber jederzeit schreiben könnte) mit „PASCAL-ähnlicher" Syntax, die wir kurz mit FPPS für die funktionale, IPPS für die imperative und OPPS für die objektorientierte Pseudo-Programmier-Sprache bezeichnen werden

2. eine „echte" Programmiersprache (HASKELL, PYTHON sowie JAVA).

Die Syntax der Pseudosprache PPS ähnelt in vielerlei Hinsicht der von M. Broy in seinen Einführungsbüchern verwendeten Sprache (siehe Broy, 1998, Band 1).

Für dieses „zweigleisige" Konzept (das sich übrigens schon in zahlreichen Einführungsvorlesungen an der Fakultät für Informatik der TU München bewährt hat) gibt es viele gute Gründe, u.a.:

- Eine Programmiersprache der „PASCAL-Welt" (wie PPS) ist für eine erste Begegnung mit imperativen Sprachen im Rahmen eines Studiums wesentlich besser geeignet als eine „C-ähnliche", u.a. wegen der unmissverständlichen Formulierung der Zuweisung durch „ := ". Viele Aussagen über Sprachstrukturen können darin einfach deutlicher formuliert werden.

- Eine Pseudosprache braucht keine Rücksicht auf Zwänge der Implementierung auf realen Maschinen (z. B. hinsichtlich der Ein- und Ausgabe von Daten) zu nehmen und kann sich daher besser auf die logischen Strukturen konzentrieren. Dadurch wird auch deutlich, dass diese Strukturen nicht von der jeweils verwendeten Sprache abhängen.

- Neben einer idealisierten Pseudosprache sollte der Leser aber auch die oben erwähnten Zwänge der „realen" Implementierung kennen lernen, daher ist (parallel) auch die Verwendung einer „realen" Sprache angebracht.

- Mit PYTHON begegnen Sie einer Sprache aus der anderen großen „Syntaxwelt" der „C-ähnlichen" Sprachen, womit Sie in die Lage versetzt werden, die Algorithmen in den meisten Fachbüchern lesen zu können, die meist in einer der beiden Syntaxarten formuliert werden.

- Schließlich eröffnet Ihnen eine reale Programmiersprache die Möglichkeit, Ihre Programme tatsächlich ablaufen zu lassen und damit auch (in gewissem Umfang) zu testen. PYTHON und JAVA sind weit verbreitet im Einsatz.

3 Programmiersprachen

In der langen Geschichte der Informatik (bzw. EDV) wurde eine Vielzahl von Programmiersprachen mit zum Teil sehr unterschiedlicher Zielsetzung entwickelt. Welche davon ist die Beste? Darauf gibt es keine eindeutige Antwort: Je nach Einsatzzweck und Rahmenbedingungen kann die Verwendung der einen oder der anderen Sprache günstiger sein. Ein Informatiker muss daher mit mehreren Sprachen verschiedener Sprachtypen gut umgehen und sich in praktisch *jede* andere zumindest schnell einarbeiten können, um die für ein bestimmtes Projekt am besten „passende" Sprache auswählen und anwenden zu können. Oft hat man als Informatiker dabei auch gar keine Wahl, da man beispielweise ein bestehendes System erweitern muss und daher bereits eine Programmiersprache vorgegeben sind.

Die meisten Programmiersprachen lassen sich mehr oder weniger klar in eine von 3 großen Sprachklassen einordnen. Wir werden im Verlauf des Buches diese 3 Klassen jeweils anhand einer speziell für das Buch entwickelten Sprache und einer „echten" Sprache kennenlernen. Beginnen werden wir mit den funktionalen Sprachen, dann die imperativen Sprachen kennenlernen und schließlich die objektorientierten Sprachen vorstellen.

3.1 Programmierbare Rechner

Digitale elektronische Rechenanlagen (bzw. kurz „Rechner") werden heute für unzählige Aufgaben eingesetzt: Mobiltelefone, Computerchips in einem Auto, Automaten und natürlich auch der „klassische" PC oder Laptop. Dennoch haben all diese Einsatzszenarien zumindest eines gemeinsam: Ein Rechner oder ein Rechnernetz nimmt eine Folge von digitalen („Strom/Spannung ein" bzw. "Strom/Spannung aus") elektrischen Signalen entgegen und gibt nach einer Folge von Verarbeitungsschritten eine andere Folge von digitalen elektrischen Signalen aus, die dann entweder zur Steuerung weiterer Geräte verwendet oder (z. B. auf einem Bildschirm, einem Drucker oder auch einer Soundkarte) in einer Form dargestellt werden, die von Menschen interpretierbar ist.

Welche *Ausgabe* dabei durch eine bestimmte *Eingabe* ausgelöst wird, hängt von der Hard- und Softwarestruktur des Rechners ab. Der große Erfolg der digitalen Rechenanlagen wurde vor allem durch die Möglichkeit ihrer „freien" Programmierung ermöglicht. Im Gegensatz zu „fest verdrahteten" Anlagen, deren Rechenvorgänge (Algorithmen bzw. Funktionen) von vorneherein durch die Struktur ihrer Hardware (bzw. unveränderlicher Software) festgelegt sind (z. B. nichtprogrammierbare Taschenrechner oder auch ein mp3-Player), werden *Universalrechner* durch Programme gesteuert, die vom Benutzer entworfen, modifiziert und wieder gelöscht werden können.

3.2   Programmiersprachen und Maschinencode

Definition 3.1

Ein *Programm* ist eine Darstellung eines bestimmten Algorithmus. Diese Darstellung kann in verschiedenen Formen erfolgen – insbesondere kann sie als Text in einer speziellen Sprache erfolgen, die direkt oder indirekt in ein von einem Rechner ausführbares Programm umgewandelt werden kann. Eine solche Sprache heißt *Programmiersprache*.

Hier ist eine wichtige Unterscheidung getroffen worden: Ein Rechner erwartet Programme in einem fest vorgeschriebenen Format. Dieses Format (der sogenannte „Binärcode") ist für Menschen sehr schlecht verständlich. Daher schreibt man Programme üblicherweise in einer anderen Sprache (die für Menschen besser verständlich ist) und lässt es sich hinterher automatisch in die Maschinen-ausführbare Version übersetzen. Auf Maschinenebene wird ein Programm letztlich durch ein Muster aus digitalen Signalen repräsentiert, die man üblicherweise durch die Symbole 0 („Strom/Spannung aus") und 1 („Strom/Spannung ein") symbolisiert. Es könnte z. B. so beginnen:

01010011 00101111 11001010 00101010 10101010 00101010 . . .

Natürlich hängt dieser *Maschinencode* sehr stark von der jeweils verwendeten Maschine ab: Jeder Maschinentyp hat seine eigene *Maschinensprache*. Die daraus resultierende mangelnde Übertragbarkeit des Programms auf andere Maschinen stellt einen schwerwiegenden Nachteil der direkten Maschinenprogrammierung dar.

In einer *höheren Sprache* (hier PYTHON) hingegen lautet zum Beispiel ein Programm zur Berechnung und Ausgabe der ersten 100 Quadratzahlen:

```
for i in range(1,101): print i*i
```

Hier ist (wenigstens für einen geübten Programmierer) sofort ersichtlich was das Programm tun soll, und die Darstellung ist zudem völlig unabhängig von der Maschine auf der das Programm laufen wird. Mit diesen Details befasst sich dann das Übersetzungsprogramm (auch *Compiler* genannt), bzw. im Fall von PYTHON ein sogenannter *Interpreter*. Dieser führt ein Programm direkt aus, ohne vorher eine explizite Repräsentation in Maschinencode zu erzeugen. Man erkennt, dass die Darstellung eines Programms in einer höheren Sprache sich mehr an der Problemstellung und weniger (bis gar nicht) an den Details der Zielmaschine orientiert. Man wird daher üblicherweise möglichst viele Programme in einer höheren Sprache schreiben und nur dann auf die Maschinenebene wechseln, wenn es dafür gewichtige Gründe gibt (so existieren zum Beispiel für manche programmierbaren Chips eventuell keine passenden Compiler).

Compiler und Interpreter sind auf ein wichtiges Prinzip moderner Rechner angewiesen: Programme liegen bei ihrem Ablauf ebenso wie die Daten, mit denen sie arbeiten, im (selben) Arbeitsspeicher des Rechners (als ein Muster aus veränderbaren, digitalen Spannungszuständen) vor. Dieses Prinzip bezeichnet man auch als *von-Neumann-Prinzip*.

3.3 Übersetzerprogramme

Da digitale Rechenanlagen also letztlich durch Folgen aus binären („0" oder „1") elektrischen Signalen gesteuert werden, stellt sich die Frage, wie die Konstrukte höherer Programmiersprachen in solche Bitfolgen umgewandelt werden.

Wie bereits erwähnt, können diese Übersetzungsprogramme in zwei Kategorien aufgeteilt werden:

Compiler: Vor der Ausführung des Programms wird der gesamte Programmtext der entsprechenden höheren Programmiersprache in Maschinencode übersetzt, der im Hauptspeicher des Rechners aufbewahrt (oder üblicherweise auch für spätere Verwendung in einer Datei auf der Festplatte gespeichert) wird, bis seine tatsächliche Abarbeitung beginnt. Dann entsteht daraus ein aktiver Prozess. Abbildung 3.1 zeigt eine schematische Darstellung dieses Vorgangs.

Interpreter sind spezielle Programme, welche die Anweisungen des Programmtextes (einer bestimmten höheren Programmiersprache) einzeln auswerten und sofort ausführen. Es wird also immer nur der Teil des abzuarbeitenden Programms übersetzt, der im nächsten Schritt auch tatsächlich ausgeführt werden soll.

Abb. 3.1: *Vom Programmtext zum Prozess*

3.4 Syntax formaler Sprachen

Warum programmiert man Computer nicht einfach in unserer Alltagssprache? Weil diese nicht eindeutig interpretierbar ist. Wie soll z. B. die Anweisung „fahr nach Hause" interpretiert werden? Mit dem Auto, Fahrrad oder mit dem Zug? Wie schnell? Auf welchem Weg? Die Bedeutung dieser Anweisung hängt stark vom zeitlichen, regionalen und persönlichen Kontext ab. Solche Freiheiten in der Interpretation sind für die Programmierung von Rechenanlagen in der Regel absolut nicht erwünscht. Daher verwendet man zur Programmierung spezielle, künstlich entworfene Sprachen, die mit formalen Mitteln exakt zu beschreiben sind. Solche Sprachen nennt man *formale Sprachen*.

Definition 3.2

Eine nichtleere Menge von Zeichen A heißt *Alphabet*. A^* bezeichnet dann die Menge aller *Zeichenketten* mit Zeichen aus A (dazu gehört auch die *leere Zeichenkette* ϵ, die aus 0 Zeichen besteht). Jede Teilmenge F von A^* heißt dann *(formale) Sprache*. Die Elemente von F heißen *Wörter* der Sprache.

Beispiel 3.1

$A = \{0, 1\}$; $A^* = \{\epsilon, 0, 00, 000, \ldots, 1, 11, 111, \ldots, 01, 010, 101, \ldots\}$. A^* enthält *alle* Kombinationen aus den Zeichen 0 und 1. Folgende Mengen sind z. B. formale Sprachen über dem Alphabet A:

$F_1 = \{1, 11, 111, 1111, \ldots\}$
$F_2 = \{01, 0101, 010101, 01010101, \ldots\}$
$F_3 = \{\epsilon, 01, 0011, 000111, 00001111, \ldots\}$

Man kann natürlich auch andere Alphabete verwenden, z. B. $B = \{A, B, \ldots, Z, 0, 1, \ldots, 9, \_, -\}$, wobei $\_$ für das Leerzeichen steht. Dann kann man über dem Alphabet B etwa die Menge der zulässigen deutschen Autokennzeichen $F_4 = \{RO\text{-}K\_345, M\text{-}PT\_3232, K\text{-}RS\_1212, \ldots\}$ als formale Sprache definieren.

In der Regel enthalten formale Sprachen *abzählbar unendlich* viele Elemente. Es ist also meist nicht möglich, sie *alle direkt* anzugeben. Man benötigt daher eine bessere (endliche) Beschreibung für die Wörter einer Sprache. Dabei bedient man sich der Struktur der Wörter die man Beschreiben möchte. Eine solche Beschreibung (bzw. auch die Wörter selbst, falls man sie doch aufzählen möchte) heißt *Syntax* der Sprache. Die Syntax legt also fest, welche Zeichenketten zu einer Sprache gehören und welche nicht.

Neben der Syntax spielt in der Informatik auch noch die *Semantik* (die Bedeutung) von Wörtern (genauer: von Folgen von Wörtern) einer Sprache eine große Rolle. Die Semantik eines bestimmten Programms zum Beispiel beschreibt, welche Auswirkungen die Ausführung des Programms auf den Rechner hat. Um diesbezüglich keine Missverständnisse (mit evtl. fatalen Folgen wie der Fehlauslösung eines Airbags oder dem Absturz eines Flugzeugs) aufkommen zu lassen, versucht man, diese Semantik möglichst mit formalen (d. h. mathematischen) Mitteln hieb- und stichfest zu beschreiben. Im Idealfall kann man dann aus dem Programmtext die *Korrektheit* eines Programms beweisen. Im Allgemeinen ist dies jedoch (leider) nicht möglich. Die Unterscheidung zwischen Syntax und Semantik ist zentral in der Informatik. Wie wir später noch sehen werden gibt es zum Beispiel nur einige wenige Sprachkonzepte, die man bei der Programmierung verwenden kann. Diese kommen in praktisch allen Programmiersprachen vor und funktionieren immer ähnlich (das ist die Semantik) – allerdings unterscheiden sie sich in der Art wir man sie aufschreiben muss (also der Syntax) zum Teil erheblich.

3.5   (Erweiterte) Backus-Naur-Form

Möchte man mit formalen Sprachen arbeiten ist es, wie oben schon erwähnt, oft keine prak-
tikable Lösung, alle Wörter der Sprache aufzuzählen. Die meisten „interessanten" formalen
Sprachen beschreiben eine Menge von unendlich vielen Wörtern. Daher müssen andere Verfahren der Beschreibung gefunden werden. In der theoretischen Informatik gibt es dafür diver-
se Modelle, mit denen man formale Sprachen definieren kann. In der Anwendung (um die es
hier hauptsächlich gehen soll), ist man allerdings typischerweise mit dem Problem konfrontiert,
dass man die formale Sprache im Rechner darstellen möchte. Das heißt man ist auf den einge-
schränkten Zeichenvorrat des Rechners (z. B. *ANSI* oder *Unicode*) angewiesen um die Sprache
zu beschreiben. Zusätzlich sind aber die Wörter, die man beschreiben möchte aus denselben
Zeichen aufgebaut – da man sie ja im Rechner darstellt. Für dieses Problem muss man also eine
Lösung finden. Eine besonders bekannte und leistungsfähige Methode ist die Backus-Naur-
Form (BNF), die von Jim Backus und Pete Naur zur Definition der Programmiersprache Algol
60 eingeführt wurde. Diese wurde im Laufe der Jahre weiterentwickelt und führte letztlich 1996
zu einem *ISO* (International Organization for Standardization) Standard – ISO/IEC 14977. Bis
heute ist EBNF der gängige Weg um formale Sprachen (wenigstens eine bestimmte Teilklasse
davon – die sogenannten *kontextfreien* Sprachen) im Rechner zu definieren.

Beispiel 3.2

   Die Syntax unserer ersten beiden Sprachbeispiele würde damit folgendermaßen formuliert:

   Syntax von F_1: `Kette = 1 {1}`
   Syntax von F_2: `Kette = 01 {01}`

In den EBNF-Regeln sind folgende Elemente zugelassen (wir nehmen an, der Zeichenvorrat
der formalen Sprache wäre A):

1. *Syntaktische Variable*: Platzhalter für syntaktische Elemente (*Nichtterminale*), wie etwa
   `Kette`, die auch rekursiv verwendet werden dürfen (siehe unten). Die Nichtterminale
   dürften theoretisch aus einem beliebigen, anderen Alphabet als A stammen, wie allerdings oben erwähnt wird in der Praxis häufig dasselbe verwendet.

2. Genau ein Symbol „="" im Sinne einer Gleichsetzung eines sprachlichen Ausdrucks auf
   der rechten Seite mit einer syntaktische Variable auf der linken, in etwa mit der Bedeutung: „kann ersetzt werden durch".

3. *Terminalsymbole*: Zeichen aus A oder Zeichenketten aus A^*, die genau in dieser Form
   in Wörtern der Sprache enthalten sind. Terminalsymbole sind in EBNF grundsätzlich
   entweder in einfachen Hochkomma (') oder Anführungszeichen (") eingeschlossen.

4. *Operatoren* zur Verknüpfung von Terminalen und/oder syntaktischen Variablen:

   (a) *Verkettung*, getrennt durch ein Komma oder oft auch nur durch Hintereinander-
       schreiben mit einem (oder mehreren) Leerzeichen (wir verwenden aus Gründen der
       Übersichtlichkeit ein Leerzeichen).

   (b) Runde Klammern ( ) für die Klammerung von Teil-Ausdrücken,

(c) geschweifte Klammern { } für die Wiederholung des Ausdrucks zwischen den beiden Klammern in beliebiger Anzahl (auch Anzahl = 0 ist möglich),

(d) eckige Klammern [ ] für optionale Ausdrücke, die entweder gar nicht, oder genau einmal vorkommen können.

5. Grundsätzlich braucht man oftmals mehr als eine Ersetzungsregel für eine Variable. Diese kann man (als Kurzschreibweise) durch den senkrechten Strich | trennen. Eine Regel der Form $var = a \mid b$ ist also eine Kurzschreibweise für die beiden Regeln $var = a$ und $var = b$.

Streng nach Standard müssten alle Regeln mit einem Strichpunkt enden. Aus Gründen der Leserlichkeit werden wir auf dieses Element in diesem Buch aber verzichten.

Warum kann man Terminalsymbole entweder durch Hochkomma oder durch Anführungszeichen kennzeichnen? Da, wie oben erwähnt, die EBNF speziell dafür geeignet ist um formale Sprachen im Rechner darzustellen (mit demselben Alphabet für Terminale und Nichtterminale) muss man sich überlegen, wie man es schaffen kann, jedes verfügbare Zeichen des Zeichensatzes auch als Terminalsymbol hernehmen zu dürfen. Müssten Terminalsymbole z. B. immer durch ein einfaches Hochkomma eingeschlossen werden, könte man genau dieses Zeichen nicht als Terminalsymbol verwenden. Durch die Auswahlmöglichkeit ist dieses Problem gelöst – möchte man das Hochkomma bzw. das Anführungszeichen als Terminalsymbol verwenden, so schließt man es in das jeweils andere ein. Gegebenenfalls muss man eine Zeichenkette aus Terminalsymbolen dabei in mehrere Zeichenketten aufteilen.

Auch diese ganzen Regeln legen übrigens eine Sprache fest, nämlich die Sprache der EBNF-Regeln.

Beispiel 3.3

Am Beispiel der Syntax von F_4 wollen wir das verdeutlichen. Die Syntax besteht aus drei Regeln R_1, R_2, R_3, mit:

```
R₁: Buchstabe = 'A' | 'B' | ...| 'Z'
R₂: Ziffer = '0' | '1' | ...| '9'
R₃: Kennzeichen = Buchstabe [Buchstabe] [Buchstabe] −
Buchstabe [Buchstabe] ' ' Ziffer [Ziffer] [Ziffer] [Ziffer]
```

Die EBNF-Regeln haben folgende Bedeutung (Semantik): Auf der *linken Seite* steht immer eine syntaktische Variable (z. B.: `Kette`), als Platzhalter für syntaktische Elemente mit einer bestimmten Struktur, die durch die rechte Seite der jeweiligen Regel beschrieben wird (Erinnerung: Der senkrechte Strich ist lediglich eine Kurzschreibweise für verschiedene mögliche rechte Seiten).

Auf der *rechten Seite* befinden sich syntaktische Variable und Terminalzeichen, die durch Operatoren zu korrekten Ausdrücken kombiniert werden können. Dabei gilt die Vorrangregelung: Klammer (Wiederholung, Option) vor Verkettung.

Zusätzlich können die Regeln auch *rekursiv* sein, d. h. dieselbe syntaktische Variable kann auf der rechten wie auf der linken Seite derselben Regel vorkommen. Damit kann man eine wiederholte Anwendung von einer Regel in beliebiger Anzahl erreichen, wie z. B. in der Syntax von F_3 (das leere Wort wird dabei durch ein nicht-vorhandenes Terminalsymbol, dargestellt als " notiert):

R: *Kette = '' | '0' Kette '1'.*

Eine Menge von EBNF-Regeln heißt *Grammatik*. Sie legt die Syntax einer formalen Sprache fest und bestimmt damit, welche Wörter zu der jeweiligen Sprache gehören. Zu einer Grammatik gehört neben den Regeln auch immer das Alphabet der Terminal- und Nichtterminalsymbole (üblicherweise identisch) sowie eine sogenannte *Startvariable*.

Damit gilt: Ein Wort a gehört genau dann zu einer durch eine EBNF Grammatik beschriebene formalen Sprache F, wenn sich a – beginnend bei der Startvariablen - durch sukzessive Anwendung einer Folge von *Ersetzungen* bzw. *Syntaxregeln* von F erzeugen lässt. Diese Folge heißt *Ableitung* von a.

Beispiel 3.4

Wir wollen nun klären, ob das Wort 000111 zur formalen Sprache F_3 gehört. In diesem Fall ist das Alphabet der Terminalsymbole die Menge $\{0, 1\}$, das Alphabet der Nichtterminalsymbole die Menge der Buchstaben und die Starvariable ist *Kette*. Wir zeigen, dass 000111 die Ableitung (R, R, R, R, R) hat.

Die Notation der Ableitungen ist nicht Teil des EBNF Standard, daher verzichten wir hier auf die Hochkommas und stellen Terminalsymbole direkt dar und Variablen wie bisher zur besseren Lesbarkeit kursiv.

Kette → 0 *Kette* 1 → 00 *Kette* 11 → 000 *Kette* 111 →
000 '' 111 → 000111

Damit gehört 000111 zu F_3.

Beispiel 3.5

F_5 sei die Menge aller syntaktisch korrekten algebraische Terme über den natürlichen Zahlen unter Verwendung der vier Grundrechenarten und der Variablen a, b, ..., z. Das verwendete Terminal-Alphabet ist also $A = \{a, b, \ldots, z, 0, 1, 2, \ldots, 9, +, -, *, :, (,)\}$. Nichtterminalalphabet sind wieder die Buchstaben und die Startvariable ist Term. Die Syntax von F_5 lautet:

R_1: *Term = '(' Term ')' | Term '+' Term | Term '-' Term |*
Term '*' Term | Term ':' Term
R_2: *Term = Zahl | Variable*
R_3: *Ziffer = '0' | '1' | '2' | '3' | '4' | '5' | '6' | '7' |*
'8' | '9'
R_4: *Zahl = Ziffer {Ziffer}*
R_5: *Variable = 'a' | 'b' | 'c' | ...| 'y' | 'z'*

Für die Ableitung eines Ausdrucks kann es u.U. mehrere verschiedene Ableitungen geben, die man sehr übersichtlich in einem *Syntaxbaum* darstellen kann, der in Abbildung 3.2 für den Term *a*(b+1)-(y+1:z)* gezeigt wird.

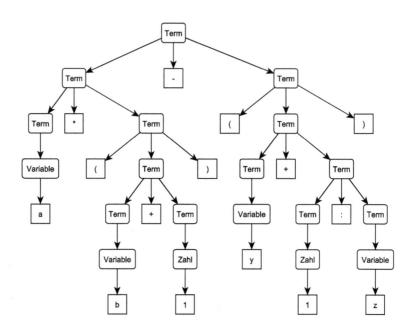

Abb. 3.2: *Syntaxbaum des Terms a*(b+1)–(y+1:z)*

Um die verschiedenen Ableitungen des Terms $a*(b+1)–(y+1:z)$ zu zeigen, teilen wir die Regel R_1 gemäß ihrer fünf Alternativen in fünf „Unterregeln" $R_1a, \ldots, R_1e$ auf:

R_1a: `Term = '(' Term ')'` R_1b: `Term '+' Term`
R_1c: `Term '-' Term` R_1d: `Term '*' Term`
R_1e: `Term ':' Term`

Um zu zeigen, dass das Wort a*(b+1)–(y+1:z) mindestens zwei Ableitungen A_1 und A_2 hat, beschränken wir uns darauf, die Verschiedenheit des Anfangs von A_1 und A_2 zu zeigen:

Die Ableitung kann entweder durch Anwendung von R_1c, R_1d, ... mit

$A_1 =$ `Term` $\rightarrow$ `Term - Term` $\rightarrow$ `Term * Term - Term` ...

oder durch Anwendung von R_1c, R_1a, ... mit

$A_2 =$ `Term` $\rightarrow$ `Term - Term` $\rightarrow$ `Term - (Term)` ...

beginnen, je nachdem, ob man erst seinen Minuenden oder erst seinen Subtrahenden erzeugt.

Falls eine Grammatik mehrere – strukturell verschiedene – Ableitungen eines Wortes erlaubt, nennt man sie auch *mehrdeutig*. Oftmals kann man durch geschicktes Umstrukturieren der Regeln die Mehrdeutigkeit entfernen. Allerdings gibt es formale Sprachen, die man nicht ohne Mehrdeutigkeiten darstellen kann. Solche Sprachen nennt man auch *inhärent mehrdeutig*.

II Funktionale Sicht

4   Funktionale Modellierung

Bei der Beschreibung komplexer Systeme stößt man meist auf zwei konkurrierende Anforderungen: Einerseits will man die Beschreibung übersichtlich, intuitiv und möglichst auf den ersten Blick verständlich gestalten, andererseits soll sie möglichst aussagekräftig und detailliert sein. Dieses Dilemma kann man lösen, indem man die Beschreibung in zwei Stufen aufteilt.

1. Schritt („Black Box"-Sicht)

Zunächst gliedert man das betrachtete System in Teilsysteme (*Komponenten*) und beschreibt die Interaktion bzw. Kommunikation *zwischen* diesen Komponenten:

- Welche Information empfängt eine Komponente?

- Welche Information gibt sie an andere Teilsysteme weiter?

Nicht beschrieben wird hingegen die *innere* Struktur der Komponenten. Beantwortet werden also zunächst nur die beiden obigen Fragen. Oft ergibt sich die Aufteilung in Komponenten bereits aus der offensichtlichen Struktur des jeweiligen Systems. So drängt sich in größeren Firmen beispielsweise die Aufteilung in Abteilungen auf (siehe Abbildung 4.1).

Da es in dieser Sichtweise um die *Funktion* der Komponenten im Gesamtsystem geht, bezeichnet man solche Modelle als *funktionale Modelle*. Als Beschreibungstechnik verwendet man dabei oft Datenflussdiagramme (siehe Abschnitt 4.1).

2. Schritt („Glass Box" bzw. „White Box"-Sicht)

Erst im zweiten Schritt untersucht man für jede der Komponenten ihre innere Struktur: Wie arbeiten die Komponenten intern? In einer Firma würde man hierbei etwa die Organisation der einzelnen Abteilungen beschreiben, z. B durch Zustandsmodelle, Algorithmen oder Aktionsstrukturen.

4.1   Datenflussdiagramme und Programme

Am Beispiel eines verarbeitenden Betriebs wollen wir uns die Bestandteile eines funktionalen Modells (in Form eines Datenflussdiagramms) klar machen (siehe Abbildung 4.1). Zunächst haben wir (elliptisch gezeichnet) *datenverarbeitende Prozesse* vor uns: Sie nehmen Daten über Eingangs-Kanäle entgegen, verarbeiten diese und geben Ausgabedaten auf anderen Kanälen weiter. Die Verbindungslinien zwischen den einzelnen Prozessen symbolisieren *Datenflüsse*: Leitungen, über die in einer oder auch in beiden Richtungen Daten transportiert werden. Die Rechtecke symbolisieren *Datenquellen* bzw. *-senken*: An diesen Stellen kommuniziert das System mit der „Außenwelt", d. h. es empfängt Informationen von außen oder gibt solche nach

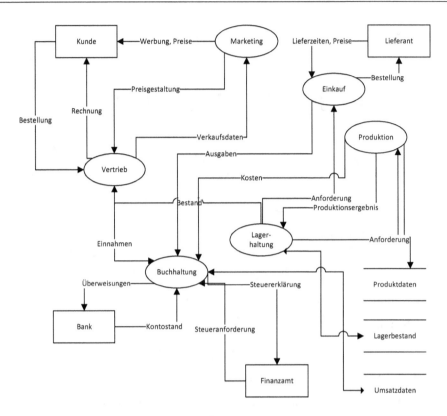

Abb. 4.1: *Datenflussdiagramm eines Betriebs*

außen ab. *Speicherkomponenten* werden mit Ober- und Unterstrich (z. B „Produktdaten") dargestellt.

Was haben nun Programme im Sinne von Teil 1, also als Implementierung eines Algorithmus, mit solchen funktionalen Modellen zu tun? Zunächst kann man ein *laufendes* Programm im Ganzen als datenverarbeitenden Prozess betrachten und damit als Ellipse in einem Datenflussdiagramm darstellen. Dann spiegelt dieses Diagramm die Kommunikation dieses Programms (über seine Ein- bzw. Ausgaben) mit anderen laufenden Programmen bzw. Prozessen (ebenfalls als Ellipsen dargestellt), mit den Benutzern (Rechtecke) oder mit Speicherkomponenten (mit Ober- und Unterstrich) wieder. So könnte in Abbildung 4.1 beispielsweise der Vertrieb automatisiert werden. Das entsprechende Programm würde dann Bestellungen, Preise und Bestandsdaten entgegennehmen und Einnahmen, Verkaufsdaten sowie Rechnungen ausgeben.

Damit man ein Programm tatsächlich als *eine Funktion* betrachten kann, müssen wir unsere Sicht auf Programme ein wenig einschränken. Wir betrachten dabei üblicherweise nur Programme, die für eine bestimmte Eingabe jeweils eine bestimmte Ausgabe erzeugen. Solche Programme folgen dem bereits erwähnten EVA-Prinzip (Eingabe, Verarbeitung, Ausgabe). Auf den ersten Blick mag es wie eine starke Einschränkung aussehen, immerhin folgen die meisten Programme, die man im täglichen Leben benützt (etwa ein Textverarbeitungsprogramm) nicht unmittelbar diesem Schema. Tatsächlich wird man sich daher bei komplexen Programmen oft

darauf beschränken, Teilkomponenten zu betrachten und diese zum Beispiel mit Hilfe eines Datenflussdiagramms zu modellieren. So kann man dann also tatsächlich ein (Teil-)Programm als
eine Funktion zu betrachten, die in Abhängigkeit von gewissen Eingabedaten aufgrund eines
Algorithmus Ausgabedaten erzeugt, z. B:

```
mittelwert(3, 5) = 4
```

In dieser *funktionalen Sichtweise* geht es vor allem für die (oft durch mathematische Ausdrücke
beschriebene) *Zuordnung* zwischen Ein- und Ausgabedaten und weniger für den Algorithmus,
der die Ausgabedaten aus den Eingabedaten berechnet („Black-Box"-Sicht, siehe oben):

```
Sortiere("Theo", "Anna", "Katharina", "Emil") =
("Anna", "Emil", "Katharina", "Theo")
```

In der funktionalen Sicht interessieren wir uns meistens nur für die Tatsache, dass diese Funktion eine Liste von Zeichenketten entgegennimmt und dieselben Zeichenketten in (aufsteigend)
sortierter Reihenfolge ausgibt, aber *nicht* für den speziellen *Algorithmus*, der diese Sortierung
erzeugt (z. B Sortieren durch Einfügen, Bubblesort, Quicksort etc.).

In einem Datenflussdiagramm kann man also (wie oben beschrieben) ein Programm (als Funktion) durch einen informationsverarbeitenden Prozess (Ellipse) symbolisieren, wie z. B unser
Sortierprogramm in Abbildung 4.2.

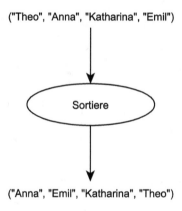

("Theo", "Anna", "Katharina", "Emil")

Sortiere

("Anna", "Emil", "Katharina", "Theo")

Abb. 4.2: *Ein Programm als datenverarbeitender Prozess*

4.2 Aufteilung von Programmen in Unterprogramme

Neben der Kommunikation mit der Außenwelt kann ein funktionales Modell aber auch, wie
oben bereits angedeutet, die *innere Struktur* eines Programms darstellen. Dies ist vor allem bei
der Aufteilung eines Programms in relativ selbständige Teile hilfreich. Diese Teile nennt man
Unterprogramme.

Beispiel 4.1

Ein Programm zur Bruchrechnung könnte z. B in folgende Unterprogramme aufgeteilt werden:

- Eingabe von zwei Brüchen (jeweils Zähler und Nenner),
- Ausgabe eines Bruches,
- Kürzen eines Bruches,
- Erweitern eines Bruches mit einer bestimmten ganzen Zahl,
- Kehrwertbildung eines Bruches,
- Invertierung des Vorzeichens eines Bruches,
- Addition zweier Brüche,
- Multiplikation zweier Brüche.

Die Nutzung dieser Unterprogramme zu weiteren Berechnungen kann wiederum durch Datenflussdiagramme dargestellt werden. Abbildung 4.3 zeigt ein funktionales Modell für die Division zweier Brüche unter Benutzung einiger dieser Unterprogramme.

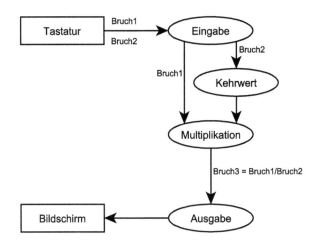

Abb. 4.3: *Funktionales Modell für die Division zweier Brüche*

Eine solche Aufteilung in Unterprogramme kann aus verschiedenen Gründen nützlich sein:

- *Arbeitsteilung* (Teamarbeit): Die Unterprogramme können gleichzeitig von je einer Arbeitsgruppe erstellt oder verändert werden.

- *Wiederverwendung von Code*: Unterprogramme können von mehreren Stellen des Hauptprogramms aus aufgerufen werden. So kann man seinen Programmtext mehrfach nutzen, ohne ihn mehrfach schreiben zu müssen, was vor allem Probleme bei der nachträglichen Veränderung dieses Textes vermeidet.

- *Abstraktion* von der konkreten Aufgabenstellung: Durch Parametrisierung (siehe Abschnitt 6.2) kann ein Unterprogramm auf eine ganze Klasse von Aufgabenstellungen angewandt werden.

- Die geschickte Aufteilung in Unterprogramme (mit aussagekräftigen Bezeichnern) kann die *Übersichtlichkeit* eines Programmtextes enorm steigern, da so der Hauptalgorithmus sehr knapp dargestellt werden kann.

Meist folgt man bei der Erstellung solcher aufgeteilter Programme dem Schema der *schrittweisen Verfeinerung*: Man unterteilt die Aufgabenstellung zunächst in einige wenige grobe Teilaufgaben. In den folgenden Schritten wird diese Aufteilung weiter verfeinert, bis man ein System von Teilaufgaben erhält, die jeweils durch einen (Teil-) Algorithmus lösbar sind. Danach können diese Teilalgorithmen als Unterprogramme implementiert und schließlich die Unterprogramme zu einem Gesamtsystem kombiniert werden. Bezogen auf unser Datenflussdiagramm aus Abbildung 4.1 würde das z. B der Aufteilung des Prozesses „Produktion" bei einer Automobilfabrik in die Teilprozesse „Produktion Fahrgestell", „Produktion Karosserie" und „Produktion Antrieb" und damit einer Verfeinerung des Modells entsprechen.

Leider kann man ein Programm durch ungeschickte Aufteilung und bzw. oder schlechte Umsetzung dieser Aufteilung auch sehr unübersichtlich gestalten. Insbesondere sollte man darauf achten, dass jedes Unterprogramm möglichst klar definierte Ein- und Ausgaben besitzt und darüber hinaus keinerlei weitere Effekte auf den aufrufenden Programmteil hat. Das ist nicht immer ohne weiteres möglich – man spricht dann von sogenannten *Seiteneffekten*, davon wird in späteren Kapiteln noch ausführlich die Rede sein.

Die Bezeichnung von Unterprogrammen als *Funktionen* bzw. *Prozeduren* ist in der Literatur leider nicht ganz einheitlich. Für die funktionale Sicht wollen wir Unterprogramme stets als Funktionen auffassen. In der imperativen Sicht werden wir Unterprogramme dann zunächst als Prozeduren auffassen und daraus Kriterien entwickeln, die eine Bezeichnung als Funktion rechtfertigen.

In objektorientierten Sprachen werden Variablen und Unterprogramme (Prozeduren oder Funktionen) zu *Objekten* zusammengefasst. Die Struktur dieser Objekte wird in *Klassenbeschreibungen* festgehalten. Dabei bezeichnet man die Funktionen eines Objektes bzw. einer Klasse meist als *Methoden*. Mehr darüber erfahren Sie im Teil über die objektorientierte Sicht.

5   Funktionale Programmierung

Viele Problemstellungen der Informatik lassen sich ganz natürlich als Funktion (im mathematischen Sinne) definieren. Oftmals sind das Aufgaben, bei denen es lediglich auf das *Ergebnis* der Berechnung ankommt, ohne dass dabei irgendwelche Zwischenzustände eine Rolle spielen würden, z. B. bei der Berechnung des Wertes mathematischer Terme. Für solche Zwecke bietet sich ein Stil der Programmierung an, den wir nun als Erstes präsentieren wollen - der *funktionale Programmierstil*. Er orientiert sich an der Berechnung von Termen, so wie man das zum Beispiel von einem Taschenrechner gewohnt ist. Zusätzlich bieten *funktionale Sprachen* (im Gegensatz zu nicht programmierbaren Taschenrechnern) die Möglichkeit, eigene Funktionen zu definieren. Aufgrund der starken Zentrierung auf Funktionen eignet sich dieser Stil auch sehr gut zur Umsetzung von Datenflussdiagrammen. Ein weiterer Vorteil funktionaler Sprachen ist die (relativ) leichte Verifizierbarkeit funktionaler Programme, da man sich nicht um Zustände (dazu mehr im Teil über imperative Programmierung) und Seiteneffekte zu kümmern braucht.

Es soll hier nicht verschwiegen werden, dass ein *strenger* funktionaler Programmierstil gewisse Einschränkungen mit sich bringt. Daher beinhalten die meisten funktionalen Sprachen zusätzlich auch imperative Konzepte, die eine „imperative Programmierung durch die Hintertür" erlauben (z. B. ML). Um die Unterschiede und Charakteristika der beiden Stile verdeutlichen zu können, werden wir in diesem Kapitel jedoch auf solche „Zwitterprogramme" verzichten und streng funktional programmieren.

Zur Beschreibung funktionaler Programme werden wir in diesem Kapitel die Sprache FPPS verwenden. Als reale Sprache arbeiten wir (in wenigen ausgewählten Aspekten) mit einer sehr klaren und einfachen „realen" funktionale Sprache, HASKELL. So können wir einerseits (in FPPS) alle funktionalen Sprachkonzepte ohne Rücksicht auf spezifische Zufälligkeiten einer realen Sprache sauber darstellen, andererseits lernen Sie damit auch eine reale „streng funktionale" Sprache mit einigen ihrer Vor- und Nachteile kennen. Bei den anderen beiden Programmierstilen (imperativ und objektorientiert) werden wir ebenfalls diesem Prinzip folgen.

5.1   Das Programm als Term

Ein funktionales Programm beschreibt einfach nur einen Term, z. B.:

$$T_1 = 3 + 4 * 7$$
$$T_2 = sin(\pi/3) + cos(\pi/3)$$

Definition 5.1

Der *Ablauf eines funktionalen Programms* besteht aus der *Auswertung eines Terms* und üblicherweise der *Ausgabe seines Wertes*.

Zur Eingabe und Auswertung dieser Terme stellen funktionale Programmiersprachen in der Regel *Interpreterumgebungen* zur Verfügung.

Die Arbeit mit einer solchen Umgebung (wie z. B. GHCI für die Sprache HASKELL, siehe unten) gestaltet sich folgendermaßen:

- Sie starten die Interpreterumgebung wie jedes andere Programm (z. B. WINHUGS oder GHCI für Haskell).

- Nach diesem Start präsentiert Ihnen die Umgebung eine Eingabemöglichkeit für Ihren Term.

- Nach der Eingabe des Terms (am Ende der Eingabezeile) starten Sie (meist) mit der Eingabetaste die Auswertung des Terms.

- Die Umgebung wertet den Term aus und gibt seinen Wert in der nächsten Zeile aus.

Am Bildschirm sieht das z. B. für HASKELL (bzw. GHCI) und den Term T_1 so aus:

```
Prelude> 3+4*7
Prelude> 31
```

Anstatt einer Anweisung oder einer Folge von Anweisungen erhält der Interpreter bei der funktionalen Programmierung *genau einen* Term als Eingabe.

5.1.1   Die Auswertung von Termen

Zur Berechnung der Ausgabe aus den eingegebenen Daten wendet das Interpretersystem eine (intern vorprogrammierte) *Auswertungsfunktion* auf den eingegebenen Term an, die meist mit eval (für „evaluate") bezeichnet wird.

Genau genommen wird eval jedes Mal automatisch aufgerufen, wenn ein Term in die Kommandozeile des Interpreters eingegeben wird.

Über diese Auswertungsfunktion kann man die Semantik (die Bedeutung) der Elemente einer funktionalen Programmiersprache exakt formulieren.

Bei der Auswertung von Termen wird *Programmtext* eingelesen und *Werte* zurückgegeben. Bei der Auswertung einer Funktionsanwendung auf bestimmte Argumente muss dabei ein *Funktionssymbol* (wie z. B. das Wurzelsymbol oder sin) in einen konkreten *Rechenvorgang* (bei sin eine numerische Berechnung des Sinuswertes) übersetzt werden. Entsprechendes gilt für die Operatorsymbole, so löst z. B. das '+'-Zeichen eine tatsächliche Addition aus. Wir müssen also zwischen reinen Symbolen und den damit verbundenen Berechnungen unterscheiden. Für letztere verwenden wir Kursivschrift, z. B. *sin* für die tatsächliche Berechnung, die durch das Symbol sin ausgelöst wird.

Damit können wir nun sukzessive die Arbeitsweise der `eval`-Funktion auf Termen beschreiben:

1. Auswertung von Konstanten (nullstelligen Funktionen):
   `eval[cons]` = *cons*
   `eval[pi]` = *3.14159....*

2. Auswertung von Operationen: Die Auswertung eines Ausdrucks `exp1 op exp2` geht folgendermaßen vor sich:
   `eval[exp1 op exp2]` = `eval[exp1]` *op* `eval[exp2]`.

Die durch das Operatorsymbol `op` ausgelöste Berechnung wird also für die Auswertungen der beiden Terme links und rechts davon durchgeführt, z. B.:

```
eval[3*4 + (7 - 2)] = eval[3*4] + eval[7 - 2] =
eval[3] * eval[4] + (eval[7] - eval[2]) =
3 * 4 + (7 - 2) = 12 + 5 = 17
```

5.1.2   Terme, Funktionen und funktionale Programme

Eine Funktion stellt, wie bereits erwähnt, eine *eindeutige Zuordnung* dar, die für eine bestimmte Eingabe (die evtl. auch aus mehreren Komponenten bestehen kann) *genau einen* Ausgabewert liefert. Terme stellen eine Möglichkeit dar, diese Zuordnung festzulegen.

Über den Einbau von *Parametern* in den Term kann man dafür sorgen, dass es für unterschiedliche Eingabewerte auch unterschiedliche Ausgabewerte gibt, z. B.:

$$T_3(x) = x + 1,$$
$$T_4(a, b) = a^2 + b^2.$$

Beide Terme liefern für eine bestimmte Eingabe, d. h. für eine bestimmte Belegung jedes Parameters mit je einem Wert (z. B. $x = 10$ bei T_3 oder $a = 2$, $b = 3$ bei T_4), jeweils genau eine Ausgabe:

$$T_3(10) = 10 + 1 = 11,$$
$$T_4(2, 3) = 22 + 32 = 4 + 9 = 13.$$

Die *Definitionsmenge* eines Terms legt in solchen Fällen fest, welche Eingabewerte man für die Parameter verwenden darf, z. B.:

$$D(T4; a) = \mathbb{N}; D(T4; b) = \mathbb{N} \text{ oder kurz } D(T4) = \mathbb{N} \times \mathbb{N}.$$

$\mathbb{N}$ steht dabei für die Menge der natürlichen Zahlen. $\mathbb{N} \times \mathbb{N}$ ist die Menge aller Zahlenpaare (a, b) mit $a \in \mathbb{N}$ und $b \in \mathbb{N}$.

T_4 ordnet also jedem Paar von Werten für die Parameter a, b genau einen Ausgabewert zu:

$$(1, 1) \to 2; (1, 2) \to 5; (1, 3) \to 10; \ldots$$
$$(2, 1) \to 5; (2, 2) \to 8; (2, 3) \to 13; \ldots$$

Auf diese Weise definiert der Term T_4 eine Funktion $f : \mathbb{N} \times \mathbb{N} \to \mathbb{N}$ mit $f(a, b) = T_4(a, b) = a^2 + b^2$.

In diesem Sinn beschreibt ein funktionales Programm über seinen *Term* also immer auch eine *Funktion*. Im Term des Programms dürfen neben (vordefinierten) Standardfunktionen – z. B. konstante Funktionen wie `pi` (für π), trigonometrische (wie `sin`, `cos`, `tan`), die Exponentialfunktion `exp` oder Zeichenkettenfunktionen wie `len` (die Länge einer Zeichenkette) – auch *selbstdefinierte* Funktionen verwendet werden, wie z. B. die obige Funktion `f`.

An dieser Stelle fällt möglicherweise eine gewisse Ähnlichkeit zu den Zellinhalten bei einer Tabellenkalkulation (etwa MS EXCEL) auf. Tatsächlich folgen diese Programme einer mehr oder weniger funktionalen Sicht.

Ein funktionales Programm umfasst:

1. einen Term, der dem Interpreter zur Auswertung übergeben wird,

2. ggf. eine Menge von Funktionsdefinitionen,

3. ggf. Deklarationen eigener Sorten (siehe Abschnitt 5.2).

Wie sieht ein funktionales Programm in unserer fiktiven Programmiersprache FPPS aus? Dazu treffen wir folgende Vereinbarungen (siehe auch Anhang zur Syntax von FPPS): Funktionen bestehen in FPPS (vorerst) ausschließlich aus dem *Kopf* (d. h. der ersten Zeile) und genau einer *Rückgabeanweisung*, nach der genau ein Term folgt, z. B.:

```
function quadrat (nat a): nat
  return a * a
```

Später werden wir auch andere Konstrukte in Funktionen zulassen.

Die Kombination aus Bezeichner, Parameterliste und Rückgabe einer Funktion nennt man auch *Signatur*. Die Funktion `quadrat` hat die Signatur `quadrat(nat a) : nat`. Vereinzelt ist die Signatur auch ohne die *Bezeichner* der Parameter definiert (es bliebe dann also nur `quadrat(nat) : nat` übrig).

Der Arbeitsaufwand beim funktionalen Programmieren besteht:

• aus der Definition passender Funktionen und

• ihrer Kombination zum „Hauptterm", der das eigentliche Programm darstellt (und oft nur aus der Anwendung der „Hauptfunktion" auf einen Satz passender Argumente besteht), z. B. $f(2,3)$.

Die Definitionen und/oder Deklarationen werden dabei in einer (oder evtl. auch mehreren) Textdatei(en) zusammengefasst. Die zugelassene Endung dieser Dateien hängt von der speziellen Umgebung ab (z. B. „.hs" in HASKELL). Für unsere Pseudo-Sprache benötigen wir keine derartigen Vereinbarungen, wir wollen annehmen, dass alle zueinander gehörenden Codefragmente gemeinsam bei der Auswertung bekannt sein sollen.

Beispiel 5.1

Ein Beispiel (*Kommentare* werden in FPPS mit // begonnen und gehen dann jeweils bis zum Ende der Zeile):

```
//BEGINN der Definitionen
function quadrat (nat a): nat
  return a * a

function quadratsumme (nat a, nat b): nat
  return quadrat(a) + quadrat(b)
//ENDE der Definitionen
```

Hier kann also die Funktion `quadratsumme` auf die Definition der Funktion `quadrat` zugreifen.

Was passiert nun eigentlich bei der Auswertung von funktionalen Programmen (also von Funktionsanwendungen)? Es wird ganz einfach mit Hilfe der `eval`-Funktion der *Funktionsterm* ausgewertet. Unter der Voraussetzung, dass eine Funktion f wie folgt definiert wurde (in FPPS):

```
function f (nat x, nat y, nat z): nat
  return T(x, y, z)
```

erfolgt bei der Auswertung des Programmterms f(1, 2, 3) also der folgende `eval`-Aufruf: `eval[f(1, 2, 3)] = eval[T(1, 2, 3)]`.

5.1.3 Variable und Parameter

Funktionen in funktionalen Programmen können, genau wie in der Mathematik *Parameter* verwenden. Das sind rein formale *Platzhalter*, die beim Aufruf einer Funktion an bestimmte Werte gebunden werden. Der Begriff „Variable" wird im Kontext funktionaler Sprachen daher meist in diesem Sinne verwendet.

Beispiel 5.2

Die Funktionsanwendung `quadrat(12)` (der oben definierten Funktion `quadrat`) bindet den Parameter (die Variable) a an den Wert 12. Für diesen Bindungsvorgang schreiben wir kurz:
`a#12`.

Die Auswertung eines Parameters liefert im Falle einer Bindung der Variablen mit dem Bezeichner `varid` an den Wert *cons* (kurz `varid#cons`) genau diesen Wert *cons* zurück:
`eval[varid#cons] = eval[cons] =` *cons*.

Beispiel 5.3

Die Auswertung der Anwendung unserer Quadratfunktion auf den Wert 2 (`quadrat(2)`) liefert:
`eval[quadrat(2)] = eval[a#2*a#2] = eval[a#2]*eval[a#2] =`
*2 * 2 = 4.*

5.1.4   Terme und Datenflussdiagramme

Terme kann man gut mit Datenflussdiagrammen darstellen. Daher kann man ihre Berechnungs-
struktur damit auch sehr schön visualisieren. Das arithmetische Mittel zweier Zahlen möge
dafür als Beispiel dienen (siehe Abbildung 5.1). Der entsprechende Term lautet:
$T(a, b) = (a + b) : 2$.

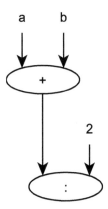

Abb. 5.1: Datenflussdiagramm für die Berechnung des arithmetischen Mittels

Mit diesem Term kann man eine Funktion mittel: $\mathbb{R} \times \mathbb{R} \rightarrow \mathbb{R}$ definieren ($\mathbb{R}$ steht für die
Menge der reellen Zahlen):

mittel(a, b) $= T(a,b) = (a + b) : 2$.

In FPPS lautet die Definition dieser Funktion dann so:

```
function mittel (float a, float b): float
   return (a+b)/2
```

Das Datenflussdiagramm aus Abbildung 5.1 stellt damit auch die Struktur der Funktion

mittel(a, b)

dar.

5.2   Einfache Sorten

In der Informatik bezeichnet *Sorte* eine bestimmte Menge von Werten, wie z. B. nat für die
Menge der natürlichen Zahlen $\{0, 1, 2, 3, \ldots\}$, bool für die Menge der Wahrheitswerte {true,
false} oder string für die Menge aller Zeichenketten über einem bestimmten Alphabet.

Leider ist eine Sorte ziemlich nutzlos, solange nicht mit Operationen bzw. Funktionen darauf
gearbeitet werden kann (z. B. Addition, Subtraktion, Multiplikation und Division auf nat oder
Verkettung zweier Zeichenketten auf string). Aus der Kombination einer (oder auch mehrerer) Sorte(n) und passender Operationen darauf erhält man einen *Datentyp*. Da Wertemengen

in der Informatik aber selten ohne zugeordnete Operationen auftreten, werden die Begriffe Sorte und (Daten-)Typ oft annähernd gleichbedeutend gebraucht. Man sagt auch *Datenstruktur* anstelle von Datentyp.

In allen Sprachen benötigt man bestimmte *einfache Sorten* und geeignete Operationen darauf. Dazu gehören z. B. Sorten für Zahlen (Ganze Zahlen oder Fließkommazahlen), Zeichen oder Zeichenketten.

In FPPS werden wir vorerst die folgenden einfachen Sorten verwenden:

- **bool** für die Menge der Wahrheitswerte: true, false.

- **char** für die Zeichen des erweiterten ASCII-Zeichensatzes[1], z. B. 'A', 'B', ..., 'a', ..., 'z', ..., '0', '1', ... Werte dieser Sorte erkennt man an den umschließenden einfachen Anführungszeichen. Das Zeichen '1' muss übrigens streng von der Zahl 1 unterschieden werden. Mit Zahlen kann man rechnen, mit Zeichen dagegen nicht.

- **nat** für ganze Zahlen zwischen zwei (oft systemabhängigen) Grenzen, z. B. −32768 und +32767

- **string** für Zeichenketten, die durch Verkettung von Zeichen der Sorte **char** entstehen, z. B. "Meisterprüfung". Werte dieser Sorte erkennt man an den umschließenden doppelten Anführungszeichen.

- **float** für alle (ganzen und gebrochen-rationalen) Zahlen r zwischen zwei (oft systemabhängigen) Grenzen (z. B. $-3,4 \times 10^{38}$ und $3,4 \times 10^{38}$), die intern in der „Gleitkommaform" $r = \text{Mantisse} * \text{Basis}^{\text{Exponent}}$ darstellbar sind (z. B. $r = 0.2345601 * 10^{12}$). Die Formate von Mantisse und Exponent sowie der Wert der Basis sind ebenfalls abhängig vom speziellen System, z. B: 8 Stellen für Mantisse, 2 Stellen für Exponent und Basis = 10 wie im obigen Beispiel. Üblicherweise folgt dieser Datentyp dem Standard *IEEE 754*

Für die Darstellung der Konstanten (Werte) dieser Sorten gelten die in Anhang zur Syntax von FPPS dargestellten Regeln.

Beispiel 5.4

Konstanten der verschiednene Typen: 'A', 'C', '@', 123243, 1000, "Otto kommt heute zu Besuch", 0.1232E+12.

In den folgenden Texten werden wir (von vorneherein fest) reservierte Wörter der Sprache (d. h. Terminale, die aus mehr als einem Zeichen bestehen) **fett** drucken. Diese Wörter dürfen nicht anderweitig verwendet werden, z. B. auch nicht als Bezeichner für Variablen.

---

[1]Der ASCII-Zeichensatz stellt eine wichtige Norm für die Zuordnung von darstellbaren Zeichen zu Zahlen dar.

5.3   Verbunde (Records)

In allen Programmierparadigmen (und daher auch in vielen funktionalen Sprachen) kann man eigene Sorten *deklarieren*. Wir werden nun zunächst eine einfache Möglichkeit für eine neu deklarierte Sorte kennenlernen: Mit Hilfe von *Verbunden* werden *verschiedene* Sorten zusammengesetzt. Man kann sich die Struktur wie ein Magazin für Kleinteile aus dem Heimwerkermarkt vorstellen:

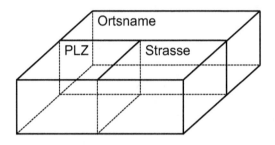

Abb. 5.2: *Verbund mit 3 Slots als Magazin dargestellt*

Um einen Verbund zu deklarieren, müssen wir alle vorkommenden „Slots" deklarieren und für sie jeweils einen Typ festlegen:

```
sort adresse = record
  string strasse;
  nat PLZ;
  string ortsname;
end
```

Die vollständige Syntax für die Deklaration neuer Sorten finden Sie im Anhang zur Syntax von FPPS.

Darin wird auch auf die Syntaxregeln für Identifikatoren (Bezeichner) Bezug genommen, die wir noch festlegen müssen:

```
id = letter {character}
```

Ein Bezeichner beginnt also mit einem Buchstaben, evtl. gefolgt von Ziffern und/oder Buchstaben, z. B. `zaehler1`, `a1234` aber **nicht** `1ab`.

Der Zugriff auf die Komponenten eines Verbundes erfolgt dann (z. B. nach der Deklaration eines Parameters von der entsprechenden neu definierten Sorte `adresse`) über deren Bezeichner (*Selektor*), der mit einem Punkt vom Bezeichner der Verbundvariablen abgetrennt wird:

```
kundenadresse.strasse
```

Wie können wir aber nun mit einem Verbund tatsächlich arbeiten? Wie in der funktionalen Welt nicht anders zu erwarten, löst man das Problem wiederum über eine Funktion, indem man vereinbart, dass mit jeder Sortendeklaration auch automatisch die Definition einer speziellen Funktion verbunden ist, deren einziger Zweck der Aufbau und die Rückgabe von Datenelementen dieser Sorte ist. Eine solche Funktion heißt *Konstruktor*.

Beispiel 5.5

Mit der Deklaration der Verbundsorte `bruch` durch

```
sort bruch = record
  nat zähler;
  nat nenner;
end
```

wird automatisch auch eine Konstruktorfunktion `bruch(a, b)` definiert.

```
function bruch (nat a, nat b): bruch
  // Rückgabe ist ein Datenelement von der Sorte bruch
  // mit zähler = a und nenner = b
```

Auf die Komponenten eines so erzeugten Bruches kann man nach dessen Erzeugung dann wie soeben beschrieben zugreifen (`bruch.zähler` bzw. `bruch.nenner`), etwa zur Berechnung des Kehrwertes:

```
function kehrwert (bruch b): bruch
  return bruch(b.nenner, b.zähler)
```

Damit können wir also z. B. die Addition zweier Brüche programmieren. Dabei wird eine vordefinierte Funktion `kgV(a, b)` verwendet, die sich leicht mit Hilfe des größten gemeinsamen Teilers `ggT` (die Definition dieser Funktion folgt in Abschnitt 6.1) definieren lässt:

```
kgV(a, b) = a*b/ggT(a, b).
```

Unter der Voraussetzung $b1 = (z1, n1)$ und $b2 = (z2, n2)$ lautet der (hier mathematisch formulierte) Funktionsterm:

```
b3 = summe(b1, b2) =
(z1*kgV(n1, n2):n1 + z2*kgV(n1, n2):n2, kgV(n1, n2)).
```

In FPPS, der Übersichtlichkeit halber wurden die Bezeichner für Zähler und Nenner abgekürzt:

```
sort bruch = record nat z; nat n; end
```

```
function summe (bruch b1, bruch b2): bruch
  return bruch(b1.z * kgV(b1.n, b2.n)/b1.n + b2.z *
        kgV(b1.n, b2.n)/b2.n, kgV(b1.n, b2.n))
```

Das Datenflussdiagramm ist in Abbildung 5.3 dargestellt.

5.4   Sequenzen von Verarbeitungsschritten

Innerhalb von Programmen will man oft eine Reihe von Verarbeitungschritten hintereinander ausführen lassen. In funktionalen Sprachen übergibt man dazu die Zwischenergebnisse der einzelnen Schritte durch *Verkettung* (Hintereinanderausführung) von Funktionen, z. B. liefert

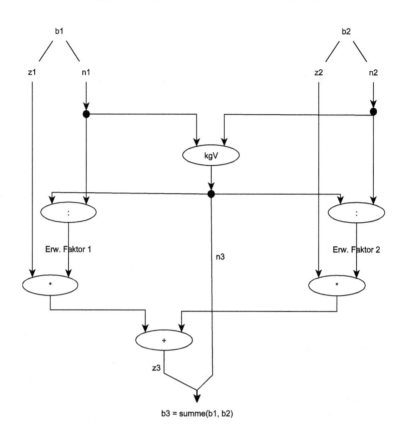

Abb. 5.3: *Datenflussdiagramm für die Addition zweier Brüche*

$B(A(\text{Eingabe}))$ das Ergebnis der Anwendung von B auf das Ergebnis der Anwendung von A auf die Eingabe.

So könnte etwa die Berechnung eines verzinsten Guthabens in FPPS unter Verwendung der beiden Funktionen

```
function kontostand (float ka, float zi): float
  return ka + zi

function zins (float ka, float zs): float
  return ka * (zs/100)
```

so aussehen:

```
kontostand(kapital, zins(kapital, zinssatz))
```

Eine Verkettung von zwei Funktionen g und f wird in funktionalen Umgebungen folgendermaßen ausgewertet:

```
eval[f(g(exp))] =
```
$f(\text{eval}[g(exp)]) = f(g(\text{eval}[exp]))$.

5.5   Bedingte Terme

Bisher entsprachen die Funktionen, die wir definiert haben mehr oder weniger nur der Umsetzung einer (mathematischen) Formel. Damit stößt man allerdings recht schnell an Grenzen. Stellen wir uns zum Beispiel vor, wir sollen eine Funktion `maximum` schreiben, die aus zwei übergebenen Zahlen die Größere zurückliefert. Mit einer einfachen Formel ist das Problem nicht zu lösen. Dazu fehlt uns noch ein sogenannter *bedingter Term*:

```
function maximum (nat a, nat b): nat
  return if a > b then a else b
```

Bei der Auswertung eines *bedingten Terms* wird, je nach Ergebnis des booleschen Ausdrucks einer der beiden Terme ausgewertet und dann als Ergebnis des gesamten bedingten Terms zurückgegeben. Daher ist es wichtig, dass beide möglichen Terme entweder denselben Datentyp besitzen oder sich zu einem gemeinsamen Datentyp vereinen lassen (also beispielsweise **nat** und **float**, nicht aber **nat** und eine Zeichenkette). Denn nur so ist der Datentyp des bedingten Terms eindeutig definiert.

Genau genommen handelt es sich bei bedingten Termen wieder um Funktionen (Fallunterscheidungsfunktionen), die man alternativ (wie dies in vielen Tabellenkalkulationen der Fall ist) auch als if(a<b, a, b) anstatt **if** a<b **then** a **else** b formulieren kann.

Die Auswertung geht folgendermaßen vor sich:

$$\text{eval}[\textbf{if } con \textbf{ then } e1 \textbf{ else } e2] = \begin{cases} \text{eval}[e1] & \text{falls } \text{eval}[con] = \textit{true}, \\ \text{eval}[e2] & \text{falls } \text{eval}[con] = \textit{false}. \end{cases}$$

Möchte man mehrere Bedingungen überprüfen, kann man bedingte Terme auch ineinander verschachteln:

```
if a > 10 then (if a > 50 then 1 else 2) else 3
```

Damit kann man allerdings nur prüfen, ob beide Bedingungen gelten. Möchte man aus einer Reihe von Bedingungen nur prüfen, ob mindestens eine erfüllt ist, benötigen wir noch etwas mehr.

Die sogenannten *boolschen Operatoren* erlauben die Verschachtelung von mehreren boolschen Ausdrücken. Je nach den Werten ihrer Operanden nehmen sie stets einen der beiden Werte *true* oder *false* an. Der dyadische (zweistellige) Operator **and** liefert genau dann *true*, wenn *beide* boolschen Operanden true sind:

```
5 < 10 and 3 > 2 = true
```

Der dyadische Operator **or** liefert *true* genau denn wenn *mindestens einer* der Operanden *true* liefert. Der monadische Operator **not** liefert *true* genau dann wenn der Operand den Wert *false* hat.

Beispiel 5.6

Um z. B. zu überprüfen, ob a den Wert 5 und b den Wert 10 hat kann man nun if (a = 5 **and** b = 10) ... verwenden. Möchte man überprüfen ob mindestens einer der Werte größer 5 ist kann man `if (a > 5 `**`and`**` b > 10) ...`verwenden. Dabei ist allerdings Vorsicht geboten: Der Operator **or** ist auch dann wahr, wenn beide seiner Operanden wahr sind.

Gelegentlich möchte man aber auch überprüfen ob genau einer der Operanden wahr ist. Dafür gibt es den boolschen Ausdruck **xor** („Exklusives Oder"). Der Ausdruck a **xor** b ist eine Kurzschreibweise für `(a `**`and not`**` b) `**`or`**` (b `**`and not`**` a)`.

5.6   Programmieren in HASKELL

Nun wollen wir die soeben erarbeiteten Konzepte der funktionalen Programmierung anhand einer echten funktionalen Sprache nochmals „in der Praxis" rekapitulieren. Leider ist es im Rahmen dieses Buches nicht möglich, eine tatsächliche, umfassende Einführung in die Sprache HASKELL anzubieten. Es geht uns (wie immer in diesem Buch) nur darum, Strukturen und Konzepte mit Hilfe einer geeigneten Sprache zu veranschaulichen. Dazu müssen wir uns auf die absolut unumgänglichen Grundlagen der Sprache beschränken, die Sie zum Schreiben einiger weniger Programme benötigen.

Die ersten Schritte in HASKELL

Zuerst sollten Sie sich eine HASKELL-Programmierumgebung aus dem Internet herunterladen und auf Ihrem Rechner installieren. Unter der Adresse *http://haskell.org* finden Sie viele Angebote dazu. Sie benötigen normalerweise zunächst das HASKELL-Paket selbst. Es enthält einen Compiler und als Teil der sogenannten „Haskell Platform" auch den Interpreter GHCI, den Sie für einfache Aufgaben benützen können.

Komfortabler wird das Arbeiten mithilfe einer sogenannten „Integrierten Entwicklungsumgebung" (IDE). Leider gibt es hier außer dem etwas umständlich zu installierendem LEKSAH keine Standardlösung für HASKELL. Sie können die Aufgaben in diesem Buch aber auch ohne weiteres mit einem normalen Texteditor lösen und dann den Interpreter GHCI zur Ausführung verwenden.

Zuerst werden Sie feststellen, dass in der Kommandozeile des Interpreters das Prompt

```
Prelude>
```

erscheint.

Ebenso wie z. B. PYTHON werden mit HASKELL sehr viele sogenannte *Module* („Erweiterungspakete") geliefert, die bei Bedarf geladen werden können. Das per Voreinstellung automatisch geladene Modul mit den wichtigsten Standardfunktionen und Datentypen heißt in HASKELL `prelude.hs`. Der Prompt zeigt an, dass dieses Modul ordnungsgemäß geladen wurde. Damit stehen Ihnen viele elementare Operatoren und Typen zur Verfügung, mit denen Sie HASKELL zunächst als Taschenrechner verwenden können:

```
Prelude> 3*4+15-1.25
25.75
```

Spannend wird es natürlich erst, wenn man seine eigenen Funktionen definieren kann. Dazu können wir einfache Funktionen mithilfe der Anweisung `let` z. B. direkt in die Eingabe des Interpreters eintippen. Zum Beispiel für den Mittelwert:

```
Prelude> let mittel(a,b) = (a + b)/2
```

Danach können wir diese Funktion verwenden:

```
Prelude> mittel(32, 19)
25.5
```

Sobald die Funktionen etwas aufwändiger werden, ist diese Eingabemethode recht umständlich. Zumal der Code mit der Eingabe „verloren" ist. Man kann ihn z. B. nicht an andere Personen weitergeben. Daher wollen wir nun den Code nicht direkt in den Interpreter eingeben, sondern zunächst in einer Textdatei speichern. Dazu kann man einen beliebigen Texteditor verwenden, die Dateien müssen allerdings die Endung „.hs" bekommen. Eine solche Datei nennt man auch *Skript*. Dem Interpreter sagt man dann lediglich, dass er die Skriptdatei öffnen bzw. „laden" soll und den Inhalt interpretieren. Für das obige Beispiel sähe die Datei so aus:

```
-- mittel.hs - Mittelwert berechnen
mittel :: (Float, Float) -> Float
mittel(a, b) = (a + b) / 2
```

In der ersten Zeile finden Sie als Kommentar den Namen, unter dem wir die Datei abspeichern und eine kurze „Inhaltsangabe". Dann kommt die Definition der Funktion, in etwas anderer Syntax als oben.

In GHCI kann man dann mit dem :l Kommando diese Datei öffnen (evtl. muss man vorher mit dem Kommando :cd in das Verzeichnis wechseln, in dem die Datei abgelegt ist).

```
Prelude> :l mittel.hs
```

Darauf meldet der Interpreter (hoffentlich) das erfolgreiche Laden des neuen Moduls:

```
[1 of 1] Compiling Main
Ok, modules loaded: Main.
*Main>
```

Somit kann die darin definierte Funktion mittel in einem Programmterm verwendet werden:

```
*Main> mittel(3,4)
3.5
```

Funktionen in HASKELL

Nach diesem sehr knappen Ausflug in die Benutzerschulung kehren wir wieder zur eigentlichen Programmierung zurück und sehen uns die Struktur unserer oben definierten Funktion mittel genauer an. Eine Funktionsdefinition in HASKELL beginnt mit der Funktionalität der Funktion:

```
mittel :: (Float, Float) -> Float
```

Die Funktionalität ist nichts weiter als die Angabe der Sorten der Argumente (Eingangsparameter) und des Resultats der Funktion. In diesem Fall gibt es zwei Argumente und ein Resultat, alle drei von der Sorte **Float**. Die zweite Zeile der Deklaration definiert schließlich das Ergebnis der Funktion:

```
mittel (a,b) = (a + b)/2.
```

Die Quadratfunktion soll als weiteres (einfacheres) Beispiel dienen:

```
quadrat :: Int -> Int
quadrat (x) = x*x
```

Der bedingte Term

Der bedingte Term wartet mit keinerlei Überraschungen auf:

```
betrag :: Float -> Float
betrag (x) = if x > 0 then x else -x
```

```
*Main> betrag(12)
12.0
*Main> betrag(-33)
33.0
```

Vordefinierte Datentypen

HASKELL hält bereits ein luxuriöses Angebot an vordefinierten Datentypen bereit, u.a. auch Listen oder Tupel:

```
Main> length([1,2,3,4])
4
Main> fst(13,2)
13
Main> snd(13,2)
2
```

Typenbezeichner werden in HASKELL übrigens immer groß geschrieben. Darüberhinaus ist es in HASKELL sehr einfach, eigene Sorten und Datentypen zu definieren. Dabei muss man zwei Fälle unterscheiden: bloße synonyme Bezeichnung und strukturell neue Typen.

Synonyme für vorhandene Typen

Hier handelt es sich lediglich um eine neue (synonyme) Bezeichnung eines bereits definierten Datentyps. Dazu verwendet man das Schlüsselwort type:

```
type Strasse = String
type PLZ = Int
type Ort = String
type Adresse = (Strasse, PLZ, Ort)
```

Diese Typen existieren strukturell bereits vor diesen Definitionen (hier als **String**, **Int** oder 3-Tupel). Sie werden durch **type** lediglich (zusätzlich) mit einem neuen Namen versehen. Da es sich hier nur um Synonyme handelt, kann im obigen Beispiel jedes beliebige 3-Tupel mit passenden Sorten der Komponenten (**String, Int, String**) als Adresse verwendet werden, auch wenn es eigentlich eine ganz andere Bedeutung hat wie z. B. (Schülername, Note, Fach).

Algebraische Typen

Der Aufbau strukturell neuer Datentypen wird mit Hilfe von hierzu definierten Konstruktorfunktionen vorgenommen. Hierzu verwendet man das Schlüsselwort **data**. Solche Typen heißen in Haskell auch *algebraische Typen*:

```
-- flaeche.hs
data Flaeche = Kreis (Float) | Rechteck (Float, Float)

inhalt :: Flaeche -> Float
inhalt (Kreis (r)) = pi*r*r
inhalt (Rechteck (l, b)) = l*b
```

```
Prelude> :l flaeche.hs
[1 of 1] Compiling Main
Ok, modules loaded: Main.
*Main> inhalt(Kreis (3.5))
38.4845
*Main> inhalt (Rechteck (4.5, 7.33))
32.985
```

In diesem Beispiel wird ein neuer Datentyp Flaeche als Variante, d. h. entweder als ein Kreis oder als ein Rechteck definiert. Das Zeichen | trennt hier also die Ausprägungen einer Variante. Kreis und Rechteck sind wiederum neu definierte Datentypen, die sich auf dem vordefinierten Typ **Float** abstützen. Dabei werden eigentlich nur die gleichnamigen Konstruktorfunktionen definiert, mit deren Hilfe bei der Anwendung die eigentlichen Daten (Instanzen) aus einer (im Fall Kreis) bzw. zwei (im Fall Rechteck) Fließkommazahl(en) aufgebaut werden.

In diesem Beispiel begegnen wir auch einer Technik, die bei der funktionalen Programmierung sehr häufig angewandt wird: *pattern matching*. Wenn die Funktion inhalt auf einen Wert angewandt wird, wie z. B.

inhalt(Kreis (3.5)),

dann wird dieser Aufruf mit der Definition dieser Funktion verglichen: Der Interpreter stellt fest, dass es dort ein „Muster" (*pattern*) mit dem Argument Kreis (r) und ein zweites mit dem Argument Rechteck (l, b) gibt. In unserem obigen Aufruf „passt" offensichtlich das erste dieser beiden Muster. Daraufhin wird der Parameter r an den Wert 3.5 gebunden, dieser in den rechten Teil der Funktionsdefinition (pi*r*r, der den Wert des Funktionsterms definiert) eingesetzt und der resultierende Term ausgewertet (mit dem Ergebnis 38.4845). Durch Mustervergleich (pattern matching) wird hier also sowohl der passende Fall der Berechnung ausgewählt (also eine Fallunterscheidung simuliert) als auch die im Muster vorkommenden Parameter (in diesem Fall r) an Werte gebunden.

Es gibt übrigens auch Konstruktorfunktionen ohne Argumente. Dann handelt es sich einfach um Konstante (im Sinne nullstelliger Funktionen), wie etwa beim (vordefinieren) Typ **Bool**:

data Bool = True | False.

Nun verlassen wir die HASKELL-Welt wieder (zugunsten von FPPS), um in den nächsten Kapiteln nochmals dazu zurückzukehren.

6 Rekursion

6.1 Rekursive Strukturen

Algorithmen beruhen oftmals darauf, ein Verfahren wiederholt anzuwenden (z. B. bis ein bestimmtes Kriterium erreicht ist). Solche Wiederholungen werden im funktionalen Programmierstil üblicherweise mittels *Rekursion* realisiert. Den größten gemeinsamen Teiler zweier natürlicher Zahlen würde man beispielsweise so berechnen:

```
function ggt (nat a, nat b): nat
  return if a = b then a
         else if a < b then ggt(a, b-a)
              else ggt(a-b, b)
```

Ein Zahlenbeispiel zur Folge der rekursiven Aufrufe dieser Funktion:

```
ggt(20, 12) = ggt(8, 12) = ggt(8, 4) = ggt(4, 4) = 4.
```

Definition 6.1

Eine Funktion heißt *rekursiv*, wenn ihr Bezeichner im Rumpf (d. h. unterhalb der ersten Zeile ihrer Deklaration) vorkommt oder es bei verschränkter Rekursion ein zyklisches System von Abhängigkeiten zwischen mehreren Deklarationen gibt (siehe später in diesem Kapitel).

Wir kennzeichnen zunächst die rekursiven Aufrufe im Funktionsrumpf durch Unterstreichung, um dem Leser die Orientierung zu erleichtern. Später werden wir diese Schreibweise wieder aufgeben.

Natürlich wird das Konzept der Rekursion nicht nur deshalb so häufig angewandt, weil in (rein) funktionalen Sprachen keine andere Art der Wiederholung möglich ist. Rekursion ermöglicht oft eine (relativ) leichte *Verifikation* (darunter versteht man den Beweis der Korrektheit eines Programms) oder hohe Effizienz für bestimmte Zwecke (z. B. Sortier- oder Suchverfahren). Man könnte also eher sagen, dass die funktionalen Sprachen so konstruiert wurden, dass Rekursion leicht und natürlich in ihnen umgesetzt werden kann.

Neben Funktionen (wie ggt) verwendet man Rekursion auch häufig bei der Konstruktion *dynamischer Datentypen*. Das sind Datentypen bei denen sich der Umfang eines Datenelementes während der Laufzeit des Programms ändern kann, wie z. B. Listen. Wir halten diesen Einstieg für günstiger (u.a. weil viele Funktionen nur deshalb rekursiv sind, weil sie auf rekursiven Datentypen operieren) und werden uns daher zuerst den rekursiven Datentypen zuwenden, um danach wieder zu rekursiven Funktionen zurückzukehren.

6.1.1   Rekursive Datenstrukturen

Zur Verwaltung einer Reihe gleichartiger Werte haben Sie in Kapitel 5 bereits kurz Listen in HASKELL kennengelernt. Der Datentyp Liste wird als dynamischer Datentyp bezeichnet, da die Elemente dieses Typs (z. B. [1,2,3]) während des Programmablaufs ihre Länge ändern können. Im Gegensatz dazu ist z. B. **Int** (oder **Float**) ein *statischer Datentyp*, da seine Elemente (z. B. 17 oder 3.97) eine feste Größe (z. B. 2 Byte) haben. Natürlich muss auch bei dynamischen Datentypen vor der Übersetzung zumindest die Struktur festgelegt werden, wenn man sich schon nicht auf ihre Größe verlassen kann. Die „Dynamik" wird in der Strukturdefinition mit Hilfe von Rekursion eingebaut. Das einfachste Beispiel dafür ist die Sorte Liste, die man strukturell folgendermaßen definieren kann:

Eine Liste

- ist entweder leer oder
- besteht aus einem Kopf als erstem Element und einer weiteren <u>Liste</u> (Rest) als Rumpf.

Beispiel 6.1

Liste der Aufgaben, die heute zu erledigen ist:

Liste1 = [„Büro aufschließen", „mit Meier telefonieren", „Besprechung mit Huber und Schulz"].

Das Element „Büro aufschließen" ist dann der Kopf von Liste1 und Liste2 = [„mit Meier telefonieren", „Besprechung mit Huber und Schulz"] der Rest von Liste1.

Wir verwenden in diesem Buch ab jetzt (wie z. B. auch in HASKELL) eckige Klammern, um Listen zu kennzeichnen. Wenn der Bezeichner einer Sorte (hier: Liste) auch im definierenden Text auftaucht, nennt man diese Sorte rekursiv. Eine Liste ist nach ihrer obigen Definition also eine rekursive Datenstruktur.

Wenn man Listen gemäß der obigen Definition in einer Programmiersprache implementieren will, benötigt man zur Realisierung der „eingebauten" Alternative (leere Liste oder Kombination aus Kopf und Rest) variante Sorten (bzw. Vererbungsmechanismen in objektorientierten Sprachen). In FPPS lassen wir dazu in den Sortendeklarationen einfach durch **or** getrennte Alternativen zu. Damit können Listen für natürliche Zahlen folgendermaßen definiert werden:

```
sort natlist = empty or record
  nat head;
  natlist rest;
end
```

Wir führen hier das Schlüsselwort **empty** ein, mit dem für jede rekursive Datenstruktur ein leeres Datenelement produziert werden kann.

Der Aufbau einer Liste erfolgt wieder mit Hilfe einer Konstruktorfunktion (siehe Abschnitt 5.2), die hier allerdings auch die Möglichkeit einer leeren Liste berücksichtigen muss.

Ein Beispiel für den Aufbau eines Datenelementes (hier der Liste [3, 2, 1]) durch eine Konstruktorfunktion wäre: natlist (3, natlist (2, natlist (1, **empty**))).

Mit der Einführung von **empty** wird gleichzeitig eine Funktion `isempty()` definiert, die feststellt, ob ein Datenelement leer ist. Dafür gilt:

```
isempty(empty) = true
isempty(natlist(a, b)) = false   //für beliebige nat a und natlist b.
```

In FFPS sieht diese Funktion also wie folgt aus:

```
function isempty(natlist a): bool
  return if a = empty then true
         else false
```

Hier sieht man, wie mithilfe geeigneter Konstrukte (in diesem Fall der bedingte Term) eine (oft mathematische) Spezifikation praktisch direkt in einer funktionalen Programmiersprache formuliert werden kann.

6.1.2 Rekursive Funktionen

Für die Anwendung von Rekursion im Zusammenhang mit Funktionsdeklarationen gibt es, wie oben bereits erwähnt, eine Reihe von Beweggründen, z. B.:

- bessere Verifikationsmöglichkeit,
- Verwendung rekursiver Datenstrukturen,
- Effizienz.

Zunächst wollen wir rekursive Funktionen betrachten, die auf rekursiven Datenstrukturen arbeiten, z. B. auf den soeben eingeführten Listen.

Beispiel 6.2

Länge einer Liste ermitteln:

```
function length (natlist liste): nat
return if isempty(liste) then 0 else length(liste.rest) + 1
```

Beispiel 6.3

Umkehrung einer Zeichenkette als Liste von Zeichen: Als Hilfsfunktionen benötigen wir dafür das letzte Zeichen der Liste und den „vorderen Rest" der Liste (nach Entfernung des letzten Zeichens):

```
function last (charlist liste): char
  return if isempty(liste.rest) then liste.head
         else last(liste.rest)

function init (charlist liste): charlist
  return if isempty(liste.rest) then empty
         else charlist(liste.head, init(liste.rest))
```

```
function revers (charlist liste): charlist
    return if isempty(list) then empty
             else charlist(last(liste), revers(init(liste)))
```

Die Struktur dieser Funktionen ähnelt (naturgemäß) sehr stark der Struktur der Sorte `Liste`, auf der sie arbeiten (siehe oben):

- Entweder ist die Liste leer oder
- es erfolgt ein rekursiver Aufruf der jeweiligen Funktion.

Hier legt also die Datenstruktur die rekursive Struktur der Funktionen fest, die darauf arbeiten.

Eine zweite Motivation für die Verwendung von rekursiven Funktionen ist *Effizienz* hinsichtlich der Verarbeitungsgeschwindigkeit, wie etwa beim *Quicksort*-Algorithmus, der eines der schnellsten bekannten Sortierverfahren darstellt. Im letzten Teil des Buches über Algorithmen und Datenstrukturen erfahren Sie mehr über Quicksort.

Beispiel 6.4

Der Sortieralgorithmus Quicksort arbeitet rekursiv. Wir setzen hier die Verfügbarkeit der Hilfsfunktionen `concat`, `smaller`, `equal` und `greater` voraus, deren Programmierung wir Ihnen als Übung empfehlen.

```
function quicksort (natlist ls): natlist
   return if length(ls) <= 1 then ls
           else concat(concat(
               qsort(smaller(ls, ls.head)),
                   equal(ls, ls.head)),
                   qsort(greater(ls, ls.head)))

// Hilfsfunktionen (Programmierung als Übung empfohlen):
function concat (natlist l1, natlist l2): natlist
// liefert die Verkettung zweier Listen l1 und l2

function smaller (natlist ls, nat z): natlist
// liefert die Liste aller Elemente einer Liste ls,
// die kleiner als eine Zahl z sind

function equal (natlist ls, nat z): natlist
// liefert die Liste aller Elemente einer Liste ls,
// die gleich einer Zahl z sind

function greater (natlist ls, nat z): natlist
// liefert die Liste aller Elemente einer Liste ls,
// die größer als eine Zahl z sind
```

Leider führt die Verwendung von Rekursion nicht immer zu einer Steigerung der Effizienz, wie z. B. bei der rekursiven Implementierung der Binomialkoeffizienten (siehe Abschnitt 4.2 dieses Kapitels).

6.2 Parametrisierung von Datenstrukturen

Die rekursive *Struktur* (und damit auch die grundlegenden Zugriffsoperationen) einer Liste hängt nicht davon ab, zu welcher Sorte die einzelnen Elemente gehören. Dennoch müsste man, dem obigen Schema folgend, z. B. für Zeichen, Zeichenketten oder Gleitkommazahlen jeweils eigene Listen definieren. Diese Arbeit sparen wir uns durch Parametrisierung der Listendeklaration (wie sie z. B. in HASKELL oder außerhalb der funktionalen Programmierung in C++ bzw. auch JAVA möglich ist):

```
sort list<T> = record
  T head;
  list<T> rest;
end
```

T steht dabei als Platzhalter für einen beliebigen Datentyp für den man eine Liste definieren möchte. Damit kann man dann z. B. Listen definieren, deren Elemente Zeichenketten, Zeichen oder Listen von Zahlen sind:

```
sort stringlist = list<string>;
sort charlist = list<char>;
sort natlistlist = list<natlist>;
```

Das letzte der drei Beispiele definiert eine Liste, deren Elemente wiederum Listen natürlicher Zahlen sind.

Zusammengesetzte Sorten, die mit Hilfe von *Sortenparametern* analoge Strukturen aus verschiedenen anderen Sorten aufbauen können, heißen *polymorph* („vielförmig").

Am Ende dieses Teils werden im Rahmen einiger fundamentaler Datenstrukturen noch einige weitere Anwendungsfälle für polymorphe Sorten vorgestellt.

6.3 Rekursive Funktionen und Datentypen in HASKELL

Rekursion zur Steuerung von Wiederholungen

In HASKELL stellt Rekursion, wie oben bereits ausgeführt, die einzige Möglichkeit zur automatischen Wiederholung dar. Wenn Sie beispielsweise die Potenz x^y (für ganzzahlige, nichtnegative Werte von y) berechnen wollen, geht das nur über Rekursion:

```
x_hoch_y :: (Float, Int) -> Float
x_hoch_y (x,y) = if y == 0 then 1 else x_hoch_y(x, y-1)*x
```

Rekursive Datentypen

Wenn man einen neuen rekursiven Datentyp (hier z. B. eine Liste) definieren will, muss man diesen als algebraischen Typ einführen (siehe Kapitel 5, Abschnitt 6):

```
data StringList = Empty | Node ( String, StringList)
```

Zur Bestimmung der Länge implementieren wir die Funktion `length` unter Anwendung von Pattern Matching (siehe Kapitel 5):

```
length :: StringList -> Int
length Empty = 0
length (Node (mark, list)) = 1+length (list)
```

Der Aufbau einer konkreten Liste, z. B. für die Farben eines Kartenspiels erfolgt über eine Sequenz von Aufrufen des Konstruktors `Node`:

```
mylist = Node("Pik", Node("Kreuz", Node("Karo", Node("Herz", Empty))))
```

Danach gilt `mylist = ["Pik", "Kreuz", "Karo", "Herz"]`.

Der Aufruf von `length(mylist)` führt zu folgender Aufrufkette:

```
length(["Pik", "Kreuz", "Karo", "Herz"]) =
length(["Kreuz", "Karo", "Herz"]) + 1 =
length(["Karo", "Herz"]) + 1 + 1 =
length(["Herz"]) + 1 + 1 + 1 =
length(Empty) + 1 + 1 + 1 + 1 =
0 + 1 + 1 + 1 + 1 = 4
```

Dieses Beispiel sollte vor allem dazu dienen, dem Leser den Umgang mit dynamischen (rekursiven) Datenstrukturen näher zu bringen. Zu diesem Zweck wurde hier eine dynamische Datenstruktur statisch verwendet: vor dem Programmstart war ja schon klar, welchen Umfang das Datenelement haben würde. In der Regel ist das natürlich nicht der Fall, insbesondere bei den häufigen Anwendungen von rekursiven Datenstrukturen zur Effizienzsteigerung, von denen im fünften Teil dieses Buches noch ausführlich die Rede sein wird.

Parametrisierung von Datenstrukturen

Unsere soeben eingeführte Datenstruktur `StringList` hat leider noch genau den weiter oben aufgezeigten Makel: Bisher ist Sie nur für Knotenmarkierungen der Sorte `String` definiert und müsste für jede andere Sorte (**Int**, **Float**, etc.) wieder ebenso ausführlich wie oben definiert werden. In HASKELL kann man sich diesen Aufwand leicht sparen, indem man den Datentyp List unter Verwendung eines Sortenparameters a von vorneherein als polymorph definiert:

```
data List a = Empty | Node ( a, List)
```

Es genügt, diese Ersetzungen (a anstatt **String** und List a anstatt StringList) einmal im gesamten Programm durchzuführen und außerdem alle Funktonen entsprechend anzupassen, z. B. die Funktion `length`:

```
length :: List a -> Int
length Empty = 0
length (Node (mark, list)) = 1 + length (list)
```

Damit könnte man dann z. B. eine Liste für Integer Werte definieren:

```
mylist = List Int
mylist = Node(1, Node(2, Node(3, Empty)))
```

Der Sortenparameter a wird also bei der ersten Anwendung des Datentyps automatisch an eine passende Sorte (hier wiederum `String`) gebunden. Danach muss in dieser Liste allerdings durchgehend diese eine Sorte verwendet werden. Eine Mischung verschiedener Sorten in *einer* Liste würde zu einem Laufzeitfehler führen. Für die weiteren Ausführungen kehren wir nun wieder zu `FPPS` zurück.

6.4 Dynamische Datenflussdiagramme

Was passiert eigentlich beim Aufruf einer rekursiven Funktion? Dies wollen wir uns am (sehr einfachen) Beispiel der Fakultätsfunktion (in FPPS) genauer ansehen.

```
function fak (nat n): nat
  return if n = 0 then 1 else n*fak(n-1)
```

Wie wird damit z. B. `fak(3)` berechnet?

```
fak(3) = 3*fak(2) = 3*2*fak(1) = 3*2*1*fak(0) = 3*2*1*1 = 6.
```

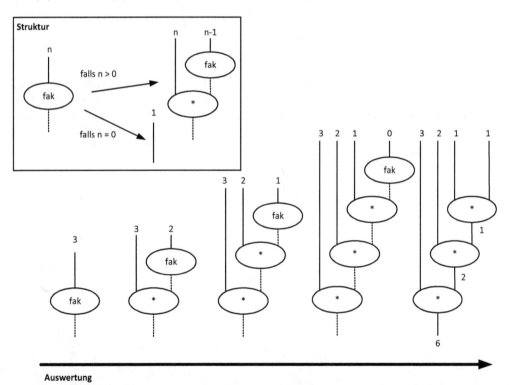

Abb. 6.1: *Dynamisches Datenflussdiagramm zur Fakultätsfunktion* `fak(n)`

Der Aufruf einer rekursiven Funktion erzeugt also *entweder* eine Konstante *oder* (mindestens) einen *neuen (informationsverarbeitenden) Prozess* der gleichen Funktion. Daher können rekursive Verarbeitungsabläufe nicht in *einem* Datenflussdiagramm dargestellt werden, da man denselben „Funktionsknoten" mehrfach benötigen würde. Wegen der dynamischen Erzeugung neuer Prozesse benötigt man jeweils eine *Sequenz* solcher Diagramme (wir nennen diese Sequenzen ab jetzt *dynamische Datenflussdiagramme*). Um den Ablauf dieser Aufrufe noch deutlicher zu machen, tragen wir die Ausgänge der Prozesse darin *gestrichelt* ein, soweit diese noch nicht aktiv sind, weil sie auf vorhergehende Berechnungen *warten* müssen, bzw. durchgezogen, sobald sie Daten liefern können, weil alle vorhergehenden Berechnungen abgeschlossen sind. Abb. 6.1 zeigt die Abarbeitung der Funktionsanwendung als dynamisches Datenflussdiagramm.

In den folgenden Überlegungen werden wir immer wieder solche dynamischen Datenflussdiagramme zur Veranschaulichung rekursiver Strukturen verwenden.

6.4.1   Lineare Rekursion

Definition 6.2

Eine rekursive Funktionsdeklaration heißt *linear rekursiv*, falls in jedem Fallunterscheidungszweig *höchstens ein* rekursiver Aufruf der Funktion enthalten ist. Das dynamische Datenflussdiagramm enthält dann *maximal einen* Prozess dieser Funktion.

Beispiele dafür sind, wie schon erwähnt, die Funktionen `fak` und `ggT`. Besonders einfach (und daher sehr effizient zu berechnen) sind linear rekursive Funktionen, bei deren Berechnung die rekursiven Aufrufe immer der letzte Verarbeitungsschritt sind, wie z. B. in `ggT` (siehe Abbildung 6.2). Solche Funktionen nennt man *repetitiv rekursiv*.

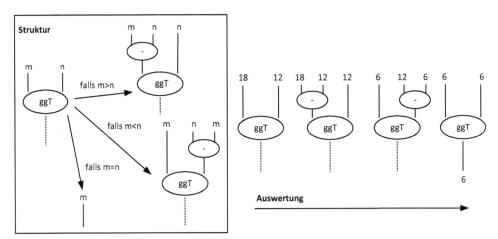

Abb. 6.2: Dynamisches Datenflussdiagramm für ggT

Hier ist der letzte Prozess bei der Berechnung des Endergebnisses immer ein Prozess der Funktion selbst (im Gegensatz z. B. zur Fakultätsfunktion, wo nach dem rekursiven Aufruf von `fak` noch eine Kette von Multiplikationen ausgeführt wird (siehe Abbildung 6.1). Der aufrufende Prozess kann daher unmittelbar nach dem Aufruf eines neuen Prozesses beendet werden. Dies macht die maschinelle Realisierung besonders einfach, da keine Informationen über den Zustand des aufrufenden Prozesses zur Zeit des Aufrufs aufbewahrt werden müssen. Repetitiv rekursive Funktionen können auch besonders einfach durch iterative Algorithmen dargestellt werden (siehe nächster Teil).

6.4.2 Kaskadenartige Rekursion

Die obige Definition von linearer Rekursion legt die Vermutung nahe, dass es auch Funktionen gibt, die in mindestens einem Fallunterscheidungszweig *mehr als einen* rekursiven Aufruf enthalten. In solchen Fällen spricht man von *kaskadenartiger Rekursion*.

Beispiel 6.5

Die *Binomialkoeffizienten* $bn(n, k)$ (oft auch „n über k" gesprochen und als $\binom{n}{k}$ notiert) haben für viele Anwendungen aus der Kombinatorik und Wahrscheinlichkeitsrechnung große Bedeutung. So beträgt z. B. die Wahrscheinlichkeit eines „6ers" im Lotto $1/bn(49, 6)$. Wenn man Potenzen von Binomen $(a + b)^n$ ausmultipliziert, dann kommen die Binomialkoeffizienten im Ergebnis als konstante Faktoren vor, z. B. für $n = 4$ als Faktoren 1, 4, 6, 4, 1:

$$(a + b)^4 = 1a^4 + 4a^3b + 6a^2b^2 + 4ab^3 + 1b^4.$$

Die Berechnung dieser Binomialkoeffizienten führt uns auf eine Funktionsdeklaration, in der ein rekursiver Aufruf zwei neue Prozesse erzeugt. Zur Herleitung der Deklaration betrachten wir zunächst das *Pascalsche Dreieck*, in dem sich die Binomialkoeffizienten sehr übersichtlich anordnen lassen (siehe Abbildung 6.3).

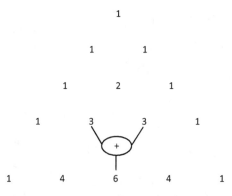

Abb. 6.3: *Das Pascalsche Dreieck zur Berechnung der Binomialkoeffizienten*

Zur Erzeugung dieses Dreiecks gelten die folgenden Vorgaben (siehe auch Tabelle 6.1):

1. Der Index k der Spalten läuft von 0 bis zum jeweiligen Zeilenindex n.
2. An den äußersten Positionen ($k = 0$ und $k = n$) steht immer der Wert 1, also: $bn(n, 0) = bn(n, n) = 1$ für alle n.

	$k = 0$	$k = 1$	$k = 2$	$k = 3$	$k = 4$	$k = 5$
$n = 0$	1					
$n = 1$	1	1				
$n = 2$	1	2	1			
$n = 3$	1	3	3	1		
$n = 4$	1	**4**	**6**	4	1	
$n = 5$	1	5	**10**	10	5	1
usw.						

Tabelle 6.1: *Das Pascalsche Dreieck*

3. Die „inneren" Zahlen ($0 < k < n$) lassen sich folgendermaßen aus denen der darüber liegenden Zeile berechnen: $bn(n, k) = bn(n - 1, k) + bn(n - 1, k - 1)$.

Bitte beachten Sie dazu auch das in Tabelle 6.1 fett hinterlegte Beispiel zur Berechnung von $bn(5, 2)$.

Aus dieser mathematischen Berechnungsvorschrift folgt direkt die Struktur für unsere rekursive Funktion:

```
function bn (nat n, nat k): nat
   return if n = 0 or k = 0 or k = n then 1
          else bn(n-1, k) + bn(n-1, k-1)
```

Dabei gelten immer die Nebenbedingungen n, k $\geq$ 0 und k $\leq$ n. Dieses Rekursionsschema führt z. B. für „5 über 3" zu folgender Berechnungsfolge:

$bn(5, 3) =$
$bn(4, 3) + bn(4, 2) =$
$bn(3, 3) + bn(3, 2) + bn(3, 2) + bn(3, 1) =$
$1 + bn(2, 2) + bn(2, 1) + bn(2, 2) + bn(2, 1) + bn(2, 1) + bn(2, 0) =$
$1 + 1 + bn(1, 1) + bn(1, 0) + 1 + bn(1, 1) + bn(1, 0) + bn(1, 1) + bn(1, 0) + 1 =$
$1 + 1 + 1 + 1 + 1 + 1 + 1 + 1 + 1 + 1 =$
$10.$

Dies verdeutlicht auch nochmal die Verwandtschaft zwischen funktionaler Programmierung und mathematischer Funktionsdefinition: Es macht für die Berechnung hier keinen Unterschied, ob wir die mathematische Funktion $bn(n, k)$ oder die FPPS Funktion bn(n, k) auswerten, die diese nur die mathematische Funktion modelliert.

Kaskadierende Rekursionsaufrufe vervielfachen naturgemäß die Zahl der aktiven Prozesse und sind daher für die Laufzeit eines Algorithmus von erheblicher Bedeutung. Zudem werden in diesem Fall viele Funktionen mehrmals benötigt, ohne dass ihre Ergebnisse dafür zwischendurch aufbewahrt würden. Dieselbe Berechnung wird daher u.U. mehrfach ausgeführt (z. B. würde bei unserem obigen Ablauf bn(2, 1) dreimal berechnet). Dieses Verfahren ist also sicher nicht sehr effizient. Das dynamische Datenflussdiagramm für die Berechnung der Binomialkoeffizienten ist in Abb. 6.4 dargestellt.

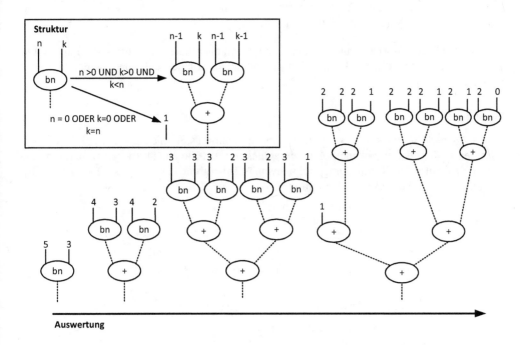

Abb. 6.4: *Dynamisches Datenflussdiagramm für Binomialkoeffizienten*

So genannte *Aufrufgraphen*, in denen die Abfolge der rekursiven Aufrufe in Baumform dargestellt wird, sind besonders bei kaskadierender Rekursion hilfreich (siehe Abbildung 6.5):

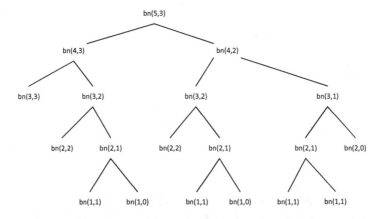

Abb. 6.5: *Aufrufbaum für bn(5,3)*

6.4.3   Vernestete Rekursion

Die kompliziertesten Aufrufstrukturen entstehen, wenn die rekursiven Aufrufe der Funktion *in den Parameterlisten* weitere rekursive Aufrufe enthalten. Solche Funktionen heißen *vernestet rekursiv*.

Beispiel 6.6

Ein Beispiel für eine solche vernestet rekursive Funktion stellt die wegen ihrer sehr interessanten Eigenschaften bekannte *Ackermannfunktion* dar. Sie enthält (neben weiteren rekursiven Aufrufen im Rumpf) einen rekursiven Aufruf in der Parameterliste (unterstrichen). Zunächst die mathematische Definition von $acker(m, n)$:

$$acker(m, n) = \begin{cases} n + 1 & \text{falls } m = 0 \\ acker(m - 1, 1) & \text{falls } n = 0 \\ acker(m - 1, \underline{acker(m, n - 1)}) & \text{sonst} \end{cases}$$

In FPPS wird die Ackermannfunktion folgendermaßen programmiert:

```
function acker (nat m, nat n): nat
  return if m = 0 then n + 1
         else if n = 0 then acker(m-1, 1)
              else acker(m-1, acker(m, n-1))
```

Die sehr(!) aufwendige Auswertung der Ackermannfunktion zeigen wir exemplarisch (und nicht vollständig) am Beispiel $acker(3, 2)$ wieder als mathematische Funktionsauswertung notiert:

$acker(3, 2) =$
$acker(2, acker(3, 1)) =$
$acker(2, acker(2, acker(3, 0))) =$
$acker(2, acker(2, acker(2, 1))) =$
$acker(2, acker(2, acker(1, acker(2, 0)))) =$
$acker(2, acker(2, acker(1, acker(1, 1)))) =$
$acker(2, acker(2, acker(1, acker(0, acker(1, 0))))) =$
$acker(2, acker(2, acker(1, acker(0, acker(0, 1))))) =$
$acker(2, acker(2, acker(1, acker(0, 2)))) =$
$acker(2, acker(2, acker(1, 3))) =$
$acker(2, acker(2, acker(0, acker(1, 2)))) =$
$acker(2, acker(2, acker(0, acker(0, acker(1, 1))))) =$
$acker(2, acker(2, acker(0, acker(0, acker(0, acker(1, 0)))))) =$
$acker(2, acker(2, acker(0, acker(0, acker(0, acker(0, 1)))))) =$
$acker(2, acker(2, acker(0, acker(0, acker(0, 2))))) =$
$acker(2, acker(2, acker(0, acker(0, 3)))) =$
$acker(2, acker(2, acker(0, 4))) =$
$acker(2, acker(2, 5)) =$
$\ldots$

Wie man sieht, führen bereits Aufrufe mit sehr kleinen Parameterwerten zu sehr langen Auswertungen, die wir hier gar nicht in voller Länge zeigen wollen. Abbildung 6.6 zeigt die ersten Schritte der Auswertung von $acker(3, 2)$ im dynamischen Datenflussdiagramm. Man beachte dabei die Verkettung unausgewerteter Funktionsaufrufe (als wartende Prozesse), die zu einem hohen Verbrauch an Ressourcen führt.

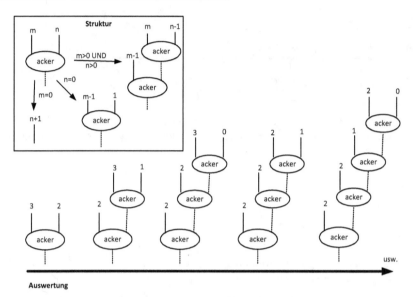

Abb. 6.6: *Dynamisches Datenflussdiagramm für die Ackermannfunktion*

Tabelle 6.2 zeigt anhand einiger Werte für ausgewählte Argumente, dass die Ackermann-funktion enorm schnell wächst. Dieses sehr schnelle Wachstum (verbunden mit der langen Auswertungsfolge) ist auch genau der Grund für das Interesse an dieser Funktion. Es führt dazu, dass sich die Anzahl der notwendigen Berechnungen *nicht vor dem Aufruf* durch eine Konstante abschätzen lässt. Daher gehört die Ackermannfunktion nicht zur Klasse der *primitiv rekursiven* Funktionen, deren Werte sich (bei imperativer Berechnung) durch Verwendung von Wiederholungen mit fester Wiederholungszahl berechnen lassen. Mehr darüber erfahren Sie in der Literatur zur Theoretischen Informatik unter dem Stichwort „Klassen berechenbarer Funktionen".

6.4.4 Verschränkte Rekursion

Die bisherigen Betrachtungen legen den Schluss nahe, dass eine Funktionsdeklaration genau dann als rekursiv bezeichnet werden kann, wenn sich in ihrem *definierenden Term* mindestens ein Aufruf derselben Funktion findet. Leider werden damit nicht alle rekursiven Funktionen erfasst, denn es bleibt daneben noch die Möglichkeit, dass eine Funktion einen rekursiven Aufruf gewissermaßen im Umweg über den Aufruf einer *anderen* Funktion (oder sogar einer Folge solcher Aufrufe) „versteckt". Wenn die Rekursion über mehrere Stufen laufen soll, muss diese

$a(m, n)$	$n = 0$	$n = 1$	$n = 2$	$n = 3$
$m = 0$	1	2	3	4
$m = 1$	2	3	4	5
$m = 2$	3	5	7	9
$m = 3$	5	13	29	61
$m = 4$	13	65533	$2^{65536} - 3$	$2^{2^{65536} - 3}$
$m = 5$	65533	$a(4, 65533)$	$a(4, a(4, 65533))$	$a(4, a(5, 2))$
$m = 6$	$a(4, 65533)$	$a(5, a(4, 65533))$	$a(5, a(6, 1))$	$a(5, a(6, 2))$

Tabelle 6.2: *Einige Werte der Ackermannfunktion, abgekürzt mit $a(m, n)$*

andere Funktion (bzw. die letzte in der Folge der anderen aufgerufenen Funktionen) wiederum einen Aufruf der ursprünglichen Funktion beinhalten. Ein System solcher Funktionen heißt dann *verschränkt rekursiv*.

Beispiel 6.7

Induktiv kann man die Eigenschaft einer natürlichen Zahl $n \geq 1$, gerade oder ungerade zu sein, folgendermaßen definieren:

1 ist ungerade,
$n > 1$ ist genau dann gerade, wenn $n - 1$ ungerade ist.
$n > 1$ ist genau dann ungerade, wenn $n - 1$ gerade ist.

Daraus lässt sich nun leicht ein System aus zwei verschränkt rekursiven Funktionen ableiten:

```
function gerade (nat n): bool
  return if n = 1 then false else ungerade(n-1)

function ungerade (nat n): bool
  return if n = 1 then true else gerade(n-1)
```

Für den Wert n = 3 erhält man folgende Aufrufe:

```
gerade(3)   = ungerade(2) = gerade(1)   = false
ungerade(3) = gerade(2)   = ungerade(1) = true
```

Ein System verschränkt rekursiver Funktionen liegt also vor, falls die Deklarationen dieser Funktionen zu einer *zyklischen Folge* von Aufrufen führen. Dies kann man anhand des *Stützgraphen* dieses Systems feststellen. Dabei werden die Funktionen als Knoten des Graphen aufgefasst und Aufrufe von Funktionen (im Rumpf von Deklarationen) als gerichtete Kanten (mehr über Graphen erfahren Sie im letzten Teil).

Beispiel 6.8

Die Fakultätsfunktion (vgl. 6.4) ruft die Subtraktions- und Multiplikationsoperatoren sowie den Vergleich (im Sinne einer zweistelligen Funktion mit booleschem Rückgabewert, also

z. B. a = b im Sinne von ist_gleich(a, b)) auf. Daneben findet sich ein rekursiver Aufruf (siehe Abbildung 6.7).

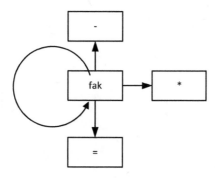

Abb. 6.7: *Stützgraph der Fakultätsfunktion*

Beispiel 6.9

Die Funktionen gerade(n) und ungerade(n) (siehe oben und Abbildung 6.8): Hier ruft z. B. gerade den Subtraktionsoperator, den Vergleich sowie die Funktion ungerade auf. In letzterer findet sich wiederum ein Aufruf von gerade.

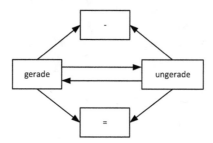

Abb. 6.8: *Stützgraph der Funktionen gerade und ungerade*

Rekursion tritt in einem System von Funktionen genau dann auf, wenn der Stützgraph dieses Systems einen *Zyklus* beinhaltet. Verschränkt ist eine Rekursion genau dann, wenn ihr Zyklus über *mehr als eine Funktion* läuft

7 Basisdatenstrukturen

Im vorausgegangenen Kapitel über Rekursion haben Sie bereits die Liste als eine relativ einfache rekursive Datenstruktur kennengelernt. Zur Verbesserung der Anwendbarkeit versieht man einfache Listen oft mit zusätzlichen Funktionen, wodurch sich erweiterte listenartige Datenstrukturen wie die *Warteschlange* oder der *Keller* (engl. *Queue bzw. Stack*) ergeben.

Bei allen listenartigen Datenstrukturen kann man von einem Element ausgehend maximal zu *einem* weiteren gelangen. Für viele Zwecke kommt man damit aber nicht aus, weil man eventuell Verbindungen zu *mehr als einem* weiteren Element benötigt. Ein Beispiel hierfür liefert die Verwaltung von Stammbäumen, bei denen jede Person von genau zwei weiteren (den Eltern) abstammt. Eine Datenstruktur mit solchen Mehrfachverzweigungen heißt *baumartig* bzw. *Baum*, falls sie zusammenhängend ist und nicht die Gefahr besteht, dass man irgendwann wieder auf ein bereits bearbeitetes Element zurückkommt, d. h. falls keine *Zyklen* möglich sind. Die einfachste baumartige Datenstruktur ist der *Binärbaum*, den wir Ihnen hier ebenfalls vorstellen werden.

Die oben genannten Datenstrukturen Liste, Warteschlange, Keller und Binärbaum werden sich als roter Faden durch die folgenden Kapitel ziehen und in der jeweiligen Sicht immer wieder aufgegriffen werden. Da sie außerdem die Grundlage für viele weitere, komplexere Datenstrukturen bilden bezeichnen wir sie in diesem Buch als *Basisdatenstrukturen*.

Zunächst wollen wir diese Datenstrukturen und die Operationen darauf jeweils losgelöst von der Programmierung vorstellen und dann eine konkrete Implementierung in FFPS bzw. HASKELL entwickeln. Um den aktuellen Wert einer konkreten Liste zu beschreiben, greifen wir dabei aus Gründen der Lesbarkeit auf die in Haskell übliche Darstellung von Listen zurück, also z. B. `liste = [1,2,3]`.

7.1 Listen

Eine Liste ist, wie wir bereits gesehen haben, eine Ansammlung von Datenelementen des gleichen Typs. Sie kann sich dynamisch in ihrer Länge verändern. Die wichtigsten Operationen auf Listen sind:

length:	Die Länge der Liste ermitteln
append:	Ein Element (vorne) an eine Liste anhängen
elementAt:	Das Element an einer gegebenen Position zurückliefern
remove:	Ein Element (vorne) von der Liste entfernen

Da wir die Datenstruktur Liste möglichst universell einsetzten möchten, werden wir die Implementierung in FPPS gleich von Anfang an in Form eines parametrisierten Datentyps vornehmen:

```
sort list<T> = empty or record
  T head;
  list<T> rest;
end
```

Die Länge der Liste berechnen wir mit Hilfe von Rekursion: Die Länge einer leeren Liste ist 0, andernfalls hat die Liste ein erstes Element `head` und einen Rest `rest`. In diesem Fall erhält man die Länge der Liste, in dem man zur Länge von `rest` eins addiert:

```
function length (list<T> l): nat
  return if l = empty then 0
         else 1 + length(l.rest)
```

Um ein neues Element vorne an eine Liste anzufügen, müssen wir eine Liste erstellen, die das neue Element als erstes Element beinhaltet und die alte Liste als `rest`:

```
function append (list<T> l, T element): list<T>
  return list<T>(element, l)
```

Natürlich möchte man die Liste nicht nur aufbauen, sondern auch auf die Elemente darin zugreifen. Dazu definieren wir die Funktion `elementAt`, die uns das Element liefert, das sich an einer bestimmten Position der Liste befindet. Die Liste selbst bleibt dabei unverändert. Wir verwenden wieder Rekursion, um die Liste zu durchwandern, allerdings dieses Mal nicht bis zum Ende, sondern nur bis zur angegebenen Position `pos`:

```
function elementAt(list<T> l, nat pos): T
  return if pos = 1 then l.head else elementAt(l.rest, pos-1)
```

Das wollen wir an einem Beispiel näher beleuchten. Angenommen, wir hätten eine Liste `lis` von natürlichen Zahlen, die durch den Konstruktoraufruf

```
lis = list<nat>(32,
            list<nat>(27,
                 list<nat>(9,
                      list<nat>(2, empty))))
```

aufgebaut wurde.

Bezeichner wie `lis` stellen im funktionalen Kontext übrigens lediglich Platzhalter für (evtl. sehr lange und schwer lesbare) Ketten von Funktionsaufrufen dar, die beim Auftreten des Bezeichner in einem Programm von einem konkreten Interpreter (z. B. für HASKELL) ausgewertet werden. In FPPS stellen die Definitionen solcher Abkürzungen aber wegen des dort nicht geeignet definierten Gleichheitszeichens keine korrekten Ausdrücke dar. Wir verwenden sie in diesem Buch aber dennoch, vor allem um die Lesbarkeit zu verbessern.

Nach der Auswertung der obigen Kette von Funktionsaufrufen gilt `lis = [32, 27, 9, 2]`. Wenn wir nun mit Hilfe des Aufrufs `el = elementAt(lis, 3)` das dritte Element von `lis` bestimmen wollen, entsteht folgende rekursive Aufrufkette: `elementAt(lis, 3)` → `elementAt(lis.rest, 2)` → `elementAt(lis.rest.rest, 1)`

An dieser Stelle bricht die Rekursion ab und liefert das Kopfelement der aktuellen (Teil-)Liste zurück. Wie sieht diese Teilliste (`lis.rest.rest`) aus? Es gilt ja `lis.rest = [27, 9,`

2] und damit `lis.rest.rest = [9,2]`. Das Kopfelement dieser Liste ist daher 9. Und tatsächlich ist 9 auch das Element, das in der ursprünglichen Liste `lis` an der gewünschten 3. Position steht.

Nun hat die Implementierung von `elementAt` allerdings noch ein weiteres Defizit. Was passiert, wenn man versucht, das Element an einer Position zu ermitteln, die es gar nicht gibt, etwa die Position 10 für die obige Beispielliste `lis`? Die Funktion würde im Laufe der Aufrufkette in eine Situation kommen, wo die Liste bereits ganz durchlaufen wurde, aber der Parameter `pos` noch nicht 1 ist. Die aktuelle Liste ist in diesem Fall leer (**empty**). Nun würde ein neuer rekursiver Aufruf gestartet und dabei der Versuch unternommen, auf **empty**.`rest` zuzugreifen. Dieser Versuch würde aber einen Fehler im Programmablauf erzeugen. Solche *Laufzeitfehler* sollte man jedoch von vornherein vermeiden, indem man diese Fälle durch vorausschauende Programmierung abfängt. Für die Funktion `elementAt` könnte das etwas so aussehen:

```
function elementAt(list<T> l, nat pos): T
            return if l = empty then nil
                   else if pos = 1 then l.head
                        else elementAt(l.rest, pos-1)
```

Dabei nehmen wir an, dass unsere Sprache für jeden beliebigen Datentyp T auch die Rückgabe **nil** akzeptiert. Andernfalls könnte die Funktion auch z. B. mit einer Fehlermeldung an den Benutzer „geordnet" enden. Eine weitere wichtige Operation ist das Entfernen des ersten Elements. Dazu gibt man einfach den Rest der Liste zurück:

```
function remove(list<T> l): list<T>
  return l.rest
```

Es gibt aber noch einige weitere Funktionen, die für Listen nützlich sein können. Zum Beispiel das Umdrehen einer Liste. Damit könnte man dann auch ein Anfügen hinten an die Liste realisieren: Zunächst dreht man die Liste, dann führt man `append` aus und dreht das Resultat erneut um.

In den beiden nächsten Teilen, die die imperative und objektorientierte Sicht behandeln, werden wir auf die Basisdatenstrukturen erneut eingehen und im Zuge dessen auch die Liste noch etwas erweitern.

7.2 Warteschlange und Keller

In vielen Situationen benötigt man Listen, die einen schnellen Zugriff auf das *zuerst* bzw. *zuletzt* eingefügte Element zulassen. Für den ersten Fall hat man die *Warteschlange* konzipiert, für den zweiten den *Keller*.

Warteschlangen verwalten z. B. die Nummern, die oft in Wartezimmern von den Wartenden gezogen werden müssen. Wer jeweils als Erster eine Nummer gezogen hatte, sollte auch als Erster drankommen. Allerdings geht es nicht darum, wer an diesem Tag als erster eine Nummer gezogen hat, sondern wer *unter den noch im Warteraum befindlichen Personen* zuerst gezogen hat. Ebenso werden oft die pausierenden Prozesse auf einem Rechner verwaltet: der Prozess, der als erster in den Ruhezustand versetzt wurde, sollte auch als erster aufgeweckt werden.

Beim *Keller* ist die Situation genau andersherum. Wie beim Stapeln von Umzugskartons im Keller sollte hier das zuletzt eingefügte Element als Erstes entnommen werden. Man kann hier auch an einen Stapel von Tellern im Küchenschrank denken: Man kann einen weiteren Teller immer nur oben auf den bisherigen Stapel auflegen und auch nur den Obersten wieder herunternehmen. Diese Struktur wird z. B. bei der maschinennahen Realisierung von rekursiven Funktionsaufrufen eingesetzt. Hier wird nach dem Abschluss eines rekursiven Aufrufs zu dem jeweils unmittelbar vorausgegangenen Aufruf zurückgesprungen. Eine ähnliche Situation hat man vor sich, wenn man ein Labyrinth durch systematisches Ausprobieren aller Wege nach einem Ausgang absuchen will. Sobald man feststellt, dass ein Weg in einer Sackgasse endet, geht man bis zur letzten bis dahin passierten Abzweigung zurück und probiert dort eine andere Möglichkeit.

Prinzipiell sind sowohl die Warteschlange (engl. Queue) als auch der Keller (engl. Stack) aufgebaut wie eine Liste. Der einzige Unterschied besteht in den implementierten Zugriffsoperationen auf die Elemente. Für die Warteschlange gibt es folgende Operationen (die Benennung hat sich historisch entwickelt):

count: liefert die Anzahl der Elemente in der Warteschlange zurück
enqueue: fügt ein neues Element in die Warteschlange ein
dequeue: entfernt das Element der Warteschlange, das als erstes eingefügt wurde

Für den Keller sind die Operationen:

count: liefert die Anzahl der Elemente des Kellers zurück
push: fügt ein neues Element in den Keller ein
pop: entfernt das Element des Kellers, das als letztes eingefügt wurde

Wie man sieht, besteht der Unterschied zwischen Warteschlange und Keller (abgesehen von der Benennung der Operationen) ausschließlich darin, welches Element als Erstes entfernt wird. Bei einer Warteschlange ist es dasjenige, das schon „am Längsten wartet". Beim Keller ist es das Element, das „am Kürzesten wartet".

Die Warteschlange werden wir erst in den folgenden Kapiteln implementieren, weil sich dafür andere Sichten wesentlich besser eignen als die funktionale. Diese ist wiederum für den Keller gut geeignet, weshalb wir den Keller an dieser Stelle schon komplett implementieren können. Im nächsten Teil werden wir dann eine praktische Anwendung von Kellern kennenlernen. Entwickelt wurde dieses Prinzip übrigens von F. L. Bauer Anfang der 50er Jahre in Zusammenarbeit mit Klaus Samelson an der TU-München.

Die strukturelle Verwandtschaft des Kellers zur Liste spiegelt sich in der Deklaration der Datenstruktur wieder:

```
sort stack<T> = empty or record
  T first;
  stack<T> rest;
end
```

Die Funktion count funktioniert ebenso wie die Funktion length auf der Liste:

```
function count (stack<T> s): nat
  return if s = empty then 0
         else 1 + count(s.rest)
```

Die Operation `push` fügt ein Element vorne an den Keller an:

```
function push(stack<T> s, T element): stack<T>
  return stack<T>(element, s)
```

`pop` kann das zuletzt angefügte Element wieder zurückgeben. Dabei stehen wir allerdings vor einem Problem. Falls die die Funktion das entfernte Element zurückliefert, ist die veränderte Datenstruktur „verloren". Wenn aber der der veränderte Keller zurückgegeben wird, ist das entfernt Element verloren. Um dieser Problematik zu begegnen, definieren wir eine Hilfsdatenstruktur, die sowohl das entnommene Element als auch den restlichen Keller speichert und beides zurückgibt.

```
sort Tupel<T> = empty or record T element; stack<T> stack; end
```

Die Funktion `pop` erzeugt dann ein solches Tupel und liefert es auch wieder zurück:

```
function pop (stack<T> s): Tupel<T>
  return Tupel<T>(s.first, s.rest)
```

Wenn man z. B. auf den Keller `kel = [4,3,2]` (in HASKELL-Schreibweise) den Funktionsaufruf `tup = pop(kel)` anwendet, würde man als Ergebnis `tup = (4, [3,2])` erhalten.

7.3   Binärbaum

Für viele Zwecke benötigt man eine spezielle Form von Bäumen, bei denen an jedem Knoten *maximal zwei* weitere Knoten hängen. Solche Bäume nennt man *Binärbäume*. Ein Anwendungsbeispiel wäre z. B. die Verwaltung eines Spielplans für ein Turnier nach dem KO-System, z. B. für die Endrunde einer Fußball-Europameisterschaft. Dabei repräsentiert man die 8 Mannschaften $M1, \ldots, M8$, die Spiele im Viertelfinale $V1, \ldots, V4$ und im Halbfinale $H1$, $H2$ sowie das Finale F durch Knoten des Baumes. Die Kanten stellen in diesem Fall die Wege der jeweils siegreichen Mannschaften bis zum Finale dar.

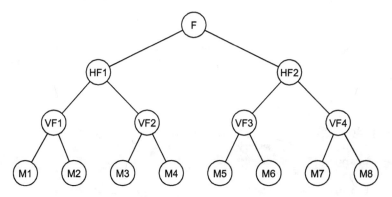

Abb. 7.1: *Ein Binärbaum zur Verwaltung eines KO-Turniers*

Ein Binärbaum ist ebenfalls eine rekursiv definierte Datenstruktur. Entweder ist er leer, oder er besteht aus einer *Wurzel*, die wiederum jeweils einen Binärbaum als linkes und als rechtes *Kind* besitzt. Der „einfachste" Binärbaum, der nicht leer ist, besteht lediglich aus einem Wurzelelement ohne Kinder (bzw. mit leeren Binärbäumen als Kindern). Wie in der Liste speichert man die Datenelemente, die man organisieren möchte, in den Elementen der Datenstruktur.

Die Elemente auf unterster Ebene (die also selbst keine Kinder mehr haben), heißen *Blätter*, die anderen Elemente heißen *Knoten*. Anstelle von Kind sagt man auch *Nachfolger*. Umgekehrt hat jedes Element in einem Baum außer der Wurzel auch genau einen *Vorgänger*, bzw. *Vater*. Hier hat sich im Hinblick auf die Geschlechtsneutralität auch das Kunstwort *Elter* eingebürgert.

Im Falle unseres Spielplans aus Abbildung 7.1 stellt das Finale F die Wurzel dar und die Mannschaften $M1, \ldots, M8$ die Blätter. Wir haben dabei den Sonderfall eines *vollständigen* Binärbaumes vor uns, bei dem die Pfade von der Wurzel F zu jedem der Blätter (d. h. zu den Mannschaften $M1, \ldots, M8$) alle gleich lang sind.

Binärbäume (bzw. allgemeiner Bäume) werden in der Informatik an vielen Stellen zur effizienten Organisation von Daten verwendet. Wenn man sie grafisch darstellt, so geschieht das in der Regel „nach unten wachsend". Die Wurzel ist somit das oberste Element.

Für die funktionale Sicht wollen wir neben der Konstruktion nur die Operation `count` für die Zählung seiner Elemente implementieren. In den späteren Sichten werden noch andere Operationen dazukommen.

count: liefert die Anzahl an Elementen des Baumes

In den späteren Sichten werden noch andere Operationen dazukommen.

7.3.1   Binärbäume in FPPS

Die Definition eines Binärbaum in FPPS lautet:

```
sort tree<T> = empty or record
  T element;
  tree<T> leftChild;
  tree<T> rightChild;
end
```

Auch hier wird automatisch eine Konstruktorfunktion definiert, mit der man Bäume anlegen kann. Zum Beispiel würde der folgende Aufruf den oben dargestellten Binärbaum für den Spielplan erzeugen:

```
spl = tree<string>("F",
tree<string> ("HF1",
  tree<string> ("VF1",
    tree<string> ("M1", empty),
    tree<string> ("M2", empty)),
  tree<string> ("VF2",
    tree<string> ("M3", empty),
    tree<string> ("M4", empty))),
tree<string> ("HF2",
```

```
tree<string> ("VF3",
  tree<string> ("M5", empty),
  tree<string> ("M6", empty)),
tree<string> ("VF4",
  tree<string> ("M7", empty),
  tree<string> ("M8", empty))))
```

Die Operation `count` wandert rekursiv den Baum entlang und summiert dabei jeweils die Anzahl der Kinder eines Teilbaums auf:

```
function count (tree<T> t): nat
  return if t = empty then 0 else 1 + count(t.left) + count(t.right)
```

Wendet man `count` auf unseren obigen Spielplan `spl` an, so ergibt sich der in Abbildung 7.2 dargestellte Aufrufbaum, bei dem wir die Teilbäume abkürzend durch die Markierung ihrer Wurzel beschreiben. Wir schreiben also statt:

```
tree<string>("XY", tree<string>(...), tree<string>(...))
```

abkürzend nur `treeXY`.

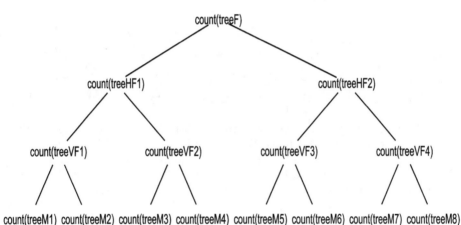

Abb. 7.2: Der Aufrufbaum der Funktion `count (spl)`

Bei jedem Rekursionsschritt von `count` wird der Wert 1 zur Summe der beiden rekursiven Aufrufe addiert. An den Blättern von `spl` berechnet man z. B. für $M1$:

```
count(treeM1) = 1 + count(empty) + count(empty) = 1 + 0 + 0 = 1
```

und analog für die restlichen Blätter $M2, \ldots, M8$. Somit erhält man am Ende den Wert von `count(spl)` aus der Anzahl der Knoten des Aufrufbaumes, wodurch sich wegen der strukturellen Überstimmung des Aufrufbaumes mit dem Spielplan `spl` genau der korrekte Wert für die Anzahl der Elemente von `spl` ergibt.

7.3.2   Binärbäume in HASKELL

Analog zur Implementierung der Datenstruktur Liste in Kapitel 6 definieren wir:

```
data BinTree = Empty | Node (String, BinTree, BinTree)
```

Zur Veranschaulichung wollen wir diesen Datentyp nun (beinahe) vollständig in HASKELL implementieren. Dazu benötigen wir zumindest folgende Funktionen (bitte beachten Sie, dass sowohl Fallunterscheidung wie die Bindung von Parametern mit Hilfe von Pattern Matching umgesetzt werden, siehe auch dazu Abschnitt 5.6). Da es sich um einen Varianten Typ (Empty oder Node()) handelt, müssen wir eine Funktion zur Unterscheidung der beiden Möglichkeiten (*Diskriminator*) implementieren, hier isEmpty() genannt:

```
isEmpty :: BinTree -> Bool
isEmpty Empty = True
isEmpty tree = False
```

Zum Zugriff auf die drei Komponenten des Verbundtyps Node benötigen wir je eine *Selektorfunktion*:

```
mark :: BinTree -> String
mark (Node (nodemark, ltree, rtree)) = nodemark

leftTree :: BinTree -> BinTree
leftTree (Node (nodemark, ltree, rtree)) = ltree

rightTree :: BinTree -> BinTree
rightTree (Node (nodemark, ltree, rtree)) = rtree.
```

Schließlich müssen wir noch die Funktion work zur Abarbeitung (*Traversierung*) des Baumes schreiben, die hier einfach alle Knotenmarkierungen in der Reihenfolge „linker Teilbaum – Markierung – rechter Teilbaum" (diese Reihenfolge wird auch *Inordnung* genannt) ausgibt. Als Trennzeichen verwenden wir dabei einen senkrechten Strich zwischen den Elementen. Der Operator ++ dient zur Verkettung einzelner Listen oder auch (wie in diesem Fall) einzelner Elemente von der Sorte String.

```
work :: BinTree -> String
work tree = if isEmpty(tree) then "| "
            else work(
                leftTree(tree))++mark(tree)++work(rightTree(tree))
```

Mit diesen Hilfsmitteln wollen wir nun, ausgehend von seinem Stammbaum, die Vorfahren des spanischen Prinzen Don Carlos ausgeben. Dazu muss der Baum zunächst mit Hilfe der Konstruktorfunktionen Empty und Node aufgebaut werden, um dann als Argument für die Funktion work zu dienen. Zweckmäßigerweise legen wir diese Arbeiten ebenfalls in derselben Datei wie die obigen Definitionen ab, so dass wir in der Kommandozeile nur noch die Funktion run aufrufen müssen.

```
run = work(Node ("Don Carlos",
Node ("Philipp II",
```

```
Node ("Karl V",
  Node ("Philipp I",Empty,Empty),
Node ("Johanna",Empty,Empty)),
  Node ("Isabella",
    Node ("Emanuel I",Empty,Empty),
    Node ("Maria von Portugal",Empty,Empty))),
Node ("Maria von Portugal",
  Node ("Johann III",
    Node ("Emanuel I",Empty,Empty),
      Node ("Maria von Spanien",Empty,Empty)),
    Node ("Katharina",
      Node ("Philipp I von Spanien",Empty,Empty),
      Node ("Johanna",Empty,Empty)))))
```

Das Ergebnis sieht schließlich folgendermaßen aus:

```
Main> run
"| Philipp I| Karl V| Johanna| Philipp II| Emanuel I| Isabella |
Maria von Portugal| Don Carlos| Emanuel I| Johann III|
Maria von Spanien| Maria von Portugal| Philipp I von Spanien|
Katharina| Johanna| "
```

Auch hier wurde zur Veranschaulichung eine dynamische Datenstruktur wiederum statisch verwendet, was in der Regel natürlich nicht der Fall sein wird.

Parametrisierung von Binärbäumen

Unsere soeben eingeführte Datenstruktur `BinTree` ist bisher leider wieder nur für Knotenmarkierungen der Sorte **String** definiert. Wir ändern also wiederum den Datentyp `BinTree` unter Verwendung eines Sortenparameters a ab:

```
data BinTree a = Empty | Node (a, BinTree a, BinTree a)
```

Nun muss noch die Funktion `work` angepasst werden. Weil das Trennzeichen „|" den Datentyp auf **String** festlegt, geben wir statt der einzelnen Markierungen mit `work` nun die (wiederum polymorphe) gesamte Liste der Knotenmarkierungen aus:

```
work :: BinTree a -> [a]
work tree = if isEmpty(tree) then []
else work(leftTree(tree))++[mark(tree)]++work(rightTree(tree))
```

Das Resultat des Aufrufs von `run` ist dann eben diese Liste:

```
["Philipp I","Karl V","Johanna","Philipp II","Emanuel I","Isabella",
"Maria von Portugal","Don Carlos","Emanuel I","Johann III",
"Maria von Spanien","Maria von Portugal","Philipp I von Spanien",
"Katharina","Johanna"]
```

III Imperative Sicht

8 Zustandsmodellierung

Im ersten Teil des Buches haben wir uns bereits kurz mit Modellierung befasst, genauer mit der algorithmischen Modellierung. Im vorausgegangenen Teil haben wir Datenflussdiagramme benützt, um Terme und Folgen rekursiver Funktionsaufrufe zu modellieren. Bisher haben wir dabei immer außer Acht gelassen, dass sich die Systeme, die wir modellieren möchten in bestimmten *Zuständen* befinden können. Zum Beispiel kann sich eine Fußgängerampel in den Zuständen „grünes Licht an" oder „rotes Licht an" befinden. Wie modellieren wir ein solches System, das maßgeblich durch seine Zustände und den Wechsel zwischen diesen bestimmt ist? Zu diesem Zweck lernen wir nun Zustandsdiagramme kennen.

8.1 Zustandsdiagramme

Solange sich ein System in einem bestimmten Zustand befindet, ändert sich keine seiner (für die Aufgabenstellung relevanten) Eigenschaften. Eine *Transition* beschreibt den (idealisiert: in unendlich kurzer Zeit stattfindenden) Übergang zwischen zwei Zuständen. Dabei werden die Zustände mit einem (möglichst aussagekräftigen) Bezeichner (wie „rotes Licht brennt") versehen, die Transitionen (mindestens) mit dem Bezeichner einer Aktion, die den Übergang auslöst (z. B. Eingabe des Befehls „Umschalten"). Wenn wir die Zustände als Knoten zeichnen und die Übergänge als Kanten, dann entsteht eine neue Art von Graph, nämlich ein *Zustands-Übergangsdiagramm* (kurz ZÜD, siehe Abbildung 8.1).

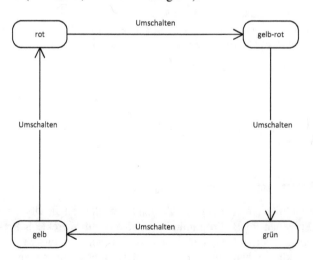

Abb. 8.1: Zustands-Übergangsdiagramm

Da Zustandsmodelle beliebig oft ablaufen können, stellen die Übergänge Schablonen für Ereignisse dar und können daher als Aktionen betrachtet werden.

Die Zustandsmodellierung stammt ursprünglich aus der Theoretischen Informatik, wo man mit ihrer Hilfe abstrakte Maschinenmodelle wie endliche Automaten, Kellermaschinen oder Turing-Maschinen beschreibt. Im Folgenden wollen wir Zustandsmodelle kurz als *Automaten* bezeichnen. Anhand des Zustandsdiagramms eines Mobiltelefons wollen wir uns diese Technik nun noch etwas genauer ansehen (siehe Abbildung 8.3).

Um die Beschreibungsmächtigkeit der Zustandsübergangs-Diagramme zu erhöhen, können an den Kanten folgende Informationen dargestellt werden (siehe Abbildung 8.2):

1. Zuerst die *auslösende Aktion* a_i: Welche Aktion löst diesen Übergang aus?
2. In eckigen Klammern eine *Übergangsbedingung* b: Unter welcher Bedingung darf er stattfinden?
3. Nach einem Schrägstrich evtl. durch den Übergang *ausgelöste Aktion(en)* $a_k, (a_{k+1}, \dots)$: Welche Aktion(en) werden durch den Übergang verursacht?

Der schwarze Punkt symbolisiert dabei den sogenannten Startzustand (der selbst keine weiteren Eigenschaften hat und von dem aus immer und sofort zum folgenden Zustand übergegangen wird). In den Zustandsdiagrammen symbolisiert also jeder Knoten einen Zustand z_i und jede Kante einen Übergang zwischen zwei Zuständen (z_i, z_k). Der Startzustand ist nötig, damit sich das Modell zu jedem Zeitpunkt immer in einem eindeutig definierten Zustand befindet.

Abb. 8.2: Zustands-Übergangsdiagramm

Der Übergang von einem Zustand z_i zu einem Zustand z_k findet genau dann statt, wenn

1. sich das System im Zustand z_i befindet und
2. die auslösende Aktion a_i stattfindet (genauer: ein Ereignis zu dieser Aktion) und
3. unmittelbar vor dem Übergang die Bedingung b erfüllt ist.

Durch den Übergang wird dann auch immer die Aktion a_k ausgelöst.

Beispiel 8.1

Als weiteres Beispiel modellieren wir den Ablauf einer Überweisung (siehe Abbildung 8.4).

8.2   Syntaxprüfung

Eine weitere sehr wichtige Anwendung von Zustandsmodellen ist die Überprüfung von Wörtern aus künstlichen Sprachen (z. B. Programmiersprachen) auf korrekte Schreibweise (Syntax). Die Art des Automaten, der zu Erkennung einer solchen Sprache notwendig ist, wird sogar zur Klassifizierung von künstlichen Sprachen verwendet. Mehr darüber können Sie in einem der zahlreichen Lehrbücher über die Theoretische Informatik erfahren.

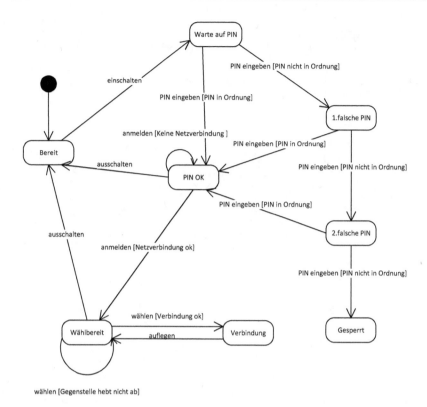

Abb. 8.3: *Zustandsdiagramm eines Mobiltelefons*

Beispiel 8.2

Als kleines Beispiel ist in Abbildung 8.5 ein Automat zur Erkennung eines syntaktisch richtigen algebraischen Terms ohne Klammern mit den Variablen a, b gezeigt, wie z. B.: $a + b$ oder $a + b * a$ oder $-a + a + b - b - c$.

Dabei ist Folgendes zu beachten:

1. Die auslösende Aktion ist jeweils die Eingabe eines Zeichens. Die Übergänge werden nur mit diesem Zeichen beschriftet. Ausgelöste Aktion und Übergangsbedingung entfallen.
2. Für die Syntaxprüfung muss man für jeden Automaten einen oder mehrere Endzustände festlegen. In unserem kleinen Beispiel ist das der Zustand „Variable erkannt". Eine eingegebene Zeichenfolge ist genau dann korrekt, wenn ihre zeichenweise Abarbeitung in einem solchen Endzustand endet. Sie ist nicht korrekt, wenn die Abarbeitung in einem anderen Zustand endet oder wenn es an einer bestimmten Stelle keine Transition für das gelesene Zeichen mehr gibt.

Beispielsweise verläuft die Erkennung des Terms $-a + b * a$ in diesem Automaten folgendermaßen:

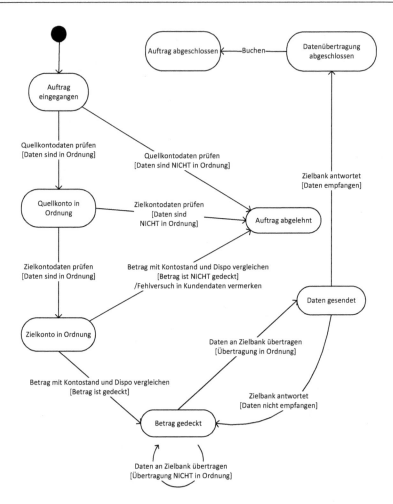

Abb. 8.4: Zustandsdiagramm einer Überweisung

$$\text{Start} \xrightarrow{-} \underset{\text{erkannt}}{\text{Vorzeichen}} \xrightarrow{a} \underset{\text{erkannt}}{\text{Variable}} \xrightarrow{+} \underset{\text{erkannt}}{\text{Operator}} \xrightarrow{b} \underset{\text{erkannt}}{\text{Variable}} \xrightarrow{*} \underset{\text{erkannt}}{\text{Operator}} \xrightarrow{a} \underset{\text{erkannt}}{\text{Variable}}$$

Da „Variable erkannt" erkannt ein Endzustand ist, wird der Term als korrekt akzeptiert. Dagegen endet die Erkennung von $a * +b$ im Zustand „Fehler". Dieser Term wird daher (wie beabsichtigt) nicht als korrekt erkannt.

Ein Zustandsdiagramm mit den o.g. beiden Einschränkungen beschreibt eine spezielle Klasse von Automaten (*endliche* Automaten), die in der Theoretischen Informatik eine sehr große Rolle spielt. Traditionellerweise werden bei endlichen Automaten Kreise anstatt abgerundeter Rechtecke als Symbole für die Zustände verwendet. In diesem Text bleiben wir jedoch durchgehend bei der Darstellung wie bisher mit Rechtecken.

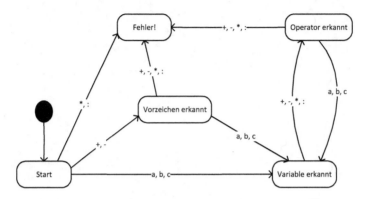

Abb. 8.5: *Zustandsdiagramm für die Syntaxprüfung*

Mit endlichen Automaten können nur einfach strukturierte Sprachen (sog. *reguläre Sprachen*) erkannt werden. Nicht geeignet dafür ist z. B. die Sprache der (beliebig oft) geklammerten arithmetischen Ausdrücke, wie $((a + b) - c * (a - b)) : a$, denn:

- Für jede neue öffnende Klammerebene benötigt man (mindestens) einen neuen Zustand um sich die Ebene zu merken,
- ein Automat mit n Zuständen könnte also nur maximal n offene Klammern erkennen,
- also keinen Term mit $n + 1$ offenen Klammern.

Für solche Sprachen verwendet man komplexere Automaten (Kellerautomaten oder Turing-Maschinen).

Diese und viele andere Aussagen über den Zusammenhang zwischen Sprachen und Automaten werden in der Theoretischen Informatik ausführlich besprochen.

9 Imperative Programmierung

In diesem Kapitel werden wir uns nach dem funktionalen mit dem *imperativen* Programmierstil beschäftigen. Die entsprechenden imperativen Programmiersprachen stellen eine weitere, mindestens ebenso bedeutende Klasse von Sprachen dar. Darunter versteht man Sprachen, deren elementare Verarbeitungsschritte *Zuweisungen von Werten an Variable* sind. Man nennt sie deshalb auch *zuweisungsorientierte* Sprachen. Im Gegensatz zu den funktionalen Sprachen, deren elementare Verarbeitungsschritte Anwendungen von Funktionen sind. Neben diesen Unterschieden findet man in den beiden Sprachklassen aber auch viele gemeinsame Konzepte.

Hinsichtlich der verwendeten Syntax finden sich zwei große Gruppen von imperativen Programmiersprachen, deren Notation sich vor allem in drei sehr häufig gebrauchten Symbolen unterscheidet (siehe folgende Tabelle). Viele (aber nicht alle) Programmiersprachen gehören zu einer der beiden Gruppen:

Syntax	Klammern um Sequenzen (Blöcke)	Zuweisung	Vergleich
C-ähnliche	`{ ... }`	`=`	`==`
PASCAL-ähnliche	`begin ... end`	`:=`	`=`

Tabelle 9.1: *Vergleich wichtiger Syntaxelemente in imperativen Sprachen*

Beispiele für C-ähnliche Sprachen sind C++, JAVA oder PYTHON, für PASCAL-ähnliche dagegen MODULA oder OBERON. Da man die Qualität eines informatischen Fachbuches nicht danach beurteilen kann, welche Sprache es zur Darstellung von Algorithmen verwendet, erwartet man von einem Informatiker, dass er beide Notationsformen gleichermaßen beherrscht. Wir werden deshalb in diesem Buch auf abstrakterer Ebene die PASCAL-ähnliche imperative Pseudo-Programmiersprache IPPS verwenden. Wie schon im letzten Teil handelt es sich um eine Pseudosprache, weil es dafür zwar keinen Compiler gibt, man aber jederzeit einen schreiben könnte. Parallel arbeiten wir mit der C-ähnlichen „echten" Programmiersprache (PYTHON).

9.1 Das Variablenkonzept

Da (wie bereits erwähnt) der wichtigste elementare Verarbeitungsschritt bei imperativen Sprachen die Zuweisung von Werten an *Variable* ist, spielt das *Variablenkonzept* dieser Sprachen naturgemäß eine zentrale Rolle.

In der Mathematik dienen Variablen als *Platzhalter* für *konkrete* (konstante) Zahlen. Die Variable x bezeichnet dort also eine ganz bestimmte Zahl (oft auch „Unbekannte" genannt, weil man diese Zahl am Anfang einer Berechnung noch nicht kennt). Im Gegensatz dazu ist eine

Variable im Sinne der Informatik ein (durchaus realer) *Container*, der durch einen *Bezeichner* („Namen") identifiziert wird und genau einen *Wert* einer bestimmten *Sorte* (von Werten, siehe 5.2) enthalten kann, wie z. B. eine ganze Zahl, eine Gleitkommazahl, ein Zeichen oder einen Text. Der Name Variable (im Gegensatz zu einer Konstanten) weist darauf hin, dass dieser Wert auch wieder *geändert* werden kann. Auf Maschinenebene wird eine Variable durch einen *abgegrenzten Bereich des Arbeitsspeichers* realisiert und (technisch) durch eine *Anfangsadresse* identifiziert.

Beispiel 9.1

Die Variable mit dem Namen `zaehler` soll als Container für die Sorte der natürlichen Zahlen dienen. Sie könnte dann als Wert z. B. die Zahl 12 enthalten (siehe Abb. 9.1).

Abb. 9.1: *Variable als Container*

9.2   Einfache Sorten

IPPS verfügt über dieselben einfachen Sorten wie die bereits vorgestellte Sprache FPPS. Zur Wiederholung:

- **bool** für die Menge der Wahrheitswerte: true, false.

- **char** für die Zeichen des erweiterten ASCII-Zeichensatzes, z. B. 'A', 'B', ..., 'a', ..., 'z', ..., '0', '1', ... Werte dieser Sorte erkennt man an den umschließenden einfachen Anführungszeichen.

- **nat** für ganze Zahlen zwischen zwei (oft systemabhängigen) Grenzen, z. B. −32768 und +32767

- **string** für Zeichenketten, die durch Verkettung von Zeichen der Sorte **char** entstehen.

- **float** für alle (ganzen und gebrochen-rationalen) Zahlen.

Die Sorte des Wertes einer Variablen bestimmt auf der Ebene der Realisierung auch den *Speicherplatzbedarf* dieser Variablen. Daher bestehen manche Programmiersprachen darauf, die verwendeten Variablen vor dem ersten Gebrauch mitsamt ihrer Sorte zu *deklarieren* (zu vereinbaren). In IPPS lautet eine solche Deklaration beispielsweise:

var nat zaehler;

Damit legt man fest, dass die Variable mit dem Bezeichner `zaehler` Werte der Sorte **nat** aufnehmen soll. Technisch gesehen wird mit dieser Deklaration der dafür notwendige Speicherplatz (heutzutage üblicherweise 8 Byte, bzw. 64 bit) reserviert. Bei der Übersetzung eines Programms (einer höheren Programmiersprache) in ausführbaren Maschinencode (siehe Kapitel 4) wird der Bezeichner dieser Variablen zusammen mit der Anfangsadresse des für die Variable reservierten Speicherbereichs in die Tabelle aller verwendeten Variablen (*Variablentabelle*) eingetragen.

Manche Programmiersprachen verlangen jedoch keine solchen Deklarationen (z. B. PYTHON, siehe Abschnitt 9.8). In diesem Fall werden die genannten technischen Maßnahmen bei der ersten Zuweisung eines Wertes an die Variable vorgenommen. Meist wird auch die Sorte der Variablen erst bei der ersten Verwendung ermittelt.

Die (vorläufige) Syntax einer Deklaration lautet in IPPS (siehe auch Anhang zur Syntax von IPPS):

```
var_declaration = 'var' sort_id id {, id }';'
id = letter {character}
sort_id = 'bool' | 'char' | 'nat' | 'string' | 'float'
```

Zunächst werden wir uns bei der folgenden Einführung in die imperative Programmierung auf Variablen der Sorte **nat** beschränken.

9.3 Zuweisung als Zustandsübergang

Die Zuweisungsoperation dient zur Belegung einer Variablen mit einem Wert (Inhalt).

```
zaehler := 5
```

Vor der ersten Zuweisung ist der Inhalt einer Variablen *nicht definiert*. Wenn der Wert einer Variablen durch eine Zuweisung geändert wird, so kann man diese Veränderung durch einen Zustandsübergang modellieren. Die Wirkung der obigen Zuweisung ist also (falls `zaehler` vorher nicht definiert wurde) wie in Abbildung 9.2 dargestellt.

Abb. 9.2: *Variable als Container*

Definition 9.1

Der *Zustand eines Programms* zu einem bestimmten Zeitpunkt seines Ablaufs wird durch die Werte, die *alle deklarierten Variablen zu diesem Zeitpunkt* haben, festgelegt. Ändert eine dieser Variablen ihren Wert, so wird der Zustand des ganzen Systems verändert.

Mathematisch stellt ein solcher Zustand eine Menge von *Paaren* (Tupeln) dar, die sich jeweils aus dem Bezeichner einer Variablen und ihrem aktuellen Wert (Belegung) zusammensetzen. So wird der Zustand, in dem die Variable `zaehler` den Wert 5 und die Variable `nenner` den Wert 12 hat, beschrieben durch:

$$z_1 = \{(\mathtt{zaehler}, 5), (\mathtt{nenner}, 12)\}$$

Beispiel 9.2

> Wir wollen den Kehrwert eines Bruches ermitteln. Dazu müssen wir die Werte der Variablen `zaehler` und `nenner` tauschen. Da beim Überschreiben einer der beiden ursprünglichen Werte (z. B. des Wertes von `zaehler` durch den Wert von `nenner`) ein für alle Mal verloren ginge, benötigen wir für dessen Zwischenspeicherung noch eine Hilfsvariable `temp`. Vor dem Tausch soll `zaehler` den Wert 2 und `nenner` den Wert 3 haben. Dann ergibt sich folgende Zustandsfolge:

Zustand	Zuweisung
$z_1 = \{(\mathtt{zaehler}, 2), (\mathtt{nenner}, 3), (\mathtt{temp}, \text{n.d.})\}$	
	`temp := zaehler`
$z_2 = \{(\mathtt{zaehler}, 2), (\mathtt{nenner}, 3), (\mathtt{temp}, 2)\}$	
	`zaehler := nenner`
$z_3 = \{(\mathtt{zaehler}, 3), (\mathtt{nenner}, 3), (\mathtt{temp}, 2)\}$	
	`nenner := temp`
$z_4 = \{(\mathtt{zaehler}, 2), (\mathtt{nenner}, 3), (\mathtt{temp}, 2)\}$	

Tabelle 9.2: Zustandsfolge des Ringtausches (n.d. = nicht definiert)

> Man nennt diesen Ablauf auch *Ringtausch*. Die Bezeichnung weist auf die zyklische Weitergabe der Werte hin (siehe Abbildung 9.3).

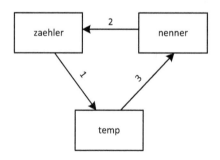

Abb. 9.3: Ringtausch

Auf der rechten Seite der Zuweisung kann anstatt eines konstanten Wertes auch ein *Term* stehen, z. B.

`x := 3*y + 5*z`

In diesem Fall wird zunächst der Wert dieses Terms berechnet. Anschließend wird das Ergebnis der auf der linken Seite bezeichneten Variablen als Wert zugewiesen.

In EBNF lautet die Syntax der Zuweisung:

```
assignment_statement = var_id ':=' exp ';'
```

`exp` bezeichnet einen Ausdruck, der sich aus Konstanten, Variablennamen, Operatoren und Funktionsaufrufen zusammensetzt. Darauf wird weiter unten näher eingegangen. Die (vorläufige) Definition von Ausdrücken lautet:

```
exp = cons | id | '('exp')' | monad_op exp | exp dyad_op exp
```

Als *monadische* (ein Argument) und *dyadische* (zwei Argumente) Operatoren lassen wir z. B. zu:

```
monad_op = '-' | 'not'
dyad_op = '+' | '-' | '*' | '/' | '<' | '≤' | '=' | '≠' | '≥' |
          '>'| 'and' | 'or' | '^'
```

Das Symbol „^" steht dabei für die Potenzierung (x^y für x^y).

Außerdem ist bei dieser Syntaxdefinition zu beachten, dass ein Ausdruck `exp` in IPPS nur mit einem Operator kombiniert werden darf, wenn er von der an dieser Stelle jeweils passenden Sorte ist, z. B. ist der Ausdruck `5 + 7` korrekt, nicht aber `5 + 'c'`, weil der Additionsoperator einen Zahlenwert als Operanden erwartet. Das ist aber eine Einschränkung, die man in der Grammatik nicht direkt (vernünftig) darstellen kann. Da es sich hierbei aber streng syntaktisch um keinen Fehler handelt (sondern nur semantisch) ist das nicht weiter problematisch. Besonders deutlich wird die durch eine Zuweisung ausgelöste Zustandsänderung, wenn die Variable, der ein Wert zugewiesen wird (auf der linken Seite), im Term, dessen Wert ihr zugewiesen wird, selbst enthalten ist, z. B.:

```
x := x + 1
```

Unter Verwendung des „alten" Wertes der Variablen x (des Wertes, den die Variable unmittelbar *vor* der Zuweisung enthielt) wird hier der Wert des Terms auf der rechten Seite berechnet und dann *derselben* Variablen x als *neuer* Wert zugewiesen. Dem entspricht folgendes Zustandsmodell (falls x vor der Zuweisung z. B. den Wert 5 hatte):

Zustand	Zuweisung
$z_1 = \{(x, 5)\}$	
	x := x + 1
$z_2 = \{(x, 6)\}$	

Tabelle 9.3: Zustandsänderung bei Zuweisung an eine Variable

Die *Zuweisung (Aktion)* `x := 5` muss dabei streng von der *Aussage* `x = 5` unterschieden werden. Letztere behauptet, dass die Variable x gegenwärtig den Wert 5 hat (steht also für den Zustand $z = \{(x, 5)\}$. Diese Aussage kann wiederum die Werte „wahr" oder „falsch" annehmen. Genau genommen handelt es sich bei solchen Aussagen (wie `x = 5`) daher ebenfalls um Ausdrücke, die einen Wert der Sorte **bool** haben (**true** oder **false**).

Besonders klar wird der Unterschied zwischen Aktion und Aussage bei einer Zuweisung, die, wie oben beschrieben, auf ihrer rechten und linken Seite denselben Variablenbezeichner enthält, z. B. `x := x + 1`. Die entsprechende Gleichheitsaussage lautet dann `x = x + 1` und ist bezüglich jeder beliebigen Grundmenge unerfüllbar, hat also immer den Wert „falsch".

Leider wird die Zuweisung in vielen Programmiersprachen durch das Gleichheitssymbol `=` dargestellt, u.a. in C, C++, JAVA und PYTHON. Diese Sprachen verwenden dann ein doppeltes Gleichheitssymbol `==` für die Aussage „ist gleich".

Da mit der Vereinbarung einer Variablen auch oft der Wunsch verbunden ist, sie möglichst bald mit einem Anfangswert zu belegen, bieten die meisten Programmiersprachen die Möglichkeit an, das gleich im Rahmen der Deklaration zu erledigen („initialisierende Deklaration"), z. B.:

var nat zaehler := 0;

Allerdings muss man sich bei der Verwendung dieses Konstruktes darüber im Klaren sein, dass bei seiner Ausführung *zwei* Aktionen ablaufen:

- die Reservierung von Speicherplatz für eine Variable der Sorte **nat**,
- eine Zuweisung des Anfangswertes an diese Variable.

Insbesondere bei objektorientierten Sprachen wie JAVA oder C++ ist diese Unterscheidung von großer Bedeutung. Wir erweitern also die Syntax unserer Deklaration von Variablen:

var_declaration = 'var' *sort_id id* [:= *exp*] {, *id* [:= *exp*] }';'

9.4 Ein- und Ausgabeoperationen

Ein Programm, das nicht in der Lage ist, in irgendeiner Form auf Benutzereingaben zu reagieren, wird immer in der gleichen Weise ablaufen und daher wenig flexibel sein. Deshalb bieten alle Sprachen die Möglichkeit, mit Hilfe spezieller Anweisungen (*Eingabeanweisungen*) über die Tastatur, die Maus oder andere Eingabegeräte Daten an die Variablen laufender Programme zu übergeben.

Ebenso notwendig ist natürlich die Übergabe des Ergebnisses einer Berechnung an den Benutzer des Programms (oder auch an andere laufende Programme). Dazu gibt es spezielle *Ausgabeanweisungen*, die Daten auf einem Bildschirm, einem Drucker oder einem anderen Ausgabegerät darstellen können.

In IPPS lassen wir je einen Befehl für die Eingabe bzw. Ausgabe zu. Zunächst die Eingabe:

input_statement = 'input' '(' *var_id* ')' ';'

Es wird also vom Benutzer ein Wert entgegengenommen und der Variablen mit dem Identifikator `id` zugewiesen.

Beispiel 9.3

Die Eingabeanweisung „`input(zaehler);`" bewirkt nach der Eingabe der Zahl 5 durch den Benutzer die Zuweisung „`zaehler := 5`".

Die Syntax des Ausgabebefehls lautet analog:

$output\_statement$ = 'output' '('exp')' ';'

Der Ausdruck exp wird ausgewertet (d. h. sein Wert berechnet). Dieser Wert wird dann in geeigneter Weise am Bildschirm ausgegeben.

Beispiel 9.4

Die Anweisungsfolge

```
y := 3; z := 5; output(2*y+z);
```

bewirkt die Ausgabe der Zahl 11.

Die Bezeichner input und output sind im Grunde frei wählbar. Sie bezeichnen *Unterprogramme (Prozeduren)*, die zwar im System vordefiniert sind, aber im Prinzip dieselbe Rolle spielen wie andere vom Benutzer definierte Prozeduren bzw. Funktionen (siehe Kapitel 10). Daher setzen wir input und output nicht fett. Wegen der involvierten Technik (Bildschirm, Drucker etc.) und der damit verbundenen oft sehr komplizierten Zustandsänderungen (im Druckerpuffer etc.) ist die *formale* Beschreibung der Semantik (Wirkung) von Ein- und Ausgabeanweisungen etwas problematisch. Wir wollen deshalb im Rahmen dieses Buchs darauf verzichten (im Gegensatz zu den anderen Anweisungen, deren (Zustands-) Semantik wir ausführlich behandeln).

9.5 Programme

Leider benötigt man in realen Programmiersprachen (wie PYTHON oder JAVA) über die Angabe der eigentlich auszuführenden Anweisungen hinaus oft einen erheblichen Aufwand an rein verwaltungstechnischen Maßnahmen, wie z. B.:

- Import von Programmmodulen, z. B. für Ein- und Ausgabefunktionen,
- Deklaration von Hauptprozeduren (z. B. main() in JAVA oder C), die beim Start eines Programms automatisch aufgerufen werden und das „eigentliche Programm" beinhalten,
- Verzögerung des sofortigen Verschwindens des Ausgabefensters, indem man auf das Drücken einer beliebigen Taste wartet, usw.

In unserer Pseudosprache IPPS können wir uns das alles sparen. Hier benötigen wir neben den eigentlichen Anweisungen nur noch dessen Namen und die Festlegung von Anfang und Ende des Programms, z. B.:

```
program erstprog:    //Programmkopf mit Bezeichner des Programms
var nat x;           //Vereinbarung der Variablen
begin                //Beginn der auszuführenden Anweisungen
  input(x);          //"Nutzcode": auszuführende Anweisungen
  output(x*x);
end.                 //Ende der auszuführenden Anweisungen
```

Zu einem guten Programmierstil gehört auch die ausgiebige Verwendung von *Kommentaren* im Programmtext. Sie verbessern die Lesbarkeit des Programms und helfen, Missverständnisse zu vermeiden. *Kommentare* sind Texte, die bei der Übersetzung des Programms in Maschinencode ignoriert werden. Sie werden in IPPS durch zwei aufeinander folgende Schrägstriche // gekennzeichnet (siehe auch die Beschreibung der Grammatik im Anhang). Damit ist der Rest der Zeile als Kommentar zu interpretieren.

```
program test:
//Hier folgen die Variablendeklarationen
var nat x;
...
```

9.6   Zusammengesetzte Anweisungen

Wie wir in Kapitel 2 (Abschnitt 2.3 und 2.5) festgestellt haben, kann man Algorithmen unter Anderem durch die Kombination bestimmter *Strukturelemente* darstellen: elementare Verarbeitungsschritte, Sequenzen, bedingte Verarbeitungsschritte, Wiederholungen. Um Algorithmen aus einer solchen Darstellung in imperative Programme umsetzen zu können, benötigen wir entsprechende Konstrukte in unseren Programmiersprachen. Neben elementaren (Zuweisung, Ein- und Ausgabe) bieten imperative Sprachen daher auch zusammengesetzte Anweisungen an: Sequenz, bedingte Anweisung, Wiederholung. Diese Konstrukte werden oft als *Kontrollstrukturen* bezeichnet.

9.6.1   Sequenzen

Die einfachste Möglichkeit zur zeitlichen Abfolge einer Menge von Anweisungen ist ihre (unbedingte) *sequentielle Ausführung* (*Sequenz*) in einer festen Reihenfolge.

Beispiel 9.5

Ringtausch, siehe Abschnitt 9.3:

```
temp := zaehler;
zaehler := nenner;
nenner := temp;
```

Die Syntax einer Sequenz lautet folgendermaßen:

```
sequential_composition = statement {sequential_composition}
```

Aufeinanderfolgende Anweisungen werden in IPPS dabei durch einen Strichpunkt getrennt. Die Definition von `statement` finden Sie im Anhang zur Syntax von IPPS.

Die Ausführung einer Sequenz von Anweisungen bewirkt eine *Folge von Zustandsübergängen*. Dabei arbeitet jede Anweisung auf dem Zustand, der von der vorausgegangenen Anweisung hinterlassen wurde.

Hier sieht man auch einen fundamentalen Unterschied zur funktionalen Sichtweise, in der alles auf *Ausdrücken* basiert. Also einem Codefragment, das sich zu einem *konkreten* Wert auswerten lässt (etwa ein Funktionsaufruf). In der imperativen Sicht ist der grundlegende „Baustein" hingegen eine *Anweisung*, die selbst *keinen* Wert hat, sondern lediglich den *Zustand* des Programms verändert. Eine Anweisung wird immer durch einen Strichpunkt abgeschlossen.

Beispiel 9.6

Kapitalentwicklung eines Sparkontos: Am Anfang (`jahr = 0`) sollen sich 10000 Euro auf unserem Sparkonto befinden. Der jährliche Zinssatz liegt konstant bei 5%. Wie lautet der Kontostand (`kapital`) nach 2 Jahren?

Zustand	Zuweisung
$z_1 = \{(\texttt{jahr}, \text{n.d.}), (\texttt{kapital}, \text{n.d.})\}$	
	`jahr := 0;`
$z_2 = \{(\texttt{jahr}, 0), (\texttt{kapital}, \text{n.d.})\}$	
	`kapital := 10000;`
$z_3 = \{(\texttt{jahr}, 0), (\texttt{kapital}, 10000)\}$	
	`jahr := 1;`
$z_4 = \{(\texttt{jahr}, 1), (\texttt{kapital}, 10000)\}$	
	`kapital := (1 + 0,05) * kapital;`
$z_5 = \{(\texttt{jahr}, 1), (\texttt{kapital}, 10500)\}$	
	`jahr := 2;`
$z_6 = \{(\texttt{jahr}, 2), (\texttt{kapital}, 10500)\}$	
	`kapital := (1 + ,05) * kapital;`
$z_6 = \{(\texttt{jahr}, 2), (\texttt{kapital}, 11025)\}$	

Tabelle 9.4: Zustandsänderungen bei der Zinsberechnung

Wenn man die möglichen (diskreten) Werte *einer* Variablen auf einer Achse anordnet, kann man mit zwei Variablen (wie in einem Koordinatensystem) eine Ebene aufspannen. Jeder Punkt dieser Ebene entspricht dann einer bestimmten Wertekombination der beiden Variablen, z. B. der Punkt $(1; 10000)$ der Wertekombination `jahr = 1` und `kapital = 10000`. Der Ablauf des Programms bewirkt dann den Durchlauf einer *Folge von Zuständen* (einer *Spur*) in diesem Diagramm. Der Ablauf eines imperativen Programms lässt sich also als Spur im Zustandsraum auffassen (siehe Abbildung 9.4).

Allgemein bewirkt eine Sequenz seq_1 als Folge von Befehlen $a_1; a_2; \ldots;$ also eine Folge von Zustandsübergängen (siehe Abbildung 9.5).

In den meisten Programmiersprachen können Sequenzen anstatt einfacher Anweisungen verwendet werden, z. B. in der *bedingten Anweisung* (siehe unten). Je nach Syntax der Sprache bzw. Sprachkonstrukt muss die Sequenz dazu allerdings oft durch spezielle Sprachmittel (z. B. **begin** und **end** in IPPS und PASCAL, geschweifte Klammern in C oder JAVA) zu einem Block geklammert werden. Ein Block von Anweisungen wird syntaktisch dann immer behandelt wie eine einzelne Anweisung.

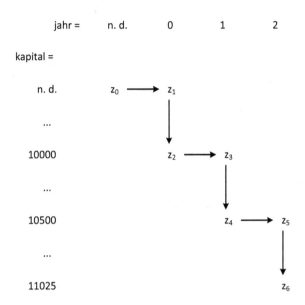

Abb. 9.4: *Ablauf eines Programms als Spur im Zustandsraum*

Sequenz seq1 = a1; a2; .. an

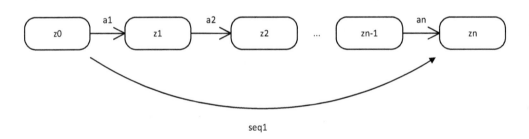

Abb. 9.5: *Die Wirkung einer Sequenz*

9.6.2   Bedingte Anweisung bzw. Alternative

Oft sollen Anweisungen nur unter bestimmten Bedingungen ausgeführt werden. So kann beispielsweise eine Zahl a nur dann durch eine andere Zahl b dividiert werden, wenn die letztere von Null verschieden ist:

if b $\neq$ 0 **then** quotient := a/b; **endif**

Solche Konstrukte bezeichnet man als bedingte Anweisungen, da die jeweilige Operation (hier die Zuweisung) nur ausgeführt wird, wenn die Bedingung b $\neq$ 0 erfüllt ist (bzw. als Ausdruck der Sorte **bool** den Wert **true** hat).

Noch eine Bemerkung zur Symbolik: Da das Ungleichheitszeichen ≠ nicht zu der Menge der ersten 128 ASCII-Zeichen (siehe oben) gehört (auf deren Vorhandensein man sich unter allen Umständen verlassen kann), verwenden die meisten realen Programmiersprachen eine Umschreibung durch # (OBERON) oder durch die Kombinationen <> (PASCAL) oder ! = (C bzw. JAVA). In PYTHON ist sowohl <> als auch ! = möglich, wobei letzteres bevorzugt wird.

Meist ist es sinnvoll, auch für den Fall, dass die Bedingung *nicht* erfüllt ist, eine *alternative Anweisung* (z. B. eine Fehlermeldung) ausführen zu lassen, z. B.:

```
if b ≠ 0 then quotient := a/b ;
else output("Fehler: Divisor = 0");
endif
```

Im Gegensatz zur funktionalen Variante FPPS muss in der imperativen Sprache die bedingte Anweisung durch **endif** abgeschlossen werden, weil hier nach **then** bzw. **else** jeweils eine Sequenz von Anweisungen folgen kann, deren Ende gegenüber dem folgenden Programmtext definiert sein muss.

```
if b ≠ 0 then
   quotient := a/b;
   output("Eingabe in Ordnung!");
else
   output("Fehler: Divisor = 0");
   output("Bitte noch einmal versuchen");
endif
output(quotient);
```

In FPPS ist dagegen an diesen Stellen jeweils nur genau eine Funktionsapplikation erlaubt, da hier Folgen von Verarbeitungsschritten ja durch die Schachtelung von Funktionsapplikationen realisiert werden.

Zusammenfassend lautet die Syntax der bedingten Anweisung:

```
conditional_statement = 'if' exp 'then' statement
   ['else' statement] 'endif'
```

Falls die Bedingung *exp* wahr (erfüllt) ist, wird die nach **then** stehende Anweisung ausgeführt, andernfalls die hinter **else** aufgeführte. Falls der **else**-Teil vorhanden ist, bezeichnet man das gesamte Konstrukt auch als *Alternative*.

Auch bedingte Anweisungen bewirken Zustandsübergänge, die allerdings je nach Erfüllung der Bedingung meist in verschiedene Zielzustände münden (siehe Abbildung 9.6).

In der funktionalen Sicht hat die gesamte Alternative als Ausdruck *einen* Wert, der zurückgeliefert wird. In der imperativen Sicht „schaltet" dagegen eine bedingte Anweisung lediglich zwischen verschiedenen Blöcken von Programmcode um, die dann ggf. ausgeführt werden. Diese können dann den Zustand der Variablen entsprechend verändern. Die bedingte Anweisung selbst hat in der imperativen Sicht jedoch *keinen* Wert, ist also auch kein Ausdruck.

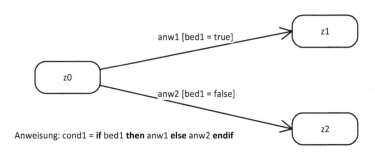

Abb. 9.6: *Die Wirkung einer bedingten Anweisung*

9.6.3   Wiederholungen von Anweisungen

Wie wir bereits im Kapitel über Algorithmen gesehen haben, ist es für viele Aufgabenstellungen sehr praktisch, wenn es eine Möglichkeit zur (automatischen) Wiederholung von Verarbeitungsschritten gibt. Manchmal steht dabei schon vor dem ersten dieser Schritte fest, wie oft der Schritt wiederholt werden muss, manchmal aber auch nicht. Da diese beiden Varianten erhebliche Unterschiede hinsichtlich der dadurch zu berechnenden Funktionen aufweisen, wollen wir sie gleich von Anfang an streng auseinander halten.

Wiederholung mit vorgegebener Wiederholungszahl

Die Anzahl der Durchläufe hängt in diesem Fall also *nicht* von den Berechnungen *während* der Wiederholungen ab.

Beispiel 9.7

Berechnung der Fakultätsfunktion $fak(n) = 1 \cdot 2 \cdot \ldots \cdot n$:

```
fak := 1;
for i := 1 to n do fak := fak * i; endfor
```

Voraussetzung dafür ist allerdings die Einhaltung der Regel, dass während der Wiederholungen *nicht* schreibend auf die *Zählvariable* (im obigen Beispiel i) zugegriffen wird, wenngleich die meisten Programmiersprachen das erlauben. Das wäre ein Zeichen für einen überaus schlechten Programmierstil.

Die Syntax der Wiederholung mit vorgegebener Wiederholungszahl lautet allgemein:

```
for_statement = 'for' id ':=' exp 'to' exp 'do'
    statement 'endfor'
```

Die Wirkung aus Zustandssicht kann aus Abbildung 9.7 entnommen werden: In jedem Durchlauf der Wiederholung wird (ausgehend von dem Zustand, den der vorausgehende Durchlauf hinterlassen hat) eine Zustandsänderung gemäß der *wiederholten Anweisung* ausgeführt.

Ein Vergleich der Abbildungen 9.5 und 9.7 führt zu der Erkenntnis, dass die Wirkung dieser Anweisungsstruktur stark der einer Sequenz ähnelt. Es wird ja auch tatsächlich eine Sequenz ausgeführt, die allerdings nicht aus *verschiedenen* Anweisungen, sondern aus der mehrfachen Ausführung *einer* Anweisung (bzw. einer anderen Sequenz) besteht.

Anweisung repfix = **for** i:=1 **to** n **do** anw **endfor**

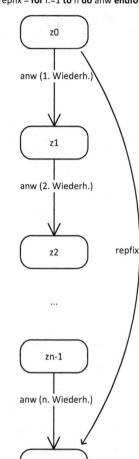

Abb. 9.7: *Wirkung der Wiederholung mit vorgegebener Wiederholungszahl*

Bedingte Wiederholung

Leider genügt die Wiederholung mit vorgegebener Wiederholungszahl nicht zur Lösung bzw. Berechnung *aller* (überhaupt berechenbaren) Aufgabenstellungen. Oft stellt sich nämlich erst *während* der einzelnen Wiederholungen heraus, wie oft eine Anweisung oder eine Sequenz noch wiederholt werden muss, um das vorgegebene Ziel zu erreichen. Typische Beispiele sind etwa die Reaktion eines Menüsystems auf eine Benutzereingabe (bis zur Betätigung irgendeines Ausschalters) oder die (algorithmische) Suche nach der Nullstelle einer Funktion.

Die Fortsetzung der Wiederholungen wird in diesen Fällen durch eine *Bedingung* gesteuert, deren Wahrheitswert sich *während* der Ausführung der Wiederholung ändern kann.

Aus Bequemlichkeitsgründen bieten viele Programmiersprachen dafür zwei syntaktisch verschiedene Möglichkeiten an: Die Wiederholungsbedingung kann *vor* der zu wiederholenden Sequenz angegeben werden oder (negiert als Abbruchbedingung) an deren *Ende*. Da jede dieser beiden Wiederholungsvarianten durch die andere ausgedrückt werden kann, beschränken wir uns hier auf die erstere.

Beispiel 9.8

Ganzzahldivision:

```
program ganzdiv:
var nat dividend, divisor, ergebnis;
begin
  input(dividend, divisor);
  ergebnis := 0;
  while dividend >= divisor do
    ergebnis := ergebnis + 1;
    dividend := dividend - divisor;
  endwhile
  output(ergebnis);
end.
```

In diesem Fall kann nicht (zumindest nicht ohne weitere Berechnungen) vor der ersten Wiederholung vorausgesagt werden, wie oft der Divisor im Dividenden enthalten ist.

Die Syntax der bedingten Wiederholung lautet:

while_statement = 'while' *exp* 'do' *statement* 'endwhile'

Dieser Typ von Wiederholungsanweisung tritt besonders häufig im Zusammenhang mit grafischen Benutzeroberflächen bei der Behandlung der vom Benutzer ausgelösten Steuersignale (Ereignisse) auf (z. B. Mausklick, Tastendruck etc.):

```
input(ereignis);
while ereignis ≠ "Ausschalten" do
  if ereignis = "Einfachklick" then "ObjektMarkieren" endif
  if ereignis = "Doppelklick" then "ObjektÖffnen" endif
endwhile
```

Die Wirkung hinsichtlich der Zustandsübergänge ähnelt der einer Wiederholung mit vorgegebener Wiederholungszahl, soweit dabei die gleiche Anzahl von Wiederholungen abgearbeitet wird. Entscheidend für den Abbruch (die Terminierung) der Wiederholung ist jedoch, dass die Wiederholungsbedingung irgendwann einmal auf **false** gesetzt wird. Andernfalls läuft die Wiederholung, bis sie durch einen Eingriff ins System gestoppt wird (z. B. einen erzwungenen Neustart oder einen zwangsweisen Abbruch des laufenden Prozesses). Nichtterminierende Wiederholungen sind ein möglicher Auslöser für den „Absturz" bzw. das „Aufhängen" eines Programms.

Wiederholungskonstrukte werden oft auch (etwas salopp aber sehr kompakt) als „Schleifen"
bezeichnet (**for**- oder **while**-Schleife). Auch wir werden in diesem Buch hin und wieder
diesen Begriff verwenden.

9.7   Zusammengesetzte Sorten

Wir haben bei der funktionalen Programmierung bereits mit Verbunden (records) gearbeitet.
Diese stellen eine selbst-definierte (zusammengesetzte) Sorte dar. Neben dieser Möglichkeit,
die natürlich auch in der imperativen Sicht weiter existiert, wollen wir nun noch eine weitere grundlegende zusammengesetzte Sorte kennenlernen. Bei dieser fasst man nicht Elemente
verschiedener Sorten zusammen, sondern viele *gleichartige* Elemente.

9.7.1   Felder (Arrays)

Felder sind vor allem dann sehr praktisch, wenn man über einen Index auf eine Menge *gleichartiger* Variablen zugreifen will, z. B. auf eine Reihe von Ortsnamen:

Ortsname$_1$ = „München", Ortsname$_2$ = „Wasserburg", Ortsname$_3$ = „Rosenheim" usw.

Wenn man sich eine Variable als Schachtel mit Bezeichner (Aufschrift) und Inhalt vorstellt,
dann könnte man ein Feld als *Stapel* solcher (gleichförmiger) Schachteln verstehen:

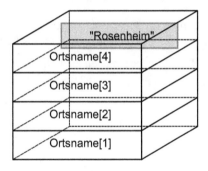

Abb. 9.8: *Ein Feld als Stapel gleichartiger Variablen*

In IPPS lautet die Deklaration eines Feldes (hier z. B. für 10 Ortsnamen):

var [1:10] **array string** ortsname;

Der Zusatz [1:10] array verwandelt also eine „einfache" Variable ortsname vom Typ
string in eine Menge indizierter Variablen gleichen Namens.

Nach dieser kann über einen Index (hier zwischen 1 und 10) auf die Ortsnamen zugegriffen
werden:

```
ortsname[1] := "München";
ortsname[2] := "Wasserburg";
ortsname[3] := "Landshut";
```

```
ortsname[4] := "Rosenheim";
...
```

Besonders praktisch ist die Verwendung solcher Felder in Wiederholungsanweisungen:

for i := 1 **to** 10 **do** output(ortsname[i]) **endfor**

Die allgemeine Syntax lautet:

$$array\_sort = '['nat\_cons':'nat\_cons']'\ 'array'\ sort\_id$$

9.7.2   Tabellen als Kombination von Feldern und Records

Aus der Kombination von Verbunden und Feldern kann man Tabellen zusammensetzen, wie beispielsweise eine Liste von Adressen:

Ortsname	PLZ	Strasse
München	83022	Arcisstr. 21
Rosenheim	83022	Prinzregentenstr. 17
Bad Aibling	83043	Westendstr. 4a

Tabelle 9.5: *Tabelle als Kombination aus Feldern und Records*

Allerdings ist die Anzahl der Zeilen (im Gegensatz zu den Datensätzen von Tabellen relationaler Datenbanken) über die Länge des Feldes von vornherein festgelegt.

Diese Datenstruktur wäre in IPPS folgendermaßen zu definieren:

```
sort adresse = record
  string strasse;
  string PLZ;
  string ortsname;
end;      //Im Unterschied zu FPPS wird die Definition in IPPS
          //mit einem Strichpunkt abgeschlossen!

sort tabelle = [1:10] array adresse;
var tabelle kundentabelle;
```

Danach kann man auf eine bestimmte Zelle der Tabelle zugreifen:

```
kundentabelle[2].PLZ := "83022".
```

9.8   Programmieren in PYTHON

Nun wollen wir die Umsetzung der bisher behandelten Konzepte auf eine „reale" Programmiersprache besprechen. Bevor Sie diesen Abschnitt in Angriff nehmen, sollten Sie auf jeden Fall eine PYTHON-Programmierumgebung auf Ihrem Rechner installieren. Sie können die Software kostenlos von der Adresse *http://www.python.org* herunterladen. Wir beziehen uns hier auf die Version 3.2.3 von PYTHON mit der Programmieroberfläche IDLE.

Sie können mit IDLE in beschränktem Rahmen Befehle eingeben und sofort ausführen („interaktiver Modus"). Sobald Sie zusammengesetzte Anweisungen verwenden, empfiehlt es sich jedoch, die Programme als Scripts in einem eigenen (neuen) Fenster einzugeben, als Dateien abzuspeichern und dann erst auszuführen („Scriptmodus"). Wir bitten Sie um Verständnis, dass wir im Rahmen dieses Buches nicht näher auf die Installation und Bedienung der Software eingehen können. Sie finden jedoch viele Informationen und Tutorials dazu ebenso wie die komplette Syntax von PYTHON als Grammatik unter der o.g. Internet-Adresse. Wir arbeiten zunächst im interaktiven Modus und geben den gesamten Dialog mit der Programmieroberfläche (also auch die Eingabeaufforderung >>> und die Ausgaben von IDLE) wieder.

9.8.1   PYTHON als Taschenrechner

Im Gegensatz zu unserer Pseudosprache IPPS (die nur vollständige Programme akzeptiert) ist in PYTHON ein Term (analog zu einem Ausdruck in IPPS) direkt interpretierbar. Es wird einfach nur sein Wert zurückgegeben. Dies ermöglicht es, mit PYTHON zu arbeiten wie mit dem Interpreter in HASKELL. Man kann z. B. rechnen:

```
>>> 3+4*5
23
```

9.8.2   Variablen und Vergleich

PYTHON verlangt keine Deklaration von Variablen. Sie werden bei jeder Zuweisung an den Typ des zugewiesenen Wertes gebunden. Die Zuweisung wird im Gegensatz zu IPPS durch ein Gleichheitszeichen symbolisiert, der Vergleich durch ein doppeltes Gleichheitszeichen.

```
>>> zahl = 5
>>> zahl
5
>>> zahl == 9
False
```

Hier haben wir zuerst einer (bis dahin nicht verwendeten) Variablen `zahl` den Wert 5 zugewiesen. Danach haben wir uns den Wert der Variablen (durch Eingabe eines Terms, der nur aus dieser Variablen besteht) ausgeben lassen. Schließlich liefert der Vergleich `zahl == 9` (als boolescher Term) den Wert **False**.

Ein besonderer Luxus von PYTHON sind kollektive Zuweisungen: Man kann einer Reihe von Variablen mit einer Anweisung eine Reihe von Werten zuweisen:

```
>>> i,k = 3,4
>>> i
3
>>> k
4
```

Damit erübrigt sich die umständliche Ringtausch-Strategie für den Austausch der Werte zweier Variablen:

```
>>> zaehler = 5
>>> nenner = 3
>>> zaehler, nenner = nenner, zaehler
>>> zaehler, nenner
(3, 5)
```

9.8.3   Sorten und Typen

Der Umgang mit ganzzahligen Werten der Sorte **int** ist völlig problemlos:

```
>>> 14-12
2
>>> -2*3
-6
>>> 12*8*(-2+3)
96
>>> 5/3
1.6666666666666667
```

Die letzte Eingabe zeigt, dass man sehr wohl durch Anwendung von Operatoren auf Zahlen vom Typ **int** dessen Wertebereich verlassen kann – wie man es vermutlich auch erwarten würde. Man kann jedoch eine Ganzzahldivision erzwingen, indem man das Ergebnis (vom Typ **float**) durch die Funktion int() wieder in den Typ **int** umwandelt.

```
>>> int(5/3)
1
```

Wie immer bei numerischen Berechnungen arbeitet auch PYTHON genauso wie der zugrundeliegende Prozessor, mit einer begrenzten Anzahl von Stellen (hier mit 16 Nachkommastellen). Der überstehende „Rest" der Zahl wird daher auf die 16. Nachkommastellen gerundet.

9.8.4   Ein- und Ausgabe

Die Ausgabeanweisung

Zunächst zur Ausgabe: im interaktiven Modus genügt es, den auszugebenden Ausdruck (Term) in die Kommandozeile zu tippen:

```
>>> 999*999
998001
```

Für den Skriptmodus benötigt man auf jeden Fall die Ausgabeanweisung **print**. Wir verlassen hier den interaktiven Modus und erstellen unser erstes Script. Ab jetzt werden wir diese Scripts auch als Programme bezeichnen. Dazu öffnen wir ein neues Fenster, geben in der ersten Zeile als Kommentar (gekennzeichnet durch das Symbol #) den Namen des Programms an, unter dem wir es dann auch abspeichern.

```
# script1.py
zaehler = 5.0
nenner = 3
print(zaehler/nenner)
```

Schließlich lassen wir es (direkt aus dem Editierfenster von IDLE heraus) mit Hilfe des Befehls run Module ablaufen. Danach erhalten wir, wie erwartet, im Hauptfenster von IDLE das folgende Ergebnis:

```
>>> run Module
1.6666666666666667
```

Die Funktion **print** ist eine von vielen (fest eingebauten) Funktionen in PYTHON. Wie in der funktionalen Sichtweise kann man auch in der imperativen Sicht Funktionen definieren. Diese können Parameter übergeben bekommen und liefern einen Wert zurück. Zum Beispiel wandelt die Funktion float() einen übergebenen **int** Wert in eine Kommazahl um.

```
>>> zaehler = float(5)
>>> zaehler
5.0
```

Die Eingabefunktionen

Die Übergabe von Werten an PYTHON-Programme macht eigentlich ebenfalls nur im Skript-Modus Sinn: man will ja dasselbe Skript für verschiedene Eingabewerte verwenden. Im Gegensatz zur Ausgabeanweisung läuft die Eingabe in PYTHON jedoch über Funktionen. Die einfachste Möglichkeit bietet die Funktion input:

```
# script2.py
zaehler = input("Bitte Zaehler eingeben: ");
nenner = input("Bitte Nenner eingeben: ");
print (float(zaehler)/float(nenner))
```

Der Ablauf des Programms führt zum folgenden Dialog:

```
>>>
Bitte Zaehler eingeben: 5
Bitte Nenner eingeben: 3
1.66666666667
```

Die Eingabefunktionen erwarten also vom Benutzer einen Eingabewert und liefern diesen als Ergebnis zurück. Allerdings hat das Ergebnis den Typ „Zeichenkette" und muss daher erst durch die Funktion float() in eine Zahl umgewandelt werden. Glücklicherweise ist die Funktion float() flexibel genug um z. B. aus der Zeichenkette „3" die Zahl 3.0 zu erzeugen. Zusätzlich kann als *Seiteneffekt* (siehe nächstes Kapitel) eine als Argument übergebene Zeichenkette als Hinweis für den Benutzer am Bildschirm ausgegeben werden.

Sehr praktisch ist auch die Möglichkeit, mit **print** mehrere Argumente (durch Kommas getrennt) ausgeben zu lassen:

```
# script2.py
zaehler = input("Bitte Zaehler eingeben:");
nenner = input("Bitte Nenner eingeben:");
print(zaehler, " geteilt durch ", nenner, " ergibt ",
      float(zaehler)/float(nenner))
```

Ablauf:

```
>>>
Bitte Zaehler eingeben: 5
Bitte Nenner eingeben: 3
5.0 geteilt durch 3.0 ergibt 1.66666666667
```

9.8.5   Zusammengesetze Anweisungen

Sequenzen

Die einzelnen Anweisungen einer Sequenz werden durch Strichpunkte (im Scriptmodus auch durch Zeilenschaltungen, siehe oben) getrennt:

```
>>> zaehler = 6; nenner = 2; print(zaehler/nenner)
3.0
```

Bedingte Anweisungen

Das folgende Beispiel illustriert die Verwendung der bedingten Anweisung in Python.

```
# script4.py
zaehler = input("Bitte Zaehler eingeben: ");
nenner = input("Bitte Nenner eingeben: ");
if float(nenner) != 0:
  print "Ergebnis: ", float(zaehler)/float(nenner)
else:
  print "FEHLER: Division durch 0!"
```

Ein beispielhafter Ablauf:

```
>>>
Bitte Zaehler eingeben: 12
Bitte Nenner eingeben: 0
FEHLER: Division durch 0!
```

Nach der Bedingung und nach **else** muss also ein Doppelpunkt stehen. Sollen in den Zweigen Sequenzen verwendet werden, so müssen diese nicht geklammert werden (wie in IPPS mit **begin** und **end**, jedoch auf derselben Einrückungsebene stehen, wie im folgenden Skript zu sehen:

```
# script5.py
zaehler = input("Bitte Zaehler eingeben: ");
```

```
nenner = input("Bitte Nenner eingeben: ");
if float(nenner) != 0:
  print("Ergebnis: ", float(zaehler)/float(nenner));
else:
  print("FEHLER: Division durch 0!");
  print("Zweiter Versuch!");
  zaehler = input("Bitte Zaehler eingeben: ");
  nenner = input("Bitte Nenner eingeben: ");
  if float(nenner) != 0:
    print("Ergebnis: ", float(zaehler)/float(nenner))
  else:
    print("FEHLER: Erneute Division durch 0!");
    print("Abbruch!");
# Ende
```

Ablauf:

```
>>>
Bitte Zaehler eingeben: 5
Bitte Nenner eingeben: 0
FEHLER: Division durch 0!
Zweiter Versuch!
Bitte Zaehler eingeben: 5
Bitte Nenner eingeben: 0
FEHLER: Erneute Division durch 0!
Abbruch!
```

Oft benötigt man eine Fallunterscheidung in mehr als zwei Fälle. Hier hilft die Möglichkeit, bedingte Anweisungen mit Hilfe von **elif** zu schachteln:

```
if alter < 3: print("Kleinkind")
elif alter < 6: print("Kindergartenkind")
elif alter < 11: print("Grundschulkind")
else: print("weiterfuehrende Schule")
```

Dieses Konstrukt bringt zwar nichts substantiell Neues, da man natürlich auch im else Zweig einer Alternative eine neue Alternative verwenden kann. Allerdings wird das bei mehreren **if** Zweigen schnell unübersichtlich, daher gibt es mit **elif** eine leichter lesbare Variante

Wiederholung mit fester Wiederholungszahl

Dieses Strukturelement wird in PYTHON im Vergleich zu anderen Sprachen etwas ungewohnt implementiert: Anstatt den Anfangs- und Endwert für die Zählvariable anzugeben (**for** i:=1 **to** 10), wie z. B. in IPPS, PASCAL oder JAVA, erwartet PYTHON die Angabe einer Liste von Werten, die die Zählvariable annehmen soll:

```
>>> for i in [1,2,4,5,8]: print(i)
1
2
4
```

```
5
8
```

Hier begegnen wir erstmals dem eminent praktischen vordefinierten Listenkonstruktor in PY-THON (symbolisiert durch eckige Klammern), der aus Elementen *beliebiger* Sorten eine Liste konstruiert. In vielen Programmiersprachen (z. B. PASCAL) muss man sich den Datentyp „Liste" mühsam selbst implementieren. Darüber hinaus erzwingen viele Sprachen die Beschränkung auf einen Datentyp für alle Elemente einer Liste. Auch hier bietet PYTHON mehr Freiheit: Es dürfen Elemente beliebiger Typen zu einer Liste kombiniert werden (siehe auch das nächste Beispiel). Dies eröffnet in Kombination mit der Abstützung der Wiederholung auf Listen die Möglichkeit, die Wiederholung über beliebige Typen und Mischungen daraus ausführen lassen:

```
>>> for i in ["otto", "emil", "thea", 1, 1.2, True, False]: print(i)
otto
emil
thea
1
1.2
True
False
```

Viele andere Sprachen binden die Zählvariable der Wiederholung an einen Typ, der zudem meist ein *Ordinaltyp* (also ein Typ, deren Datenelemente eine natürliche Ordnung haben, wie z. B. die natürlichen Zahlen oder die Zeichen des ASCII-Codes) sein muss.

Falls man sehr viele Durchläufe der Wiederholung programmieren will, ist es natürlich nicht sehr praktisch, wenn alle zu durchlaufenden Werte der Zählvariablen explizit anzugeben sind. Hier hilft die range-Funktion, die aus der Angabe des jeweiligen Anfangs- und Endwertes eine Liste produziert. Allerdings muss die Rückgabe erst noch mithilfe der Funktion list() eine echte Liste umgewandelt werden, da PYTHON auch objektorientierte Konstrukte unterstützt:

```
>>> list(range(1,10))
[1, 2, 3, 4, 5, 6, 7, 8, 9]
```

Dabei ist Vorsicht geboten: Der Endwert wird nicht in die Liste aufgenommen! Will man also z. B. die Quadrate der natürlichen Zahlen von 1 bis einschließlich 100 ausgeben, so muss in der range-Funktion als Endwert 101 angegeben werden:

```
>>> for i in range(1,101): print i*i
1
4
9
...
9801
10000
```

Man beachte, dass die Schleife direkt mit dem Rückgabewert der Funktion range arbeiten kann und somit die Umwandlung in eine Liste nicht unbedingt notwendig ist.

Wiederholung mit Endbedingung

Hier gibt es außer kleinen syntaktischen Unterschieden keine nennenswerten Abweichungen von IPPS:

```python
# Primzahl.py
zahl = int(input("Bitte Zahl eingeben: "));
teiler = int(zahl/2);
primzahl = True;
while teiler > 1:
        if zahl % teiler == 0:
                print(zahl, " hat Teiler ", teiler);
                primzahl = False;
        teiler = teiler - 1;

if primzahl: print(zahl, " ist Primzahl!");
```

Der Operator % berechnet den Divisionsrest bei ganzzahliger Division (z. B. ist 5 % 3 gleich 2). Zur Illustration zwei Abläufe:

```
>>>
Bitte Zahl eingeben: 111
111 hat Teiler 37
111 hat Teiler 3

>>>
Bitte Zahl eingeben: 257
257 ist Primzahl!
```

9.8.6 Zusammengesetzte Sorten

Auch hier bietet PYTHON viel Luxus, den man als Programmierer allerdings durch den erhöhten Zwang zur Selbstdisziplin bezahlen muss.

Listen und Felder

PYTHON unterscheidet nicht zwischen (in anderen Programmiersprachen oft statisch begrenzten) *Feldern* und dynamischen (d. h. zur Laufzeit beliebig verlängerbaren) *Listen*. Da es keinen Deklarationszwang gibt, wird eine Liste mit der ersten Zuweisung eines Wertes angelegt. Auf die einzelnen Elemente einer Liste kann in PYTHON (wie sonst oft nur auf Felder) durch Indizes zugegriffen werden. Das erste Element erhält dabei den Index 0:

```python
>>> liste = ["Berlin", "Oxford", "Frankfurt"]
>>> liste[0]
'Berlin'
>>> liste[2]
'Frankfurt'
>>> liste[3]
```

```
Traceback (most recent call last):
 File "<pyshell#27>", line 1, in -toplevel-
   liste[3]
IndexError: list index out of range
```

Da Wiederholungen mit fester Wiederholungszahl direkt über Listen laufen, kommt man in vielen Fällen jedoch ohne Verwendung der Indizes aus:

```
>>> for i in liste: i
'Berlin'
'Oxford'
'Frankfurt'
```

Mit Hilfe des Konkatenationsoperators (symbolisiert durch ein Pluszeichen) können Listen sehr einfach verknüpft oder verlängert werden:

```
>>> liste = liste +["Dortmund"]
>>> liste
['Berlin', 'Oxford', 'Frankfurt', 'Dortmund']
>>> liste[3]
'Dortmund'
```

Verbunde

Da eine Liste in PYTHON Daten verschiedener Sorten aufnehmen kann, können auch Verbunde über Listen implementiert werden:

```
>>> strasse = "Badstrasse 12"
>>> PLZ = 83003
>>> Ort = "Hausbach"
>>> adresse1 = [strasse, PLZ, Ort]
>>> adresse1
['Badstrasse 12', 83003, 'Hausbach']
```

Der Zugriff erfolgt dann genauso wie bei einer Liste z. B. mit adresse1[0]. Leider ist somit in der Verwendung nicht mehr zu erkennen ob es sich bei einer Variable um einen Verbund oder ein Feld handelt.

Da man Listen auch schachteln kann, ist auch die Implementierung von Tabellen möglich:

```
>>> strasse = "Malerweg 3"
>>> PLZ = 99033
>>> Ort = "Sindelbach"
>>> adresse2 = [strasse, PLZ, Ort]
>>> adressbuch = [adresse1, adresse2]
>>> adressbuch
[['Badstrasse 12', 83003, 'Hausbach'],
['Malerweg 3', 99033, 'Sindelbach']]
```

Selbstdefinierte Typen

Die Definition eigener Typen ist in PYTHON derzeit nicht ohne Weiteres möglich. In der Regel kommt man jedoch mit der Definition von Klassen aus. Die zugrundeliegenden Konzepte der Objektorientierung werden hier allerdings erst zusammen mit der objektorientierten Sichtweise besprochen.

10   Prozeduren

Im Zuge der funktionalen Programmierung haben wir bereits die Black-Box bzw. Glass-Box Sicht eingeführt. Diese war auch deswegen von Interesse, weil man mithilfe der Sichten ein Programm geschickt in Unterprogramme aufteilen konnte. In der funktionalen Programmierung ließ sich diese Aufteilung in Form von Funktionsdeklarationen direkt implementieren. Nun wollen wir eine vergleichbare Möglichkeit auch für die imperative Sicht kennenlernen. Dort hat man aber zunächst keine Funktionen, sondern nur sogenannte *Prozeduren*, die wie eine Art Unterprogramm funktionieren.

10.1   Deklaration und Aufruf von Prozeduren

Am Beispiel eines Programms zum Zahlenraten soll nun die Verwendung von Prozeduren in IPPS erklärt werden. Die Regeln für Deklarationen von Unterprogrammen finden Sie im Anhang zur Syntax von IPPS.

```
program prozedurtest:
var nat eingabe, ratezahl := 17;
var bool erraten := false;

// Deklaration der Prozedur "treffer"
procedure treffer
begin
  output("* WIR GRATULIEREN! *");
  output("*********************");
  output("Sie haben die Zahl erraten!");
endproc

// Deklaration der Prozedur "daneben"
procedure daneben
begin
  output("#              Leider daneben!      #");
  output("###########################");
  output("Bitte versuchen Sie es noch mal!");
endproc

begin
  while erraten = false do
    input(eingabe);
    // Aufruf der beiden Prozeduren über ihren Namen:
    // "erraten", "daneben"
```

```
  if eingabe = ratezahl then
    treffer;
    erraten := true;
  else
    daneben;
  endif
endwhile
end.
```

In einer *Prozedurdeklaration* werden alle wesentlichen Eigenschaften der Prozedur, insbesondere ihr *Algorithmus*, vereinbart. Danach steht die Prozedur als *neue Anweisung* zum Aufruf zur Verfügung. Die Deklaration alleine löst allerdings nur die Organisation von Speicherplatz und einiger anderer Verwaltungsmaßnahmen aus. Der eigentliche Start einer Prozedur (im Sinne des Ablaufs ihres Algorithmus) wird durch den Namen der Prozedur (innerhalb des Hauptprogramms oder eines anderen Unterprogramms) ausgelöst. Man sagt dazu auch *Aufruf* einer Prozedur.

10.2   Globale und lokale Variablen

In Unterprogrammen kann man spezielle Variablen für interne Zwecke deklarieren. Diese Deklaration ist dann nur *innerhalb* dieses Unterprogramms gültig. Solche Variablen heißen deshalb *lokale Variablen*.

```
procedure quadratzahlen
var nat i;
begin
  for i := 1 to 100 do output(i*i); endfor
endproc
```

Falls man Variablen nur für Berechnungen *innerhalb* eines Unterprogramms benötigt, sollten diese auch nur *lokal* deklariert werden (so wie oben die Variable i). Das hat (verglichen mit einer Deklaration im Hauptprogramm außerhalb des Unterprogramms) Vorteile:

1. Der Speicherplatz für diese Variablen wird nach der Beendigung des Unterprogramms wieder freigegeben.
2. Diese Variablen sind außerhalb des Unterprogramms nicht sichtbar (siehe Abschnitt 6.5) und können daher dort auch nicht verändert werden.
3. Das Unterprogramm ist gewissermaßen „autark". Die korrekte Funktionsweise ist nicht davon abhängig, dass außerhalb des Unterprogramms bestimmte Variablen deklariert sein müssen.

Definition 10.1

Eine Variable heißt (von einem bestimmten Unterprogramm aus gesehen) *lokal*, wenn sie nur innerhalb dieses Unterprogramms deklariert ist. Sie heißt *global*, wenn sie auch außerhalb des Unterprogramms gültig (d. h. deklariert) ist

Beispiel 10.1

```
program mitarbeiter:
var nat anzahl;
var [1:100] array string name;

procedure einstellen
var string einname;
begin
   input(einname);
   if anzahl < 100 then
     // Achtung, schlechter Stil:
     // Veränderung globaler Variablen!
      anzahl := anzahl + 1;
      name[anzahl] := einname;
   else
      output("Maximale Mitarbeiterzahl erreicht");
   endif
endproc

begin
...
// Hier werden evtl. die globalen Variablen
// anzahl und name[anzahl] von einstellen verändert: einstellen;
...
end.
```

In diesem Programm sind von der Prozedur einstellen aus gesehen

- die Variable einname lokal,
- die Variablen anzahl und name dagegen global.

Falls in einem Unterprogramm eine lokale Variable mit dem *gleichen Bezeichner* wie eine globale Variable deklariert wird, so kann über diesen Bezeichner innerhalb dieses Unterprogramms auch nur auf die *lokale* Variable zugegriffen werden. Die globale Variable wird dann von der lokalen *verschattet*:

```
program verschattung:
var nat i;
...
procedure quadratzahlen
var nat i;
begin
   for i := 1 to 100 do output(i*i); endfor
endproc

begin
...
end.
```

Innerhalb der Prozedur `quadratzahlen` ist die globale Variable `i` nicht sichtbar, da sie von der gleichnamigen lokalen verdeckt bzw. verschattet wird.

10.3   Bindung und Gültigkeit

Je nach dem Ort ihrer Deklaration kann man auf die Variablen eines Programms an manchen Stellen zugreifen, an anderen nicht. Der Bereich, innerhalb dessen eine Deklaration überhaupt bekannt ist, heißt *Bindungsbereich* der Variablen. Der Bezeichner der Variablen ist in diesem Bereich an diese Deklaration *gebunden* und kann nicht beliebig anderweitig verwendet werden.

Da es die Möglichkeit der Verschattung einer globalen Variablen durch eine gleichnamige lokale gibt (siehe oben), kann es vorkommen, dass man auf eine Variable an manchen Stellen ihres Bindungsbereichs nicht zugreifen kann. Man unterscheidet daher den *Gültigkeitsbereich* (Sichtbarkeitsbereich) einer Variablen (innerhalb dessen man auf sie zugreifen kann) von ihrem *Bindungsbereich*.

Beispiel 10.2

Im obigen Programm `mitarbeiter` sind Bindungs- und Gültigkeitsbereiche identisch:

Variable	Gültigkeitsbereich	Bindungsbereich
`anzahl`	Hauptprogramm	Hauptprogramm
`name`	Hauptprogramm	Hauptprogramm
`einname`	Prozedur `einstellen`	Prozedur `einstellen`

Tabelle 10.1: Bindungs- und Gültigkeitsbereich im Programm mitarbeiter

Im Programm `verschattung` unterscheiden sich dagegen Bindungs- und Gültigkeitsbereich der globalen Variablen `i` :

Variable	Gültigkeitsbereich	Bindungsbereich
globale Variable `i`	Hauptprogramm	Hauptprogramm mit Ausnahme der Prozedur `quadratzahlen`
lokale Variable `i`	Prozedur `quadratzahlen`	Prozedur `quadratzahlen`

Tabelle 10.2: Bindungs- und Gültigkeitsbereich im Programm mitarbeiter

Wegen der Möglichkeit der Schachtelung von Prozeduren (man kann innerhalb einer Prozedur andere Prozeduren deklarieren, die dann nur *lokal* innerhalb dieser Prozedur bekannt sind), ist es oft nicht ganz einfach, den Gültigkeitsbereich einer Variablen festzustellen. Die folgende Tabelle 10.3 zeigt ein Beispiel für Bindungs- und Gültigkeitsbereiche einer Reihe von Variablen.

Über die Deklaration von Variablen (oder auch Sorten und Unterprogramme) in Unterprogrammen hinaus, bieten manche Programmiersprachen auch die Möglichkeit, Deklarationen und

B = Bindungsbereich G = Gültigkeitsbereich	hvar1[1]	avar1	ivar	avar2	hvar2[2]
program hauptprogramm:					
var nat hvar;	B G				
procedure aussen1	B G				
var nat avar1;	B G	B G			
//Lokale Prodezur innerhalb von aussen1:	B G	B G			
procedure innen	B G	B G			
var nat ivar;	B G	B G	B G		
begin	B G	B G	B G		
...	B G	B G	B G		
end	B G	B G	B G		
begin	B G	B G			
...	B G	B G			
end	B G	B G			
		B G			
procedure aussen2	B G				
var nat avar2, hvar;	B[3]			B G	B G
begin	B[3]			B G	B G
...	B[3]			B G	B G
end	B[3]			B G	B G
begin	B G				
...	B G				
end.	B G				

Tabelle 10.3: Gültigkeits- und Bindungsbereich an einem Beispielprogramm.
[1] *Globale Variable des Hauptprogramms,*
[2] *Lokale Variable des Unterprogramms* aussen2 *(mit gleichem Namen wie die globale Variable* hvar*),*
[3] *Hier wird die globale Variable* hvar *durch die gleichnamige lokale verschattet*

Anweisungen mit Hilfe von speziellen Klammerelementen (z. B. begin bzw. end oder Paare geschweifter Klammern) zu Blöcken zusammenzufassen. Diese Blöcke können ebenso wie Unterprogramme wiederum geschachtelt und/oder mit Unterprogrammen kombiniert werden. Die obigen Aussagen für die Gültigkeit bzw. Bindung von Variablen gelten dann entsprechend auch für solche Blöcke. Wir werden in diesem Buch aber auf deren Verwendung verzichten.

10.4 Parameter

Wie wir in Teil 1 erfahren haben, beschreibt ein Algorithmus in der Regel eine Lösung für eine *ganze Klasse* von Aufgaben. Ein Algorithmus zur Berechnung der Quadratwurzel einer Zahl kann beispielsweise für alle positiven Zahlen angewandt werden. Implementiert man einen Algorithmus in einer Prozedur, so will man diese natürlich auch auf alle Aufgabenstellungen der Klasse anwenden können.

Um diese Flexibilität in der Anwendung zu erreichen, verwendet man *Parameter* die Daten an ein Unterprogramm weitergeben können: Das Unterprogramm erhält für jeden zu übergebenden Wert einen *formalen Parameter* im Kopf der Deklaration. Diese formalen Parameter dienen als *Platzhalter* für konkrete Werte, die der Prozedur bei ihrem Aufruf übergeben werden, hier am Beispiel der Berechnung der Potenz x^y mit ganzen Zahlen x, y und $y > 0$:

```
procedure x_hoch_y (nat px, nat py)
var nat ergebnis, i;
begin
  ergebnis := 1;
  for i := 1 to py do
    ergebnis := ergebnis * px;
  endfor
  output(ergebnis);
endproc
```

Ein Aufruf könnte dann z. B. lauten:

```
x_hoch_y(2,3)
```

Das Ergebnis wäre die Ausgabe der Zahl 8. In vielen Sprachen (z. B. in unserer Sprache IPPS oder in JAVA) werden bei der Deklaration von Unterprogrammen die Sorten der formalen Parameter festgelegt. Dann sollten beim Aufruf des Unterprogramms auch nur Werte (bzw. im folgenden Abschnitt *Speicheradressen*) der jeweils festgelegten Sorte an die Parameter übergeben werden (z. B. natürliche Zahlen an Parameter der Sorte **nat**). Die Reaktion auf Verletzungen dieser Regel hängt von den beiden Sorten und der jeweiligen Programmiersprache ab. So ist z. B. die Übergabe von ganzzahligen Werten (**nat**) an Parameter vom Typ **float** meist unproblematisch, die Umkehrung dagegen meist nicht. Wir gehen hier grundsätzlich davon aus, dass diese Bedingung eingehalten wird.

Eine Besonderheit ergibt sich bei der Übergabe von *Feldern* als Parametern. Diese werden in IPPS mit einer festen Länge deklariert (z. B. **var** [1:100] **array nat**). Wenn man diese Syntax für Parameter einfach übernehmen würde, wäre eine Prozedur nur für Felder einer festen Länge (z. B. 100) aufrufbar. Das ist natürlich nicht besonders sinnvoll. Daher werden Felder als Parameter ohne Länge definiert:

```
procedure summe (array nat zahlen, nat n)
var nat i, summe := 0;
begin
  for i := 1 to n do
    summe := summe + zahlen[i];
  endfor
  output(summe);
endproc
```

Um innerhalb der Prozedur auf die Länge des tatsächlich übergebenen Feldes zugreifen zu können, muss diese Länge nun als zusätzlicher Parameter übergeben werden. Andernfalls hat man keine Information darüber wie oft z. B. in der obigen Prozedur die **for**-Schleife ausgeführt werden muss. Ein Aufruf sähe dann z. B. so aus:

```
...
var array[1:10] nat klein;
var array [1:100] nat gross;

begin
  //Felder mit Werten füllen.
  ...
  //Summieren:
  summe(klein, 10);
  summe(gross, 100);
end.
```

10.5 Ergebnisübergabe

Das obige Unterprogramm x_hoch_y kann zwar das Ergebnis der Berechnung von x^y direkt (z. B. am Bildschirm) ausgeben, es jedoch nicht dem Hauptprogramm für weitere Berechnungen zur Verfügung stellen, wie es z. B. zur Aufsummierung aller 3er-Potenzen von 3^1 bis 3^{10} notwendig wäre.

Wie kann man die Ergebnisse eines Unterprogramms an das aufrufende Programm übermitteln? Dafür gibt es im Wesentlichen drei Möglichkeiten:

1. Schreibzugriff auf globale Variable,
2. Nutzung formaler Ausgangsparameter,
3. Implementierung des Unterprogramms als Funktion.

Diese drei Möglichkeiten sollen nun eingehender betrachtet werden.

10.5.1 Schreibzugriff auf globale Variable

Globale Variablen sollten nur in Notfällen (wie z. B. dem Fall, dass eine relativ zum Speicherangebot sehr große Mengen einzelner Daten übergeben werden soll) zur Rückgabe der Ergebnisse von Unterprogrammen verwendet werden. Da diese Vorgehensweise zu sehr unübersichtlichen Abläufen (Seiteneffekte, z. B. lokal „unsichtbare" Veränderung von Variablen) führt, sollte sie ansonsten jedoch tunlichst vermieden werden (siehe das obige Programm mitarbeiter).

```
program globale_rückgabe:
var nat global;

procedure x_hoch_y (nat px, nat py)
var nat ergebnis, i;
begin
  ergebnis := 1;
  for i := 1 to py do
    ergebnis := ergebnis * px;
  endfor
  // ACHTUNG: Veränderung globaler Variablen:
  global := ergebnis;
```

```
endproc
```

```
// Beginn des Hauptprogramms
begin
  global := 1;
  // Folgender Aufruf verändert global,
  // was an dieser Stelle aber nicht erkenntlich ist:
  x_hoch_y(2, 3);
  output(global);
end.
```

Das Programm würde in diesem Fall die Ausgabe 8 liefern. Wenn man sich vor Augen führt, dass große kommerzielle Programme nicht selten Hunderttausende bis Millionen Programmzeilen umfassen, kann man sich vorstellen, wie problematisch eine lokal nicht erkennbare (weil im Aufruf einer Prozedur versteckte) Veränderung einer globalen Variablen sein kann. Solche nicht direkt (d. h. an der Aufrufstelle) sichtbaren Nebenwirkungen eines Unterprogramms nennt man auch *Seiteneffekte*.

Trotz aller möglichen Probleme ist es in bestimmten Fällen sehr viel einfacher, mit Schreibzugriffen auf globale Variable zu arbeiten. Ein Beispiel hierfür wäre die Zählung der laufenden Prozesse einer bestimmten Funktion.

10.5.2   Ausgangsparameter

Eine zweite und in der Regel auch geschicktere Möglichkeit zur Rückgabe der Ergebnisse eines Unterprogramms bieten *Ausgangsparameter* (bzw. *Ergebnisparameter*). Das sind spezielle Parameter, die in den meisten Programmiersprachen auch als solche gekennzeichnet werden müssen, in IPPS (genauso wie in PASCAL und MODULA) durch das vorangestellte Schlüsselwort **var**:

```
program ausgangsparameter:
var nat globalx := 2, globaly := 3, globalz;

procedure x_hoch_y (nat px, nat py, var nat pz)
var nat ergebnis, i;
begin
  ergebnis := 1;
  for i := 1 to py do
    ergebnis := ergebnis * px;
  endfor
  // Zuweisung an Ausgangsparameter pz,
  // kenntlich durch "var" in der Parameterliste
  pz := ergebnis;
endproc

// Beginn des Hauptprogramms
begin
  // Folgender Aufruf weist das Ergebnis
  // der Variablen "globalz" zu
```

```
    x_hoch_y(globalx, globaly, globalz);
    output(globalz);
end.
```

Auch hier würde das Programm wieder die Ausgabe 8 liefern. Im Gegensatz zur obigen Rückgabe des Ergebnisses mittels globaler Variable ist hier wenigstens sichtbar, dass die Variable `globalz` zumindest *beteiligt* ist (wenn auch die Rolle als Ausgangsvariable im *Aufruf* nicht sichtbar ist). Über die Kennzeichnung der Ausgangsparameter durch **var** im Kopf (der ersten Zeile) der Prozedurdeklaration könnte man außerdem automatisch eine Liste der Unterprogramme mit Ausgangsparametern erstellen und so im Programmcode lokalisieren, wo ein Schreibzugriff möglich ist (was bei Schreibzugriffen auf globale Variablen nicht unbedingt machbar ist).

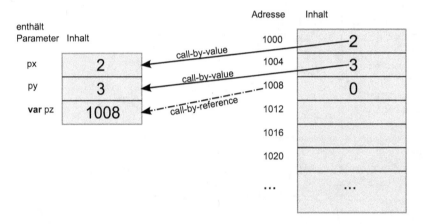

Abb. 10.1: Vergleich der Übergabemechanismen für Parameter

Bei *Eingangsparametern* genügt es, wenn nur der *aktuelle Wert* für den Parameter an die Prozedur übergeben wird („call by value"). Deshalb wird das auch von den meisten Programmiersprachen genauso umgesetzt. Hingegen muss man bei *Ausgangsparametern* die *Anfangsadresse des Speicherbereichs* einer Variablen übergeben, damit dort ein Schreibzugriff auf diese Variable stattfinden kann („call by reference"), siehe auch Abbildung 10.1. Mehr dazu, insbesondere die genaue Funktionsweise durch Referenzen, erfahren Sie in Kapitel 12.

10.5.3 Funktionskonzept

Das dritte (und eleganteste) Übergabekonzept ist die Implementierung des Unterprogramms als *Funktion*: Es wird als (neu definierte) Funktion implementiert und aufgerufen, die (genau!) einen *Rückgabewert* zurückliefert. Diese Rückgabe wird innerhalb der Deklaration durch die **return**-Anweisung festgelegt. Wo immer diese Anweisung auftritt, wird die Funktion abgebrochen, und der an **return** übergebene Wert zurückgeliefert. Für die Deklaration solcher Funktionen in diesem Sinne gilt im Vergleich zu Prozeduren eine etwas veränderte Syntax, die wir bereits aus der funktionalen Sicht kennen:

1. Im Kopf der Deklaration wird anstatt **procedure** das Schlüsselwort **function** verwendet.
2. Nach der Liste der Parameter wird (durch einen Doppelpunkt abgetrennt) die *Sorte des Rückgabewertes* der Funktion festgelegt.

   Falls möglich, sollte dieser Variante immer der Vorzug vor den anderen beiden gegeben werden, da nur hier die zuweisende Wirkung auf die Variable (z. B. globalz) im Aufruf offensichtlich ist:

```
program funktionskonzept:
var nat globalx := 2, globaly := 3, globalz;

function x_hoch_y (nat px, nat py): nat
var nat ergebnis, i;
begin
  ergebnis := 1;
  for i := 1 to py do
    ergebnis := ergebnis * px;
  endfor
  // Rückgabe des Ergebnisses als Wert der Funktion
  return ergebnis;
endfunc

// Beginn des Hauptprogramms
begin
  // Folgender Aufruf weist das Ergebnis der Funktion
  // der Variablen "globalz" zu
  globalz := x_hoch_y(globalx, globaly);
  output(globalz);
end.
```

Mit Hilfe von Funktionen können viele Aufgaben sehr kompakt formuliert werden, z. B. die oben erwähnte Aufsummierung aller 3er-Potenzen zwischen 3^1 und 3^{10}:

```
...
var nat k, summe := 0;
...
for k := 1 to 10 do
  summe := summe + x_hoch_y(3, k);
endfor
output(summe);
...
```

Nachdem hier scheinbar ein Konzept der funktionalen Programmierung auftaucht ist es nötig, sich über die fundamentalen Unterschiede Gedanken zu machen: In der funktionalen Sicht werden Funktionen grundsätzlich als *Ausdrücke* behandelt. Eine Funktion ist damit lediglich ein (evtl. sehr komplexer) Ausdruck, der zu einem Wert ausgewertet werden kann. In der imperativen Sicht hingegen, ist eine Funktion eine spezielle Form der Prozedur und damit eine *Folge von Anweisungen*. Es kann z. B. in der imperativen Sicht *keine* Angabe über den *Wert* einer Funktion gemacht werden, wohl aber über die *Zustandsänderungen*, die der Aufruf einer Funktion/Prozedur nach sich zieht.

10.6   Module

In der Regel wird der Programmcode in modernen Programmiersprachen in mehrere *Module* (und damit auch Dateien) aufgeteilt. Das hat zahlreiche Vorteile, u.a.:

- Übersichtlichkeit: Überlange Programmtexte lassen sich schwer lesen. Außerdem können damit korrespondierende Codestellen aus mehreren Modulen in mehreren Fenstern verglichen und geändert werden, ohne dauernd im Programmtext blättern zu müssen.
- Arbeitsteilung: Die Arbeit kann nach Modulen auf mehrere Personen, Teams, Abteilungen, Firmen aufgeteilt werden.
- Kapselung: Durch selektive Zuteilung von Schreibrechten kann man genau festlegen, wer welchen Modul ändern darf.

Solche Module bestehen in der Regel aus einer *Reihe von Deklarationen* für Sorten, Variablen, Prozeduren und Funktionen. Besonders in der Objektorientierten Programmierung ist die Verwendung solcher Module weit verbreitet. Hier enthalten sie meist Klassendefinitionen. Mehr darüber erfahren Sie in Teil 4.

10.7   Unterprogramme in PYTHON

Zunächst ist festzustellen, dass PYTHON im Gegensatz zu IPPS (oder auch realen Sprachen wie PASCAL) in der Deklaration keine Unterschiede zwischen Funktionen und Prozeduren macht. Wir werden also alle PYTHON-Unterprogramme als Funktionen bezeichnen. Funktionen müssen in einem Script deklariert werden, wie z. B. die folgende „prozedurartige" Funktion (ohne Rückgabewert) quadratzahlen in „quadratzahlen.py":

```
# quadratzahlen.py

def quadratzahlen():
    for i in range(1,101): print(i*i);
```

In der Interpreterumgebung wird die Funktion dann folgendermaßen aufgerufen:

```
>>> quadratzahlen()
1
4
9
...
9801
10000
```

Dabei ist zu beachten, dass nach dem Bezeichner der Funktion sowohl in der Deklaration als auch im Aufruf ein rundes Klammerpaar folgen muss (auch wenn keine Parameter benutzt werden). Im Folgenden machen wir den Aufruf der jeweiligen Funktionen nur noch durch das Prompt des PYTHON-Interpreters (>>>) deutlich. Wie aufgrund des großzügigen Umgangs von PYTHON mit Typen nicht anders zu erwarten, muss bei der Deklaration von Funktionen der Typ der Parameter nicht angegeben werden. Die Rückgabe des Ergebnisses sollte, wie in Abschnitt 10.5.3 ausgeführt, wenn irgend möglich über **return** vollzogen werden:

```
def x_hoch_y(px,py):
    if py == 0:return 1
    else:
        ergebnis = 1
        for i in range(1,py+1): ergebnis = ergebnis*px
        return ergebnis

>>> x_hoch_y(3,4)
81
```

Mit einer Ausnahme (siehe unten) sind in PYTHON alle Parameter Eingangsparameter („call-by-value"-Übergabe):

```
def partest(px):
  px = 99
  return px

>>> x = 5
>>> partest(x)
99
>>> x
5
```

Der Wert der Variablen x wurde durch den Aufruf `partest(x)` also nicht verändert, obwohl innerhalb von `partest` ein Schreibzugriff auf den Parameter px stattfand. In PYTHON gibt es kein Schlüsselwort (wie **var** in IPPS oder PASCAL), das die Kennzeichnung eines Parameters als Ausgangsparameter ermöglicht. Dennoch erlaubt die einzige Ausnahme von diesem beinahe durchgehenden „call-by-value" Konzept die Verwendung von Ausgangsparametern:

```
def partest(px):
    px[0] = 99
    return px

>>> partest(liste)
[99, 2, 3]
>>> liste
[99, 2, 3]
```

Komponenten von Listen werden also über „call-by-reference" (ganze Listen dagegen ebenfalls nur über „call-by-value") übergeben und können so als Ausgangsparameter genutzt werden (indem man die zu verändernde Variable als *Komponente* einer Liste anlegt):

```
def x_hoch_y(px,py, erg):
    if py == 0:ergebnis = 1
    else:
        ergebnis = 1
        for i in range(1,py+1): ergebnis = ergebnis*px
    erg[0] = ergebnis
```

```
>>> erg = [0]
>>> x_hoch_y(3,4,erg)
>>> erg
[81]
```

In PYTHON ist grundsätzlich kein Zugriff aus einer Funktion heraus auf globale Variablen möglich, es sei denn, dass diese Variablen ausdrücklich als global gekennzeichnet werden:

```
def writeglobal(px):
  global gx
  gx = px
  return "fertig!"
```

```
>>> gx = 5
>>> writeglobal(99)
'fertig!'
>>> gx
99
```

10.8   Module in PYTHON

PYTHON verfügt über eine Unzahl von (frei verfügbaren) Modulen für beinahe jeden Zweck: von der Netzwerkprogrammierung bis zur Mathematik. Diese Module stellen *Bibliotheken* für Kostanten, Datenstrukturen und Funktionen dar, aus denen man sich bei Bedarf bedienen kann. Nähere Informationen finden Sie in der PYTHON-Dokumentation *Globale Module Index* (von IDLE aus über das Help-Menü zugänglich).

Am Beispiel des Moduls random, der für die Erzeugung von Zufallszahlen zuständig ist, wollen wir den Mechanismus der Einbindung kurz aufzeigen:

```
# wuerfeln.py
import random
zahl = random.randint(1,6);
print(zahl);
ratezahl = input("Bitte raten Sie die gewuerfelte Zahl (1-6): ");
if ratezahl == zahl: print("Erraten!");
else: print("Leider daneben!");
```

```
>>
Bitte raten Sie die gewuerfelte Zahl (1-6): 1
Erraten!
```

Der Modul random wird also durch die Anweisung import.random zugänglich gemacht. Danach kann auf seine Komponenten zugegriffen werden. Etwa auf die Funktion randint mittels random.randint(a,b). Diese Funktion liefert z. B. eine ganze Zufallszahl zwischen (jeweils inklusive) a und b.

11 Rekursion und Iteration

Nun, da wir Funktionsdeklarationen auch in der imperativen Sicht zur Verfügung haben, ist es natürlich auch möglich, *rekursive* Funktionsaufrufe zu programmieren. In der funktionalen Sicht war die Rekursion die einzige Möglichkeit um Wiederholungen zu implementieren (etwa um alle Element einer Liste abzulaufen). In der imperativen Sicht haben wir allerdings auch die Kontrollstruktur der Wiederholung. Trotz aller Vorteile rekursiver Konzepte ist es oft notwendig oder wünschenswert, *rekursive* Funktionen *iterativ* (d. h. mit Hilfe von Wiederholungsanweisungen) darzustellen. Dafür können z. B. Effizienzgründe maßgeblich sein. Außerdem kann keines der derzeit üblichen Rechnermodelle Rekursion auf Maschinenebene direkt umsetzen. Irgendwo auf dem Weg zwischen der Funktionsdeklaration bzw. -definition in einer höheren Programmiersprache (wie PYTHON, JAVA, HASKELL oder C) bis zum lauffähigen Maschinencode *müssen* rekursive Ablaufstrukturen also auf jeden Fall in iterative umgewandelt werden. Daher wollen wir in diesem Kapitel die wichtigsten Konzepte zur Abbildung rekursiver auf iterative Strukturen besprechen. Zur Programmierung der iterativen Algorithmen benötigen wir nun wieder Zustandskonzepte, Variablen und Zuweisungen, weshalb wir dafür wieder zu unserer imperativen Pseudosprache IPPS zurückkehren. Die rekursiven Algorithmen werden wir dagegen in FPPS darstellen, um die unterschiedlichen Sichten deutlich herauszustellen.

11.1 Iterative Darstellung repetitiver Rekursion

Besonders einfach ist die Umsetzung repetitiv-rekursiver Algorithmen, wie beispielsweise unseres ggT-Algorithmus aus dem letzten Teil. Dieses Beispiel wollen wir daher zunächst näher betrachten. Zuerst wiederholen wir die rekursive Formulierung.

```
function ggT (nat m, nat n): nat
return if m = n then m
       else if m > n then ggT(m-n, n)
            else ggT(m, n-m)
```

Nun führen wir anstatt der Parameter m, n die Variablen mvar und nvar ein und können damit eine äquivalente iterative Funktion formulieren:

```
function ggTit (nat m, nat n): nat
var nat mvar := m, nvar := n;
begin
  while not mvar = nvar do
    if mvar > nvar then
      mvar := mvar - nvar ;
    else
      nvar := nvar - mvar;
```

```
  endif
 endwhile
 return mvar;
endfunc
```

Da die Wiederholung mit Anfangsbedingung strukturell der repetitiven Rekursion entspricht, kann in diesen Fällen mit folgendem Schema gearbeitet werden:

Sei f(<T1> x1, ..., <Tn> xn): <T> eine repetitiv-rekursive Funktion. Dann lässt sich f durch einen iterativen Algorithmus mit den Variablen xvar1, ..., xvarn folgendermaßen darstellen:

```
function fit (<T1> x1, ..., <Tn> xn): <T>
var <T1> xvar1 := x1;
  ...
var <Tn> xvarn := xn;
begin
  while not <Terminierungsbedingung der Rekursion ausgedrückt
            in xvari)> do
    <Besetze xvari gemäß Rekursionsvorschrift>
  endwhile
  return <Ergebnisterm der Sorte <T> (ausgedrückt in xvari)
         gemäß Terminierungsfall der Rekursion>;
endfunc
```

Beispiel 11.1

Bestimmung, ob n eine (ganzzahlige) Potenz von m ist: Wir verwenden dabei die folgenden Operationen:

- a / b für das Ergebnis der ganzzahligen Division von a durch b (z. B. 5 **div** 2 = 2)
- a **mod** b für den Rest bei der ganzzahligen Division von a durch b (z. B. 5 **mod** 2 = 1)

```
function potenz (nat n, nat m): bool
return if n = 1 or n = m then true
       else if n mod m ≠ 0 then false
            else potenz(n / m, m)
```

Für die iterative Darstellung müssen wir diese Definition noch etwas abändern und die beiden Terminierungsbedingungen zusammenfassen:

```
function potenz2 (nat n, nat m): bool
  return if (n = 1 or n = m) or (n mod m ≠ 0)
         then (n = 1 or n = m)
         else potenz (n / m, m)
```

Im ersten Fall („**then**-Zweig") gibt die Funktion also einfach den Wert des booleschen Terms (n = 1 **or** n = m) zurück. Ein Vergleich der Rückgabewerte beider Funktionen in allen möglichen Fällen zeigt, dass die beiden obigen Darstellungen tatsächlich dieselbe Funktion beschreiben (siehe Tabelle 11.1)

`n = 1` `or` `n = m`	`n` **mod** `m` $\neq$ `0`	`potenz`	`potenz2`
`true`	`true`	`true`	`true`
`true`	`false`	`true`	`true`
`false`	`true`	`false`	`false`
`false`	`false`	`potenz(n / m, m)`	`potenz(n / m, m)`

Tabelle 11.1: Vergleich der Wahrheitswerte der Funktionen `potenz` *und* `potenz2`

```
function potenzit (nat n, nat m): bool
var nat mvar := m, nvar := n;
begin
  while not ((nvar = 1 or nvar = mvar) or (nvar mod mvar ≠ 0)) do
    nvar := nvar / mvar;
  endwhile
  return (nvar = 1 or nvar = mvar);
endfunc
```

Das Ganze können wir noch etwas vereinfachen, da mvar nicht notwendig ist (der Wert des Parameters m wird nicht verändert) und zudem die Wiederholungsbedingung mit Hilfe der Regeln der Booleschen Algebra vereinfacht werden kann:

```
function potenzit2 (nat n, nat m): bool
var nat nvar := n;
begin
  while( nvar ≠ 1) and (nvar ≠ m) and (nvar mod m = 0) do
    nvar := nvar / m;
  endwhile
  return (nvar = 1 or nvar = m);
endfunc
```

11.2 Darstellung linear rekursiver Funktionen

Linear rekursive Funktionen kann man mit Hilfe der sogenannten *Einbettungstechnik* durch repetitiv-rekursive Funktionen darstellen und so ebenfalls über das Schema des vorausgehenden Abschnittes iterativ darstellen.

Beispiel 11.2

Wir betten die Fakultätsfunktion in eine repetitiv-rekursive Funktion `fakallg` ein:

```
function fakallg (nat n, nat k): nat
  return if n = 0 then k
          else fakallg(n-1, k*n)
```

Die übliche Fakultätsfunktion ergibt sich dann aus:

```
fak(n) = fakallg(n, 1)
```

Also z. B. für den Funktionswert n = 4:

```
fak(4) = fakallg(4, 1) = fakallg(3, 4) = fakallg(2, 12) =
fakallg(1, 24) = fakallg(0, 24) = 24.
```

Das Prinzip der Einbettung besteht also darin, die nach dem Abschluss des rekursiven Aufrufs noch benötigten Parameterwerte in einem speziell dafür eingeführten Parameter *mitzuführen*. Im dynamischen Datenflussdiagramm der ursprünglichen Funktion sind das alle Werte, die unterhalb des rekursiven Aufrufs noch weiterverarbeitet werden müssen (siehe Abbildung 6.1). Das Ergebnis der Umwandlung ist dann eine repetitiv-rekursive Funktion, die schematisch durch einen iterativen Algorithmus ersetzt werden kann:

```
function fakallgit (nat n, nat k): nat
var nat nvar := n, kvar := k;
begin
  while nvar ≠ 0 do
    kvar := kvar * nvar;
    nvar := nvar - 1;
  endwhile
  return kvar;
endfunc
```

Bei der Reihenfolge der Anweisungen in der Wiederholung ist dabei Sorgfalt geboten: kvar soll ja mit dem „alten" Wert von nvar multipliziert werden. Daher wird nvar erst danach heruntergezählt.

Beispiel 11.3

Länge einer Liste:

```
function length (natlist liste): nat
  return if isempty(liste) then 0
          else length(liste.rest) + 1
```

```
function lengthallg (natlist liste, nat len): nat
  return if isempty(liste) then len
          else lengthallg(liste.rest, len+1)
```

Damit gilt: length(liste) = lengthallg(liste, 0).

Ein beispielhafter Aufruf:

```
length([4, 3, 2]) = lengthallg([4, 3, 2], 0) =
lengthallg([4, 3], 1) = lengthallg([4], 2) =
lengthallg(empty, 3) = 3
```

Die iterative Form lautet schließlich (wir gehen dabei davon aus, dass eine Sorte `natlist` existiert. Mehr zur Implementierung der Liste erfahren Sie im nächsten Kapitel):

```
function lengthallgit (natlist liste, nat len): nat
var natlist listvar := liste;
var nat lenvar := len;
begin
  while not isempty(liste) do
    listvar := listvar.rest;
    lenvar := lenvar + 1;
  endwhile
  return lenvar;
endfunc
```

Neben der Möglichkeit der schematischen Umsetzung in eine iterative Darstellung spart die repetitive Variante gegenüber der ursprünglichen auch noch viel Speicherplatz, da der Prozess der aufrufenden Funktion in diesem Fall unmittelbar nach dem Aufruf beendet werden und somit seinen Speicherplatz wieder freigeben kann. Im nicht-repetitiven Fall bleibt (schlimmstenfalls) *jeder* rekursiv aufgerufene Prozess bis zum Abschluss der gesamten Rechnung aktiv und verbraucht somit Speicherplatz für alle seine aktuellen Parameterwerte und lokale Variablen. Bei der Berechnung der Länge einer Liste mit n Elementen mit Hilfe der Funktion `length` müssten dann jeweils alle Reste der Liste über alle $n + 1$ Aufrufe hinweg aufbewahrt werden.

```
length([4, 3, 2]) = length([4, 3]) + 1 = (length([4]) + 1) + 1 =
((length(empty) + 1) + 1) + 1 = 0 + 1 + 1 + 1 = 3
```

Wenn man den Platzbedarf eines einzelnen Listenelementes mit a bezeichnet, benötigt man dafür (alleine für die Reste der Liste) Speicherplatz in der Größenordnung von an^2 mal dem Platzbedarf eines einzelnen Listenelementes:

1. Aufruf: $n \cdot a$
2. Aufruf: $(n - 1) \cdot a + n \cdot a$
...
n. Aufruf: $a + 2 \cdot a + \ldots + n \cdot a$
n+1. Aufruf: $0 + a + 2 \cdot a + \ldots + n \cdot a = a \cdot (1 + \ldots + n) =$
$a \cdot n \cdot (n + 1)/2 = a \cdot (n2 + n)/2$

Dazu ein Zahlenbeispiel: Die Anzahl der Kunden eines der größeren Telefonanbieters dürfte in der Größenordnung von etlichen Millionen liegen. Nehmen wir beispielsweise 50 Mio. an. Setzt man für eine Kundennummer einen Platzbedarf von 4 Byte an, dann benötigt man alleine für die (naive) Abzählung der Einträge der Kundenliste auf diese Weise Speicherplatz in der Größenordnung von 10^{16} Byte, das wären ca. 10000 Terabyte oder ca. 100.000. Festplatten mit 1 Terabyte Kapazität. Demgegenüber benötigt die eingebettete repetitiv-rekursive Variante für diese Aufgabe nur ca. 200 Mio. Byte, also ca. 200 MB und käme daher leicht mit dem Arbeitsspeicher eines heutzutage üblichen Rechners aus.

Im 5. Teil dieses Werkes zum Thema „Algorithmen und Datenstrukturen" werden Sie mehr über die Effizienz von Algorithmen hören insbesondere im Hinblick auf ihren Zeitbedarf.

12   Basisdatenstruturen

Am Ende der Ausführungen über die funktionale Sichtweise haben wir die Basisdatenstrukturen Liste, Warteschlange, Keller und Binärbaum vorgestellt. Nun wollen wir die *imperative* Implementierung dieser Datenstrukturen besprechen. Davor müssen wir allerdings ein Konzept einführen, das zur Realisierung von rekursiven Datenstrukturen mit imperativen Programmiersprachen notwendig ist, nämlich *Zeigervariable*.

12.1   Referenzen und Zeiger

Mit unseren funktionalen Sprachen FPPS bzw. HASKELL haben wir rekursive Datenstrukturen implementiert, indem wir jeweils eine rekursive Sortendeklaration angegeben und eine entsprechende Konstruktorfunktion definiert haben. Um die Frage, wie die Daten dann vom Rechner im Detail verwaltet werden, mussten wir uns in dieser Sichtweise nicht weiter kümmern. Leider ist solch eine Art der rekursiven Sortendefinition in imperativen Sprachen nicht möglich. Hier muss man üblicherweise wesentlich detaillierter vorgeben, wie der Rechner die Daten jeweils speichern und verwalten soll. Dazu benötigt man Mechanismen, mit denen man die einzelnen Datenelemente (Knoten) miteinander verketten kann, z. B. zu einer Liste. Einen solchen Mechanismus kann man mit Hilfe von *Referenzen* bzw. deren Speicherung in *Zeigervariablen* aufbauen.

Unter einer *Referenz* versteht man im allgemeinen einen Verweis auf Daten oder Programmkonstrukte. Das kann z. B. die Nummer der Zelle im Speicher des Rechners sein, ab der der Inhalt einer Variablen abgespeichert ist oder auch ein Alias-Name (d. h. eine alternative Bezeichnung) für eine Variable. In diesem Sinne kann man auch eine URL im Internet als Referenz auffassen. Man hat es immer dann mit einer Referenz zu tun, wenn man nicht mit dem Datenelement selbst arbeitet, sondern mit einem Verweis auf dessen Speicherort. In der objektorientierten Programmierung ist dies, wie wir im nächsten Teil sehen werden, sehr oft der Fall.

> **Definition 12.1**
>
> Eine *Zeigervariable*, genauer eine Variable vom Typ Zeiger (eng. *Pointer*) ist ein Behälter für eine Referenz. Das Auslesen des Wertes einer Zeigervariablen bezeichnet man daher als *dereferenzieren*.

Für C- bzw. C++-Programmierer sind Zeiger alltägliche Hilfsmittel. In diesen Sprachen muss man sie explizit erzeugen und freigeben (Zeiger sind in C++ beispielsweise durch ⋆ gekennzeichnet). Das ermöglicht hohe Flexibilität, verursacht aber leider auch eine Unzahl von Programmfehlern. Aus diesem Grund und aus Sicherheitsbedenken heraus lässt z. B. JAVA keine

explizite Zeigermanipulation zu. *Java* und einige andere Sprachen bietet zwar ebenfalls Zeiger-
strukturen, diese werden aber implizit verwaltet. Der Programmierer muss (und darf) sich nicht
selbst darum kümmern.

Um die Vorteile ebenso wie die Problematik von Zeigern zu verdeutlichen, werden wir nun ein
explizites Zeigerkonzept für die Pseudosprache IPPS einführen und damit einfach verkettete
Listen realisieren (vgl. Broy, 1998, Band 1).

Wir wollen das zunächst an einem kleinen Beispiel durchspielen. Dazu nehmen wir stark vereinfacht an, dass

1. alle Werte (sowohl die Adressen von Speicherzellen als auch die Werte der Datenelemente) jeweils in eine Speicherzelle passen und
2. dass wir direkt über ihre absolute Adresse auf alle benutzten Speicherzellen zugreifen
   können, weil zur Programmierzeit bekannt ist, welche Speicherzellen das Programm zur
   Laufzeit nutzen wird.

Beides ist in „realen" Situationen in der Regel nicht der Fall. Zunächst muss eine Zeigervariable
deklariert werden können. Die folgende Sortenvereinbarung erzeugt eine Zeigervariable x und
belegt ihren Wert (also die Nummer der Speicherzelle des Zieldatenelements) mit 105.

```
sort x = pointer int;
x = 1016;
```

Daraufhin können wir den Wert des Zieldatenelementes von x mit 10 belegen. Dazu verwenden
wir den Operator ↓ für die Dereferenzierung, der auf das Zieldatenelement von x zugreift:

```
x↓ := 10;
```

Die Situation nach diesen Anweisungen veranschaulicht Abbildung 12.1. Wir haben dabei angenommen, dass bei der Deklaration von x die Speicherzelle 1004 als Ort für diese Zeigervariable eingerichtet wurde. Diese Speicherzelle enthält dann als Wert die Nummer der Speicherzelle 1016, also eine Referenz auf das in Zelle Nr. 1016 enthaltene Datenelement 10, das mit
der letzten Anweisung dort gesetzt wurde.

Dieselbe Situation kann man schematischer wie in Abb. 12.2 gezeigt darstellen. Der Zeiger
wird dabei durch einen Pfeil dargestellt.

Wie oben schon erwähnt, kann man auf die Werte der Datenzellen, auf die Zeiger verweisen,
mit Hilfe des *Dereferenzierungsoperators* ↓ zugreifen. Mit Hilfe der Prozedur `output` kann
man damit z. B. den von x referenzierten Wert 10 auf der Standardausgabe ausgegeben:

```
... output(x↓); ...
```

Mit dem Wert **null** einer Zeigervariablen symbolisieren wir die Tatsache, dass Ihr Inhalt *keinen sinnvollen Wert* hat, d. h. nicht den Speicherbereich einer Variablen beschreibt. Das Dereferenzieren eines **null**-Pointers hat einen Fehler zur Folge, da dieser Verweis nicht auf eine
Speicheradresse zeigt. Nun wollen wir ein etwas schwierigeres Beispiel durchspielen, das bereits als Vorbereitung auf die objektorientierte Sicht des folgenden Teils angesehen werden
kann. Wir wollen eine Datenstruktur `name` aufbauen, die zwei variablen `first` (für den Vor-
namen) und `last` (für den Nachnamen) kombiniert und diese über Zeiger verwalten. Dazu
sind die folgenden Sortendeklarationen nötig:

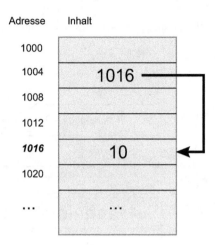

Abb. 12.1: *Eine Zeigervariable und ihr Zieldatenelement 10 im Arbeitsspeicher*

Abb. 12.2: *Schematische Darstellung eines Zeigers*

```
sort pname = pointer name;

sort name = record
  string first;
  string last;
end;
```

Eine Deklaration der Form `pname familie;`

erzeugt dann eine Zeigervariable mit dem Bezeichner `familie`. Allerdings wird damit lediglich der Speicherplatz für eine *Referenz* auf einen Verbund der Sorte `name` angelegt, nicht für einen Verbund *selbst*.

Für die Einrichtung des Verbunds selbst benötigen wir eine spezielle Funktion, die wir mit **generate** bezeichnen. Mit der Anweisung **generate**(`familie`) wird der Zielbereich der Zeigervariablen `familie` angelegt und ihr die Adresse der ersten Speicherzelle dieses Bereichs als Wert zugewiesen. In unserem Fall wird dabei aus dem von der Laufzeitumgebung verwalteten Pool freier Speicherplätze ein Verbund für den Typ `name` angelegt, in dem dann wiederum die beiden Variablen `first` und `last` eingerichtet werden. Die erste Adresse dieses Bereichs wird an `familie` zugewiesen. Danach kann man über Dereferenzierung von `familie` auf die Komponenten des Verbunds `name` zugreifen:

```
familie↓.first := "Hannelore";
familie↓.last := "Grassl";
```

Abbildung 12.3 zeigt die Speicherbelegung nach diesen Anweisungen.

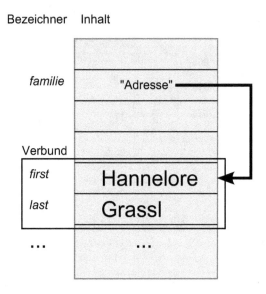

Abb. 12.3: *Speicherbelegung für* `familie` *und dessen Zielbereich*

Neben dem Anlegen sollte man die reservierten Speicherbereiche auch wieder löschen können. Hier gibt es grundsätzlich zwei unterschiedliche Herangehensweisen. Bei einer *manuellen Speicherverwaltung* wie sie etwa C und C++ besitzen, muss der Programmierer tatsächlich selbst explizit entscheiden, wann ein Speicherbereich wieder freigegeben werden soll. Vergisst man dies, bleibt der Speicher bis zum Ende des Programms reserviert. Das ist besonders problematisch, wenn ein Unterprogramm Speicher reserviert und nicht wieder freigibt. Ein wiederholtes Aufrufen des Unterprogramms kann dann dazu führen, dass der Speicher voll läuft und das Programm abgebrochen wird. Um solche *Speicherlecks* von vorne herein auszuschließen gibt es auch Sprachen (etwa JAVA oder RUBY), die eine *automatische Speicherverwaltung* besitzen. Dabei muss man als Programmierer lediglich neuen Speicher reservieren. Die Freigabe erfolgt automatisch, sobald auf einen reservierten Bereich keine Referenz mehr existiert. In diesem Fall kann der Bereich aus dem Programm heraus nicht mehr erreicht werden und der Speicher kann damit freigegeben werden. Wir nehmen für unsere Sprache IPPS ebenfalls die Existenz einer automatischen Speicherverwaltung an.

Zeigervariable erlauben auch, die bisher in IPPS durch das Schlüsselwort **var** klar spezifierte „call-by-reference" zu umgehen. Wird ein Zeiger an eine Funktion oder Prozedur übergeben, so kann diese direkt den vom Zeiger referenzierten Wert verändern und arbeitet nicht wie bei Übergabe des Wertes(„call-by-value") mit einer Kopie. Manche Sprachen bieten daher Formalismen an, um zu kennzeichnen, dass eine übergebene Referenz *nicht* verändert wird.

Im Anschluss wollen wir unter Verwendung von Zeigervariablen unsere rekursiven Basisdatenstrukturen in imperativen Sprachen implementieren.

12.2   Listen

Zur Erinnerung beschreiben wir noch einmal die Operationen, die wir bereits in der funktionalen Sicht für die Liste implementiert haben:

length: Die Länge der Liste ermitteln
append: Ein Element (vorne) an eine Liste anhängen
elementAt: Das Element an einer gegebenen Position zurückliefern
remove: Ein Element (vorne) von der Liste entfernen

12.2.1   Verkettete Liste

Das Zeigerkonzept erlaubt es uns nun, Listen auch imperativ darzustellen. Zum Vergleich wollen wir zuerst an die funktionale Definition der Sorte `List` erinnern:

```
sort list<T> = empty or record T head; list<T> rest; end
```

In der imperativen Sicht wird daraus folgende Sortendefinition:

```
sort listElement = pointer linkedListElement;
sort linkedListElement = record
  nat item;
  listElement next;
end;

sort list = pointer linkedList;
sort linkedList = record
  listElement head;
end;
```

Die Elemente der Liste werden also *verschränkt rekursiv* definiert mit Hilfe der Zeigervariable `listElement` auf den Datencontainer `linkedListElement`, der wiederum jeweils einen konkreten Wert vom Typ **nat** speichert (`item`) und mithilfe einer Zeigervariablen auf ein weiteres, gleichartiges Element verweist (`next`). Der Zeiger `next` des letzten Elements der Liste hat den Wert **null**. Man nennt diese Art der Implementierung auch *einfach verkettete Liste*, da ein Element immer nur eine Referenz auf seinen *Nachfolger* enthält. Man kann diese Art von Liste daher nur von vorne nach hinten durchlaufen. Man könnte die Listenelemente auch noch zusätzlich mit einem Zeiger auf den *Vorgänger* ausstatten. Solche *doppelt verketteten Listen* werden wir im nächsten Teil objektorientiert implementieren.

Wozu benötigt man neben `linkedListElement` auch noch den Typ `linkedList`? Prinzipiell könnte man eine Liste auch nur durch einen Verweis auf ihr erstes Element speichern. Allerdings könnte man dann z. B. nicht ohne Weiteres das erste Element der Liste entfernen, da dieses ja den Zugriff erst ermöglicht. Es ist daher zweckmäßig, noch einen eigenen Typ `linkedList` zu definieren, dessen einzige Aufgabe es ist, den Verweis auf das erste Element der Liste in `head` zu speichern. Wir werden allerdings im nächsten Abschnitt die Warteschlange und den Keller ohne diesen Zusatz implementieren, um die Unterschiede innerhalb der Operationen zu verdeutlichen.

Beispiel 12.1

Das folgende Codefragment erzeugt die Liste `zahlen = [3, 4, 1]` erzeugen. Durch „Verkettung" wird dabei immer wieder ein weiteres Element an die Liste angehängt.

```
...
var list zahlen;

begin
generate(zahlen);
generate(zahlen↓.head);
zahlen↓.head↓.item := 3;
generate(zahlen↓.head↓.next)
zahlen↓.head↓.next↓.item := 4;
generate(zahlen↓.head↓.next↓.next)
zahlen↓.head↓.next↓.next↓.item := 1;
...
end.
```

Natürlich ist dieses „manuelle" Anlegen von Listen sehr mühsam und daher in einer Anwendung realer Größe (und damit Komplexität!) oft gar nicht möglich. Schließlich kennt man vor der Ausführung meist nicht die genaue Anzahl und die konkreten Werte der zu speichernden Elemente. Würde man diese kennen, könnte man die Elemente auch einfach in einem Feld speichern. Es ist ja gerade die Stärke der Liste, dass sie dynamisch wachen kann. Dafür gibt es die folgenden Operationen auf Listen. Die Operation `length` erhält als Parameterwert eine Referenz auf eine Liste und ermittelt deren Länge, indem so lange den `next`-Verweisen gefolgt und dabei mitgezählt wird, bis das Ende dieser Liste erreicht ist.

```
function length (list liste): nat
var nat ergebnis;
var listElement aktuell;
begin
  ergebnis := 0;
  aktuell := liste↓.head;
  while aktuell↓ ≠ null do
    ergebnis := ergebnis + 1;
    aktuell := aktuell↓.next;
  endwhile
  return ergebnis;
endfunc
```

Für die Implementierung von `append` und `remove` nützen wir „call-by-reference". Damit können die Operationen die Liste direkt verändern und wir müssen nicht mehr den umständlichen Weg über die Rückgabe wie bei der funktionalen Implementierung nehmen.

```
procedure append (list liste, nat wert)
var listElement neu
begin
```

```
   generate(neu);
   neu↓.item := wert;
   neu↓.next := liste↓.head;
   liste↓.head := neu;
endproc

procedure remove (list liste)
begin
   if liste↓.head = null
      output "Liste ist leer!";
   else
      liste↓.head := liste↓.head↓.next;
   endif
endproc
```

append legt zunächst ein neues Listenelement an. In diesem speichern wir den übergebenen Wert sowie den Verweis auf das bisherige erste Listenelement. Dann können wir das erste Element der Liste anpassen und den Verweis auf das neu erzeugte erste Element setzen. Damit ist die Liste vorne um ein Element angewachsen.

Zum Entfernen des ersten Elements prüfen wir zunächst, ob die Liste leer ist, um ggf. einen Laufzeitfehler abzufangen. Andernfalls setzen wir den Verweis auf den Nachfolger des bisherigen ersten Listenelements. Das erste Element wird damit aus der Liste entfernt, da in der Liste kein Verweis mehr darauf existiert.

Die letzte noch fehlende Operation elementAt durchwandert die Liste bis zur übergebenen Position (die Zählung soll bei 1 beginnen):

```
function elementAt (list liste, nat position): nat
var listElement aktuell;
var nat i;
begin
   aktuell := liste↓.head;
   for i := 1 to (position-1) do
      aktuell := aktuell↓.next;
   endfor
   return aktuell↓.item;
endfunc
```

Hierbei verzichten wir auf die Abfrage, ob die Liste überhaupt lang genug ist. Eine tatsächliche Implementierung sollte diesen Fehler erkennen und abfangen, zum Beispiel durch einen Vergleich der übergebenen Position mit dem Ergebnis der Funktion length.

Beispiel 12.2

Nun folgt ein Beispiel, in dem das Zusammenspiel aller dieser Operationen gezeigt wird. Wir nehmen an, dass bereits eine Liste wie in Abb.12.4 angelegt, und in der Variablen liste gespeichert ist. Abb. 12.4 zeigt, wie die einzelnen Listenelemente jeweils aufeinander verweisen. Wenn wir die Operation length(liste) aufrufen, wird die lokale Variable aktuell zuerst auf den Listenkopf, also dem Element mit dem gespeicherten Wert

5 gesetzt und `ergebnis` mit 0 initialisiert. Danach wird die **while**-Wiederholung vier-mal ausgeführt, wobei jeweils der Wert von `ergebnis` um 1 erhöht wird. Der Wert von `aktuell` verweist dabei im Laufe der Ausführung nacheinander auf alle Elemente der Liste, da jedes Mal über den `next` Verweis ein Element in der Liste vorangeschritten wird. Nach dem vierten Durchlauf ist der Wert von `aktuell` dann **null**, da `next` im letzten Ele-ments den Wert **null** hat. Die Wiederholung bricht ab und liefert den aktuellen Wert 4 von `ergebnis` zurück.

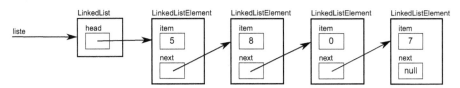

Abb. 12.4: *Verkettete Liste mit vier Elementen*

Wenn wir die Operation `append(liste, 9)` aufrufen, wird zunächst ein isoliertes neu-es Listenelement im Speicher angelegt. Dieses bekommt als `item`-Wert 9 gesetzt. Die Re-ferenz `next` zeigt auf den bisherigen Listenkopf (das Listenelement mit dem Wert 5). Ab-schließend wird `head` der Liste aktualisiert und zeigt jetzt auf das neu angelegte Element. Das Ergebnis ist in Abb. 12.5 zu sehen.

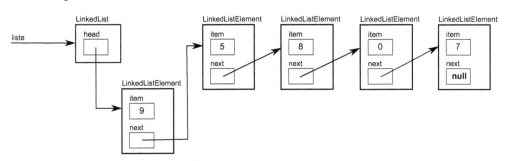

Abb. 12.5: *Liste nach dem Einfügen von einem neuen Element*

Rufen wir `remove(liste)` auf, um die letzte Operation rückgängig zu machen, wird einfach nur der `head` Verweis der bisherigen Liste über head↓.`next` auf das ehemals 2. Element gesetzt. Damit erzeugt man die (auf den ersten Blick etwas eigenartige) Struktur, die in Abb. 12.6 dargestellt ist.

Allerdings ist in dieser Situation das Listen Element, das die 9 speichert nicht mehr aus der Liste heraus zu erreichen (da es keine Referenz auf dieses Element mehr gibt). Daher wird das Element von der automatischen Speicherverwaltung gelöscht werden und die Liste sieht wieder aus, wie eigentlich erwartet.

Da wir bisher noch keine Typisierung von Datenstrukturen in der imperativen Sicht zugelassen haben (und es sie dort üblicherweise auch nicht gibt) ist der Typ der in der Liste gespeicherten Daten (in diesem Fall **nat**) fest in die Deklaration eingebaut.

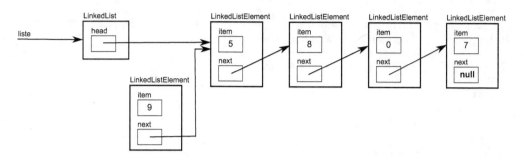

Abb. 12.6: Liste nach dem Löschen des ersten Elements.

12.3   Warteschlange und Keller

Nachdem wir in der funktionalen Sicht den Kellerspeicher auf der Basis der Liste implementiert hatten, werden wir das in dieser Sicht ebenso handhaben. Zudem liefern wir nun auch eine Implementierung für die Warteschlange nach. Zur Erinnerung: Die Warteschlange besitzt die Operationen count, enqueue und dequeue, wobei letztere das Element zurückgibt, das sich bereits am Längsten in der Warteschlange befindet. Der Keller besitzt die Operationen count, push und pop. Letztere gibt das Element zurück, das am Kürzesten in der Datenstruktur verweilt hat. Die beiden Sorten werden ähnlich zur Liste implementiert:

```
sort stack = pointer lifo;
sort lifo = record
  nat item;
  stack next;
end;

sort queue = pointer fifo;
sort fifo = record
  nat item;
  queue next;
end;
```

Die Funktion count funktioniert genau wie die Funktion length der Liste. Insbesondere ist die Implementierung für Stack und Queue genau gleich, lediglich die Datentypen müssen angepasst werden. Wir geben die Version für den Stack an:

```
function count(stack keller): nat
var nat ergebnis := 0;
var stack aktuell := keller;
begin
  while aktuell↓.next != null do
    ergebnis := ergebnis + 1;
    aktuell := aktuell↓.next;
  endwhile
  return ergebnis;
endfunc
```

push und pop funktionieren ähnlich wie append und remove bei der Liste, mit der Ausnahme, dass pop den entfernten Wert auch noch zurückliefert.

```
procedure push(stack keller, nat wert)
var stack neu;
begin
  generate(neu);
  neu↓.item := keller↓.item;
  neu↓.next := liste↓.next;
  keller↓.item := wert;
  keller↓.next = neu;
endproc

function pop(var stack keller): nat
var nat wert
begin
if keller = null
  output("Stack ist leer!");
else
  wert = keller↓.item;
  if keller↓.next ≠ null
    keller↓.item := keller↓.next↓.item;
    keller↓.next := keller↓.next↓.next;
  else
    keller := null;
  endif
endif
return wert;
endfunc
```

Was passiert, wenn man die Funktion pop auf einem Stack mit nur noch einem Element aufruft? Die Funktion soll auf jeden Fall den Wert zurückgeben, aber das Element kann nur dadurch entfernt werden, dass der ganze Stack gelöscht (die Zeigervariable auf **null** gesetzt) wird. Das heißt es muss sich ggf. der Wert der Variablen keller ändern. Da die bevorzugte Möglichkeit, dies über die Rückgabe der Funktion zu handhaben nicht möglich ist (da sie bereits den Wert des entfernten Elements zurückgibt) muss keller als Ergebnisparameter übergeben werden. Für die Warteschlange ändert sich nur das Einfügen: Das Element wird nun nicht mehr am Anfang eingefügt, sondern an das Ende der verketteten Liste angehängt. Deswegen muss die Operation zunächst die Verweiskette bis zum Ende entlang laufen und dort ein neu angelegtes Element anhängen.

```
procedure enqueue(queue schlange, nat wert)
var queue neu, aktuell;
begin
  aktuell := keller;
  while aktuell↓.next != null do
    aktuell := aktuell↓.next;
  endwhile
  generate(neu);
```

```
  neu↓.item := wert;
  neu↓.next := null;
  aktuell↓.next = neu;
endproc
```

Der Vollständigkeit halber hier noch die Implementierung der Operation dequeue, die genau wie pop funktioniert:

```
function dequeue(var queue schlange): nat
var nat wert
begin
  if schlange = null
    output("Queue ist leer!");
  else
    wert = schlange↓.item;
  if schlange↓.next ≠ null
    schlange↓.item := schlange↓.next↓.item;
    schlange↓.next := schlange↓.next↓.next;
  else
    schlange := null;
  endif
  endif
  return wert
endfunc
```

Für die Datenstruktur Keller wollen wir im folgenden Abschnitt noch eine konkrete Anwendung beleuchten.

12.3.1 Rekursion und Kellerspeicher

In Kapitel 11 haben wir bereits die Umsetzung von linearer Rekursion in imperativen Programmen behandelt. Leider sind aber nicht alle rekursiven Funktionen linear rekursiv, also durch Einbettung repetitiv darstellbar und somit schematisch in eine iterative Form zu bringen. Für *kaskadierend* (siehe 6.3.2), *vernestet* (siehe 6.3.3) oder *verschränkt* (siehe 6.3.4) *rekursive* Funktionen kann man auf ein allgemeineres Konzept zur Umwandlung von Rekursion in Iteration zurückgreifen, das übrigens auch auf Maschinenebene dafür angewandt wird: Man speichert zum Zeitpunkt eines rekursiven Aufrufs alle Variablenwerte des aufrufenden Prozesses in einem Kellerspeicher ab. Dann kann man diese Werte nach der Beendigung des aufgerufenen Prozesses wieder abholen und weiterverwenden. Dafür benötigt man eine Datenstruktur wie den Keller, der nach dem Prinzip „last-in-first-out" (LIFO) arbeitet. Denn bei einer Schachtelung rekursiver Aufrufe wird nach der Terminierung der Rekursion ja der aufrufende Prozess (dessen Werte *zuletzt* abgelegt wurden) *zuerst* fortgesetzt:

```
function rek(...): ...
  //Alle Variablenwerte speichern
  //Berechnung gemäß der Rekursionsvorschrift
  //Alle Variablenwerte zurückholen
endfunc
```

Leider wird die Semantik der beiden Kelleroperationen push und pop in der Literatur nicht
einheitlich festgelegt, vor allem hinsichtlich pop: Mal handelt es sich um eine Funktion, mal
um eine Prozedur. Mal wird der Rest des Kellers nach Entfernen des Elementes zurückgeliefert,
mal das entfernte Element. In letzterem Fall wird das Element mal vom Keller entfernt, mal
auch wieder nicht. Wir halten uns hier an die oben implementierte Variante, die das Element
entfernt und zurückgibt. Damit verfügen wir über alle Hilfsmittel, um jede rekursive Funktion in
iterativer Form zu schreiben, sogar vernestet rekursive Funktionen wie die Ackermannfunktion.
Dazu wiederholen wir zunächst deren rekursive Darstellung aus Abschnitt 6.3.3:

```
function acker(nat m, nat n): nat
  return if m = 0 then n + 1
              else if n = 0 then acker(m-1, 1)
                      else acker(m-1, acker(m, n-1))
```

Die äquivalente iterative Formulierung lautet dann:

```
function ackerit(nat m, nat n): nat
var nat mvar := m, nvar := n;
var stack k;
begin
  generate(k);
  push(k, mvar);
  push(k, nvar);
  while  k↓.next ≠ null do
        nvar := pop(k);
        mvar := pop(k);
        if mvar = 0 then
          push(k, nvar+1)
        else
          if nvar = 0 then
              push(k, mvar-1);
              push(k, 1)
          else
              push(k, mvar-1);
              push(k, mvar);
              push(k, nvar-1)
          endif
        endif
  endwhile
  return k↓.item
endfunc
```

Hier werden also nur die Parameterwerte sowie das Ergebnis im Terminierungsfall (n+1 falls
m = 0) in der richtigen Reihenfolge auf dem Keller abgelegt und wieder abgeholt.

Beispiel 12.3

Zur Illustration soll ein kleines Zahlenbeispiel dienen:

```
acker(1, 2) =
acker(0, acker(1, 1)) =
acker(0, acker(0, acker(1, 0))) =
acker(0, acker(0, acker(0, 1))) =
acker(0, acker(0, 2)) =
acker(0, 3) =
4.
```

Der entsprechende Ablauf von `ackerit` sieht dann so aus:

Anweisung(en)	mvar	nvar	Keller
push(k, 1); push(k, 2);	1	2	[2, 1]
nvar :=; pop(k);mvar := pop(k);	1	2	[]
push(k, mvar{k); push(k, mvar);	1	2	[1, 1, 0]
push(k, nvar{1;)			
nvar := pop(k); mvar := pop(k);		1	[0]
push(k, mvar{1); push(k, mvar);	1	1	[0, 1, 0, 0]
push(k, nvar{1);			
nvar := pop(k); mvar := pop(k);	1	0	[0, 0]
push(k, mvar{1); push(k, 1);	1	0	[1, 0, 0, 0]
nvar := pop(k); mvar := pop(k);	0	1	[0, 0]
push(k, nvar+1);	0	1	[2, 0, 0]
nvar := pop(k); mvar := pop(k);	0	2	[0]
push(k,nvar+k);	0	2	[3, 0]
nvar := pop(k); mvar := pop(k);	0	3	[]
push(k, nvar+1);	0	3	[4]

Tabelle 12.1: Der Ablauf der iterativ implementierten Ackermann-Funktion

Schließlich terminiert der Algorithmus wegen $k\downarrow.\text{next}$ = **null** und liefert als Ergebnis: $k.\text{item}$ = 4.

Als weiteres Beispiel für eine iterative Darstellung mittels eines Kellers soll unsere kaskadierende Funktion zur Berechnung der Binomialkoeffizienten aus Abschnitt 6.9.2 dienen:

```
function bn (nat n, nat k): nat
  return if n = 0 or k = 0 or k = n then 1
         else bn(n-1, k-1) + bn(n-1, k)
```

Die iterative Variante lautet:

```
function bnit(nat n, nat k): nat
var nat nvar := n, kvar := k, result := 0;
var stack kel;
```

```
begin
  generate(kel);
  push(kel, nvar);
  push(kel, kvar);
  while kel↓.next ≠ null do
    kvar := pop(kel);
    nvar := pop(kel);
    if nvar = 0 or kvar = 0 or kvar = nvar then
      result := result + 1;
    else
      push(kel, nvar-1); push (kel, kvar-1);
      push(kel, nvar-1); push (kel, kvar);
    endif
  endwhile
  return result;
endfunc
```

Dieser Algorithmus legt also wiederum die Parameterwerte auf den Stack (und holt sie natürlich auch zu gegebener Zeit wieder ab), addiert jedoch zusätzlich die Ergebnisse in den Terminierungsfällen (n = 0 oder k = 0 oder n = k) in der Variablen result zum Ergebnis auf.

Beispiel 12.4

Auch diesen Ablauf wollen wir anhand eines Zahlenbeispiels veranschaulichen:

```
bn(4, 2) = bn(3, 2) + bn(3, 1) = bn(2, 2) + bn(2, 1) +
bn(2, 1) + bn(2, 0) = 1 + bn(1, 1) + bn(1, 0) + bn(1, 1) +
bn(1, 0) + 1 = 1 + 1+ 1 + 1 + 1 + 1 = 6
```

Der Algorithmus terminiert wegen kel↓.next ≠ **null** und liefert als Ausgabe: result = 6.

12.4   Der Binärbaum

Auch bei der imperativen Implementierung des Binärbaums werden wir Zeiger verwenden, um die Verkettung der Elemente im Speicher abzubilden.

Ähnlich wie bei der Liste definieren wir zunächst die Sorte des Binärbaums „zweiteilig" mit einer Zeigervariablen und einem Verbund:

```
sort tree = pointer binTree;
sort binTree = record
  nat element;
  tree leftChild;
  tree rightChild;
end;
```

Anweisung(en)	nvar	kvar	result	Keller
`result := 0;`	4	2	0	$[2, 4]$
`push(kel, nvarl); push(kel, kvar);`				
`kvar := pop(kel); nvar := pop(kel);`	4	2	0	$[]$
`push(kel, nvar{1);`	4	2	0	$[2, 3, 1, 3]$
`push (kel, kvar{1);`				
`push(kel, nvar{1);`				
`push (kel, kvar);`				
`kvar := pop(kel); nvar := pop(kel);`	3	2	0	$[1, 3]$
`push(kel, nvar{1);`	3	2	0	$[2, 2, 1, 2, 1, 3]$
`push (kel, kvar{1);`				
`push (kel, nvar{1);`				
`push (kel, kvar);`				
`kvar := pop(kel); nvar := pop(kel);`	2	2	0	$[1, 2, 1, 3]$
`result := result + 1;`	2	2	1	$[1, 2, 1, 3]$
`kvar := pop(kel); nvar := pop(kel);`	2	1	1	$[1, 3]$
`push(kel, nvar{1);`	2	1	1	$[1, 1, 0, 1, 1, 3]$
`push (kel, kvar{1);`				
`push(kel, nvar{1);`				
`push (kel, kvar);`				
`kvar := pop(kel);`	1	1	1	$[0, 1, 1, 3]$
`nvar := pop(kel);`				
`result := result + 1;`	1	1	2	$[0, 1, 1, 3]$
`kvar := pop(kel); nvar := pop(kel);`	1	0	2	$[1, 3]$
`result := result + 1;`	1	0	3	$[1, 3]$
`kvar := pop(kel); nvar := pop(kel);`	3	1	3	$[]$
`push(kel, nvar{1);`	3	1	3	$[1, 2, 0, 2]$
`push (kel, kvar{1);`				
`push(kel, nvar{1);`				
`push (kel, kvar);`				
`kvar := pop(kel); nvar := pop(kel);`	2	1	3	$[0, 2]$
`push(kel, nvar{1);`	2	1	3	$[1, 1, 0, 1, 0, 2]$
`push (kel, kvar{1);`				
`push(kel, nvar{1);`				
`push (kel, kvar);`				
`kvar := pop(kel); nvar := pop(kel);`	1	1	3	$[0, 1, 0, 2]$
`result := result + 1;`	1	1	4	$[0, 1, 0, 2]$
`kvar := pop(kel); nvar := pop(kel);`	1	0	4	$[0, 2]$
`result := result + 1;`	1	0	5	$[0, 2]$
`kvar := pop(kel); nvar := pop(kel);`	2	0	5	$[]$
`result := result + 1;`	2	0	6	$[]$

Tabelle 12.2: Der Ablauf der iterativ implementierten Binomial-Funktion

Neben der bereits implementierten Operation count wollen wir in dieser Sicht noch einige weitere Operationen hinzufügen:

count: Die Anzahl an Elementen des Baumes zählen
find: Den Baum nach einem gegebenen Element durchsuchen
merge: Zwei Binärbäume zu einem einzigen Baum verschmelzen

Mit diesen Operationen können wir den Binärbäumen tatsächlich auch einsetzen. Insbesondere lässt sich ein Baum mithilfe der Operation `merge` Stück für Stück aufbauen. Hierfür werden wir rekursive Funktionen definieren, da sie eine einfache und elegante Implementierung der Operationen ermöglichen.

Die Funktion `count` wird strukturell sehr ähnlich zur funktionalen Sicht aufgebaut. Man durchläuft den Baum rekursiv und zählt beginnend bei den Blättern die Elemente, die dabei immer addiert werden. Das verdeutlicht noch einmal, wie elegant eine rekursiv definierte Datenstruktur und eine entsprechende rekursive Funktion ineinandergreifen können.

```
function count(tree baum): nat
begin
  if baum = null
    return 0;
  else
    return 1 + count(baum↓.leftChild) +  count(baum↓.rightChild);
  endif
endfunc
```

Die Operation `find` funktioniert sehr ähnlich. In jedem rekursiven Aufruf überprüft man zunächst, ob das aktuelle Element das gesuchte ist. Falls ja, ist die Suche erfolgreich beendet. Ansonsten wird sie rekursiv bei den Kindern fortgesetzt – falls diese existieren.

```
function find(tree baum, nat element): bool
var bool ergLinks, ergRechts;
begin
  if baum = null then
    return false;
  endif
  if baum↓.element = element
    return true;
  else
    ergLinks := false;
    ergRechts := false;
    if baum↓.leftChild ≠ null
      ergLinks := find(baum↓.leftChild);
    endif
    if baum↓.rightChild ≠ null
      ergRechts := find(baum↓.rightChild);
    endif
    return ergLinks or ergRechts;
  endif
endfunc
```

Die Operation `merge` bekommt zwei Bäume übergeben und erstellt daraus einen neuen Baum, dessen linkes und rechtes Kind die beiden übergebenen Bäume werden. Zusätzlich muss noch das Element der neu entstandenen Baumwurzel mit einem Wert belegt werden. Dazu muss man der Funktion diesen Wert übergeben.

```
function merge(tree links, tree rechts, nat element): tree
var tree neuerBaum;
begin
  generate(neuerBaum);
  neuerBaum↓.element := element;
  neuerBaum↓.leftChild := links;
  neuerBaum↓.rightChild := rechts;
  return neuerBaum;
endfunc
```

Beispiel 12.5

Sehen wir uns nun an einem Beispiel an, wie man mit dieser Funktion merge den in Abbildung 12.7 dargestellten Baum schrittweise aufbauen kann:

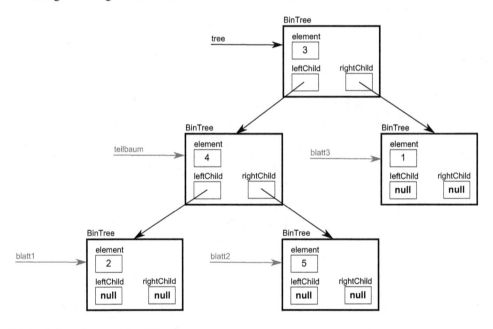

***Abb. 12.7:** Binärbaum mit fünf Elementen*

Zunächst erzeugen wir die Blätter mit den Werten 2 und 5 und verschmelzen diese zu einem Teilbaum. Dann erstellen wir das 3. Blatt mit dem Wert 1 und verschmelzen dieses mit dem neuen Teilbaum zu dem Gesamtbaum:

```
...
var tree blatt1, blatt2, blatt3, teilbaum, baum;
begin
  blatt1 := merge(null, null, 2);
  blatt2 := merge(null, null, 5);
  teilbaum = merge(blatt1, blatt2, 4);
  blatt3 := merge(null, null, 1);
  baum := merge(teilbaum, blatt3, 3);
...
```

IV Objektorientierte Sicht

13 Objektorientierte Modellierung

In der *objektorientierten Sicht* geht es, wie der Name vermuten lässt, vor allem um *Objekte*. In der realen Welt sind Objekte für uns tatsächlich greifbare Gegenstände (wie etwa ein Buch) oder auch abstrakte Konstrukte (z.B. der Absatz eines Briefs). Objekte sind charakterisiert durch ihre *Eigenschaften*, wie z.B. ein Buch durch Titel, Autor, Verlag, Erscheinungsort und Erscheinungsjahr. Welche Eigenschaften sind charakteristisch für ein Objekt? Das davon ab, um welches spezielle Objekt es dabei geht. So macht die Eigenschaft „Verlag" zwar für ein Buch oder eine Zeitschrift Sinn, weniger aber für ein Automobil. Die charakteristischen Eigenschaften sind also von der Art des Objekts abhängig.

In der *objektorientierten Modellierung* (OOM) bzw. *Programmierung* (OOP) teilt man Objekte je nach ihren charakteristischen Eigenschaften (und auch ihren Fähigkeiten, wie wir später sehen werden) in *Klassen* ein. Eine *Klasse* beschreibt,

1. welche Eigenschaften und
2. welche Fähigkeiten

ihre Objekte aufweisen.

Die Eigenschaften nennt man *Attribute*. Für jedes Attribut legt man einen *Bezeichner* und einem *Datentyp* fest. Das Verhalten modelliert man in Form von *Methoden*, die analog zu Funktionen oder Prozeduren *Parameterwerte* übernehmen, ggf. *Werte* zurückgeben oder auf die Daten des jeweiligen Objektes zugreifen können. Grafisch kann man eine Klasse durch eine *Klassenkarte* beschreiben. Im ersten Kapitel haben wir als Beispiel für ein System ein online Reise-Buchungssystems genannt. Wenn wir dieses objektorientiert Modellieren, kommen wir vermutlich auf eine Klasse `Kunde` (mit einigen sinnvollen Attributen und Methoden). Diese können wir wie in Abbildung 13.1 gezeigt darstellen:

Kunde
Vorname : String Nachname : String Adresse : String Alter : int Stammkunde : boolean
holeAnschrift() : String ändereAnschrift(neueAnschrift: String) istStammkunde() : boolean

Abb. 13.1: Klassenkarte für die Klasse Kunde

Ganz oben steht der Bezeichner der Klasse und darunter die Attribute, bei denen Datentyp und Bezeichner durch einen Doppelpunkt getrennt werden. Ganz unten werden die Methoden aufgeführt. Sie haben jeweils einen Bezeichner und auf jeden Fall ein Klammerpaar. Darin stehen ggf. Parameter, die genauso deklariert werden wie Attribute. Ein Rückgabetyp, falls vorhanden, steht ebenfalls per Doppelpunkt abgetrennt am Ende der Methodendeklaration.

Diese Darstellung folgt den Konventionen der UML (Unified Modeling Language), die eine streng definierte grafische Syntax besitzt und sich weltweit als Standard unter den Modellierungssprachen in der Informatik etabliert hat.

Für die Modellierung komplexerer Sachverhalte kommt man meist nicht mehr mit Objekten eines bestimmten Typs aus, weil man Objekte mit unterschiedlichen Eigenschaften bzw. Fähigkeiten benötigt. Daher hat man es üblicherweise mit mehreren Klassen von Objekten zu tun. Das würde allerdings wenig Sinn machen, wenn es keine Beziehungen zwischen den Objekten verschiedener Klassen geben würde. So kann ein Objekt einer bestimmten Klasse *Teil* eines Objektes einer anderen Klasse sein (z. B. ist ein Rad Teil eines Automobils), die Daten eines anderen Objektes *nutzen* (z. B. ein Berater die Telefonnummer eines Kunden) oder Methoden eines anderen Objektes *ausführen* (z. B. ein Kunde die Methode überweisen eines Online-Kontos).

Beim Entwurf eines Systems weiß man allerdings in der Regel noch nicht, welche Objekte zur Laufzeit *existieren* werden, z. B. welche Kunden eine Online-Bank später haben wird. Daher zeichnet man die Beziehungen zwischen (potenziellen) Objekten in der Regel in *Klassendiagramme* ein, die zudem eine übersichtlichere Darstellung ermöglichen.

Für die Entwicklung eines Warenmanagementsystems bietet es sich beispielsweise an, die Klassen Kunde, Warenkorb oder Artikel zu definieren (siehe Abbildung 13.2). Dabei gehört ein Objekt der Klasse Warenkorb immer zu (genau) einem Objekt der Klasse Kunde. Umgekehrt kann jedes Objekt der Klasse Kunde auch immer nur einem aktiven Objekt der Klasse Warenkorb zugeordnet werden. Diese beiden Objekte stehen daher zueinander in einer *1:1 Beziehung*.

Um die Argumentation übersichtlicher zu gestalten, kürzen wir im Folgenden öfter Aussagen nach dem Schema „ein Objekt der Klasse XY" ab durch „ein XY". Ein Warenkorb ist entweder leer oder mit einem oder mehreren verschiedenen Artikeln gefüllt. Umgekehrt kann ein Artikel aber auch in mehreren Warenkörben liegen. In der realen Welt geht das zwar nicht, aber in einem Online-Verkaufssystem wird die Ware üblicherweise erst beim Gang durch die virtuelle „Kasse" einer Bestellung zugeordnet. Ein Warenkorb kann also keinem, einem oder mehreren Artikeln zugeordnet werden und ein Artikel umgekehrt keinem, einem oder mehreren Objekten der Klasse Warenkorb. Das Symbol „*" drückt aus, dass die Objekte einer Klasse mit keinem, einem oder beliebig vielen Objekten einer anderen Klasse in Beziehung stehen können. Mehr dazu und zu Klassendiagrammen im nächsten Kapitel.

In der Objektorientierten Modellierung, bzw. der Software-Technik wird üblicherweise zwischen verschiedenen Phasen der Modellierung unterschieden, die jeweils ein eigenes Modell liefern:

Analysemodell: Hier stehen hauptsächlich die Objekte im Vordergrund, die man in einem Softwaresystem *abbilden* möchte. Häufig sind das Objekte der realen Welt. Also beispielsweise die Klasse Kunde des obigen Beispiels.

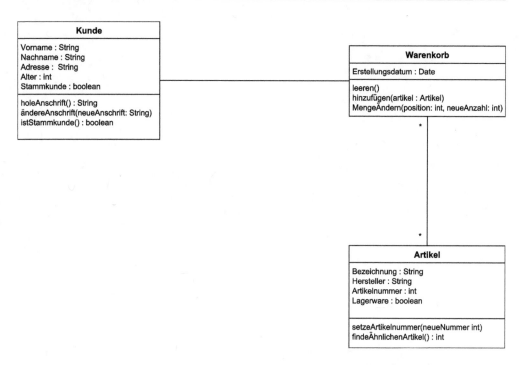

Abb. 13.2: (Ausschnitt von einem) Klassendiagramm für ein Warenmanagmentsystem

Entwurfsmodell: Hier werden *auch* Objekte bzw. Klassen betrachtet, die für die *tatsächliche Umsetzung* des Analysemodells erforderlich sind. Das können z. B. Klassen von Datenstrukturen o.ä. sein.

Unsere Modelle sind stets als Entwurfsmodelle zu verstehen, da sie bereits alle nötigen Informationen zur Umsetzung in Programmcode enthalten. Dazu mehr im nächsten Kapitel. Leider ist es uns nicht möglich, an dieser Stelle eine umfassendere Einführung in OOM bzw. Software-Technik zu geben.

14 Objektorientierte Programmierung

Als sich in den 90er Jahren des letzten Jahrhunderts die grafischen Benutzeroberflächen durchsetzten, führte das zu einer enormen Steigerung der Komplexität und des Umfangs der Software, die diese Oberflächen realisieren bzw. mit ihnen arbeiten musste. Aktuelle Betriebssysteme haben derzeit vermutlich mehr als 50 Millionen Programmzeilen. Diese Komplexität kann man nur durch konsequente Arbeitsteilung bei der Programmierung in den Griff bekommen. Da diese durch einige objektorientierte Konzepte (vor allem durch Datenkapselung) konsequent unterstützt wird, hat sich die objektorientierte Sichtweise inzwischen einen festen Platz in der Informatik gesichert und ist dort heute mehr oder weniger allgegenwärtig.

In der funktionalen Sicht war das zentrale Konzept die *Funktion* und der *Term*, in der imperativen Sicht die *Zuweisung* und der *Zustand* von Variablen. In der Objektorientierung sind es *Klassen* und *Objekte*.

14.1 Klassen und Objekte

Der Begriff „Objekt" taucht in unserer Lebenswelt sehr häufig mit diversen Bedeutungen auf. So ist beispielsweise jedes Automobil ein Objekt. Als solches hat es gewisse Eigenschaften, wie die Farbe, die Leistung des Motors, die Anzahl an Sitzplätzen und so weiter. Was es darüber hinaus auszeichnet, ist die Tatsache, dass es eine Vielzahl an Objekten gibt, die ihm sehr ähnlich sind – alle anderen Automobile. Als Menschen fassen wir ähnliche Objekte also ganz intuitiv zu einer Klasse von Objekten mit gewissen Gemeinsamkeiten zusammen. Wir erwarten von Objekten der Klasse Automobil, dass sie jeweils gewisse Werte für ihre Farbe, Motor und Sitzplatzanzahl haben.

Dieser objektorientierte (OO) Ansatz kommt also der menschlichen Denkweise in gewisser Weise mehr entgegen als die herkömmlichen Sichten. Allerdings muss auf Ebene der Maschine ein objektorientiertes Programm (ebenso wie ein funktionales) in eine Folge imperativer Anweisung umgesetzt werden, da heutige Prozessoren immer noch *streng imperativ* aufgebaut sind. Dennoch hat sich die objektorientierte Denkweise für die Modellierung bzw. Programmierung moderner Softwaresysteme in vielen Bereichen durchgesetzt.

Ein *objektorientiertes Programm* besteht nicht aus einer Funktion, die ausgewertet wird, oder einer Menge an Prozeduren, die von einem Hauptprogramm aus aufgerufen werden. Es besteht vielmehr im Prinzip aus einer Menge von Klassendefinitionen. „Im Prinzip" deshalb, weil in manchen OO-Sprachen die Methoden einer Klasse außerhalb der Klassendefinitionen definiert werden und damit zusätzliche Elemente des Programms darstellen. Im Programmablauf werden dann nach Vorgabe der jeweiligen Klassen (im Sinne von Konstruktionsvorschriften) Objekte angelegt, die wiederum miteinander interagieren und so den Programmablauf realisieren. Dabei ist es in den verschiedenen Sprachen unterschiedlich geregelt, wo das Programm zu finden ist. In manchen Sprachen (wie C++) ist das Programm ein eigenes Element außerhalb von Klassendefinitionen. In anderen Sprachen (wie JAVA) ist das Programm als Methode einer Klasse realisiert (die sog. „main-Methode").

Definition 14.1

Ein *Objekt* besteht aus einer Menge von *Attributwerten* sowie aus einem Verweis auf die Definition seiner Klasse. Die Fähigkeiten eines Objekts ergeben sich aus den *Methoden*, die in seiner *Klassendefinition* festgelegt sind. Eine *Klasse* ist also ein Schema, das beschreibt, welche Attribute seine Objekte (auch *Instanzen* genannt) besitzen und welche Methoden sie ausführen können.

Die Implementierung einer Klasse ist daher ähnlich zu einem Verbund, der die Attribute enthält zusammen mit einer Liste von Definitionen für Methoden (analog zu Prozeduren oder Funktionen). Tatsächlich werden in manchen OO-Programmiersprachen Klassen genau so definiert, z. B. in C++. Die Definition einer Klasse definiert dabei ebenso wie die eines Verbundes immer auch eine eigene Sorte.

Natürlich haben wir auch für die objektorientierte Sicht wieder eine Variante unserer Pseudo-Programmiersprache: OPPS. Es werden einige Elemente aus IPPS übernommen. Ein Programm in OPPS besteht aus dem eigentlichen Programmcode (inklusive der Definitionen von globalen Variablen), der wie bisher in einem „**begin** ... **end.** "-Block eingeschlossen wird. Darüber hinaus dürfen aber ausschließlich Klassen- und Methodendefinitionen vorkommen. In OPPS führen wir für Klassendefinitionen ein eigenes Sprachkonstrukt ein, das durch das Schlüsselwort **class** eingeleitet wird:

```
sort Dreieck = class
   nat laengeA;
   nat laengeB;
   nat laengeC;

   flaecheBerechnen() : nat;
   umfangBerechnen() : nat;
end;
```

Die Attribute werden hier also ähnlich wie Variable in einem Verbund deklariert. Im Gegensatz zu einem Verbund kann eine Klassendefinition jedoch auch die Deklaration von Methoden enthalten, die über ihre Signatur deklariert werden. Diese besteht wie bereits aus der funktionalen Sicht bekannt, einem Bezeichner sowie einer Parameterliste, die auch leer sein kann und einem Rückgabetyp (nur für Funktionen). Die Definition der Methoden erfolgt in OPPS außerhalb der Klassendefinition. Diese Methodendefinitionen bezeichnet man oft auch als Implementierung. Da die Methoden außerhalb der Klasse definiert werden, muss man angeben, zu welcher Klasse sie gehören sollen. Dazu stellt man dem Bezeichner der Methode den Klassenbezeichner voran und trennt ihn mit einem Punkt ab.

```
function Dreieck.umfangBerechnen()
  return laengeA + laengeB + laengeC;
endfunc
```

Methoden können in OOPS entweder Prozeduren oder Funktionen sein. Abgesehen vom Klassenbezeichner haben ihre Definitionen dieselbe Syntax wie in IPPS. Mit der Abtrennung der Definitionen von Methoden von den Klassendefinitionen erreichen wir, dass letztere sehr übersichtlich bleiben, selbst wenn die Definitionen der Methoden sehr umfangreich ausfallen sollten.

Bezüglich des *Aufrufens* von Methoden muss man zwei Fälle unterscheiden: Falls man die Methoden eines *bestimmten* Objektes aufrufen möchte (s.u.) muss man den Bezeichner dieses Objektes mit einem Punkt getrennt vor die Methode schreiben. Fehlt ein solcher Bezeichner, ruft ein Objekt seine *eigene* Methode auf. Das funktioniert nur *innerhalb* von Methoden (die zur Laufzeit immer zu einem Objekt gehören), nicht aber im Hauptprogramm.

14.2 Konstruktoren

Bisher haben wir uns ausschließlich mit Klassen befasst. In einem ablaufenden Programm sind es aber die *Objekte*, die miteinander interagieren und so für die Ausführung des Programms sorgen. Wir brauchen daher eine Möglichkeit, um Objekte zu erzeugen (*instanziieren*). Objekte brauchen dabei, ähnlich wie Verbunde, einen Platz im Speicher, in dem ihre Daten abgelegt werden können. Wir benützen dafür, wie schon in der imperativen Sicht, die Anweisung **generate**. Diese sucht einen Platz für ein Objekt im Speicher, reserviert ihn dafür und liefert eine Referenz darauf zurück. Man nennt ein Objekt dann auch *Instanz* einer Klasse.

Über die bloße Reservierung von Speicherplatz mit Hilfe von **generate** hinaus muss ein Objekt auch die Möglichkeit besitzen, die Anfangswerte seiner Attribute zu setzen. Dafür definiert man einen *Konstruktor*. Das ist eine spezielle Methode einer Klasse, die für jedes neue Objekt automatisch ausgeführt wird, nachdem der Speicherplatz dafür angelegt wurde. Wir erinnern uns, dass in der funktionalen Sicht ebenfalls Konstruktorfunktionen verwendet wurden, um Datenstrukturen anzulegen. Die Konstruktormethode hat in OPPS (definitionsgemäß) denselben Namen wie ihre Klasse und wird mit dem Schlüsselwort **constructor** gekennzeichnet. Für die Klasse Dreieck könnte der Konstruktor z. B. dafür sorgen, dass die Seiten tatsächlich ein geometrisch mögliches, z. B. gleichseitiges Dreieck bilden:

```
constructor Dreieck()
  laengeA := 1;
  laengeB := 1;
  laengeC := 1;
endcons
```

Eine Klasse muss keinen Konstruktor anbieten. In diesem Fall bleiben die Werte der Attribute allerdings so lange undefiniert, bis ihnen zum ersten Mal ein Wert zugewiesen wird. Ein Konstruktor in OPPS ist immer eine Prozedur, da der Konstruktor selbst keinen Rückgabewert hat. Damit sind wir nun endlich in der Lage, Objekte neu anzulegen und die Anfangswerte ihrer Attribute zu setzen, wobei das Argument von **generate** von einem Aufruf der obigen Konstruktorfunktion gebildet wird:

```
program : Dreiecke

sort Dreieck = class
...
end;

var
Dreieck dreieck1;

begin
  dreieck1 = generate(Dreieck());
...
end.
```

Bei näherer Betrachtung haben wir allerdings immer noch ein kleines Problem. Für Verbunde hatten wir neben der durch **record** definierten Sorte auch noch eine mit **pointer** definierte Sorte für Referenzen auf einen Verbund deklariert. Wir bräuchten also auch für jede Klasse noch eine „Zeigersorte", die Referenzen darauf definiert. Da wir Objekte aber ausschließlich über Referenzen ansprechen wollen, legen wir fest, dass diese „Zeigersorte" nicht explizit definiert werden muss, sondern mit jeder Klassendefinition immer automatisch angelegt wird. Außerdem soll sie den gleichen Typbezeichner wie die jeweilige Klasse erhalten. Im obigen Beispiel wird mit der Definition der Klasse Dreieck automatisch auch eine Zeigersorte Dreieck darauf definiert. Die Zeigervariable dreieckk1 erhält dann von **generate** eine Referenz auf das neu angelegte Objekt der Klasse Dreieck. Auf diese Weise ist es dann allerdings nicht mehr möglich, ein Objekt als lokale Variable ohne die Verwendung von **generate** zu erzeugen.

Die obige Konstruktordefinition legt den Gedanken einer gewissen Willkür nahe. Wieso wurde ausgerechnet der Wert 1 für die Längen gewählt? Wenn man ein Dreieck mit bestimmten Werten anlegen will, muss man diese nach Vorbelegung der Attributwerte mit dem Wert 1 explizit auf den gewünschten Wert setzen. Sinnvoller wäre daher die Definition eines Konstruktors, der die gewünschten Anfangswerte über Parameter erhält. Zum Beispiel könnte man dann ein Dreieck direkt mit**generate**(Dreieck(3, 4, 5)) anlegen. Dafür müssen wir unsere Konstruktordefinition allerdings etwas abändern:

```
constructor Dreieck(nat lA, nat lB, nat lC)
  laengeA := lA;
  laengeB := lB;
  laengeC := lC;
endcons
```

14.3   Datenkapselung

Wie oben bereits erwähnt, unterstützen objektorientierte Programmiersprachen besonders gut die Arbeitsteilung bei der Programmierung großer Softwaresysteme durch Teams mit vielen Mitgliedern. Da es sehr schwierig ist, in einem großen Team alle anderen Mitglieder immer über den jeweiligen Stand des eigenen Softwarebereichs auf dem Laufenden zu halten, kommt es immer wieder zu Programmfehlern, wenn man auf Programmteile anderer Kolleginnen oder Kollegen Bezug nehmen muss, weil man z. B. eine bestimmte Variable darin auslesen oder beschreiben muss. Bei einem Verbund kann man diese Vorgänge nicht unterstützen, weil der Wert aller Variablen eines Verbundes vom gesamten Programm aus einfach mit einer Zuweisung gesetzt werden kann. Ein Verbund ist ja nichts anderes als ein einfacher Datenspeicher.

Die Objekte einer Klasse besitzen dagegen, wie wir gesehen haben, „eigene" Methoden. Diese können zum Beispiel den Wert eines Attributs verändern oder an die Außenwelt zurückliefern. Ein Objekt (eigentlich der bzw. die Programmierer(in) der entsprechenden Klasse) kann also in gewissem Sinn die Verantwortung für seine Daten übernehmen und Änderungen nur durch den Aufruf von passenden Methoden zulassen. Diese Methoden können z. B. dafür sorgen, dass Attribute nicht mit unzulässigen Werten belegt werden oder dass nur Personen mit bestimmten Rechten die Daten dafür eingeben dürfen.

Dieses Einschränken des Zugriffs nennt man auch *Datenkapselung*. Wir definieren dafür zwei (später werden wir einen weiteren benötigen) *Zugriffsmodifikatoren*, durch die verschiedene Stufen des Zugriffs festgelegt werden. Beim Programmieren muss man dann jeweils angeben, welche Stufe der Datenkapselung man für ein Element verwenden möchte:

- *Öffentlich* (Schlüsselwort **public**) – diese Attribute oder Methoden sind nach außen hin sichtbar und können von *allen anderen* Objekten gelesen, geschrieben bzw. aufgerufen werden.
- *Privat* (Schlüsselwort **private**) – auf diese Attribute oder Methoden dürfen ausschließlich Objekte *derselben* Klasse zugreifen.

In der Regel definiert man Attribute als privat und Methoden als öffentlich. Es ist natürlich ohne weiteres möglich, das Prinzip der Datenkapselung auszuhebeln, indem man auch alle Attribute als public deklariert – das zeugt allerdings von sehr schlechtem Programmierstil und ist im Allgemeinen viel fehleranfälliger als eine saubere Kapselung der Daten. Für unsere Programmiersprache OPPS definieren wir, dass ein fehlender Zugriffsmodifikator immer durch **private** ersetzt wird. Die Zugriffsmodifikatoren werden in der Deklaration von Attributen und Methoden und einfach vor den jeweiligen Bezeichner geschrieben:

```
sort Dreieck = class
  private nat laengeA;
  private nat laengeB;
  private nat laengeC;

  public flaecheBerechnen() : nat;
  public umfangBerechnen() : nat;
end;
```

Wann macht es Sinn, Methoden als privat zu kennzeichnen? Diese können dann ja nicht von außen aufgerufen werden. Allerdings kann man natürlich, im Sinne von Hilfsfunktionen, gewisse Codeteile in eine eigene Methode auslagern, ohne dass diese von außen aufgerufen werden müssen. Zum Beispiel könnte es in der Klasse Dreieck eine private Methode namens berechneHoehe geben, die man für die Flächenberechnung verwendet, diese aber abgesehen davon nicht nach außen zugänglich machen möchte.

In Klassendiagrammen werden die Zugriffsmodifikatoren durch ein vorangestelltes „+" für öffentliche bzw. „-" für private Elemente dargestellt (siehe Abbildung 14.2).

14.4   Zustandsänderungen von Objekten

Wie beschreibt man den Ablauf eines objektorientierten Programms? In der funktionalen Sicht haben verwenden wir hierfür die *Auswertung von Termen* verwendet, in der imperativen Sicht eine *Folge von Zustandsänderungen*. Ein Zustand haben wir dabei durch die Menge aller zu einem Zeitpunkt definierten Variablen und deren Werte bestimmt. Unsere objektorientierte Programmiersprache OPPS arbeitet (ebenso wie JAVA) weiter mit Zuweisungen von Werten, allerdings nun an die Attribute von Objekten. Daher liegt es nahe, den Ablauf eines objektorientierten Programms mithilfe von *Zustandsänderungen der Attribut*e zu beschreiben.

Definition 14.2

Der *Zustand eines Objekts* zu einem bestimmten Zeitpunkt ist definiert, durch die Menge der Werte die sämtliche Attribute des Objekts zu diesem Zeitpunkt besitzen.

Der Ablauf eines OO-Programms kann dann wiederum durch eine *Folge von Zuständen aller Objekte* beschrieben werden, die im Verlauf des Programmablaufs angelegt werden. Mathematisch lässt sich ein solcher Ablauf als Spur in einem Zustandsraum auffassen, der durch das Kreuzprodukt der jeweils möglichen Wertemengen aller Attribute aller Objekte gebildet wird. Die Menge der Zustände eines OO-Programms kann also gewaltig sein. In diesem Buch können wir daher mit Ausnahme eines kleines Beispiels nicht weiter darauf eingehen.

Beispiel 14.1

Unser Beispiel in Abbildung 14.1 zeigt den Ablauf eines kleinen Programms, das lediglich drei Zustandsänderungen eines Objekts bewirkt:

```
...
dreieck1.setzelaengeA(100);
dreieck1.setzelaengeB(71);
dreieck1.setzelaengeC(71);
...
```

14.5   Beziehungen zwischen Objekten

Wie wir im Abschnitt über die Klassenmodellierung gesehen haben, existieren Objekte meist nicht isoliert, sondern stehen mit anderen Objekten in *Verbindung*, die eventuell auch zu anderen Klassen gehören können. Die Implementierung solcher Beziehungen erfolgt mithilfe von Referenzen. Betrachten wir ein Beispiel mit zwei Klassen (siehe Abbildung 14.2).

Die Beziehung zwischen Kunden und Adressen kann man implementieren, indem man in der Klasse `Kunde` ein *spezielles Attribut* (z. B. `anschrift`) einführt, das eine Referenz auf ein Objekt der Klasse `Adresse` aufnehmen kann. Im Klassendiagramm wird das durch den Bezeichner dieses Attributes an der Beziehung (auf der Seite der referenzierten Klasse) symbolisiert. In diesem Fall kann zwar ein Kunde auf seine Adresse zugreifen, jedoch ist es nicht

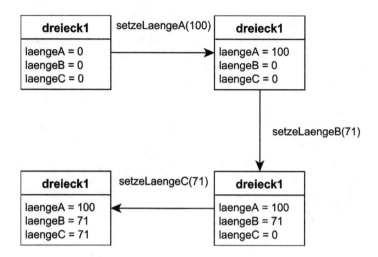

Abb. 14.1: *Abfolge verschiedener Zustände eins Objekts der Klasse* `Dreieck`

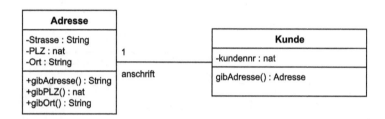

Abb. 14.2: *Einfache Beziehung zwischen zwei Klassen*

möglich, von einer Adresse auf den zugehörigen Kunden zu schließen. Diese Beziehung wurde also nur *einseitig* implementiert.

Die Klasse `Kunde` sieht in OPPS dann wie folgt aus:

```
sort Kunde = class
  private nat kundennr;
  private Adresse anschrift;
  public gibAdresse() : Adresse;
end;
```

Die Adresse könnte dann z. B. mit Hilfe der beiden Konstruktoren von `Kunde` und `Adresse` gesetzt werden:

```
constructor Kunde(nat knr, String strasse, nat PLZ, String ort)
begin
  kundennr := knr;
  anschrift := generate(Adresse(strasse, plz, ort));
endcons
```

Dabei setzen wir einen entsprechend definierten Konstruktor der Klasse `Adresse` voraus. Die Methode `gibAdresse` liefert dann einfach die Referenz aus `anschrift` zurück.

Nun erweitern wir unser Modell noch um die Klasse `Bestellung`, wie in Abbildung 14.3 dargestellt.

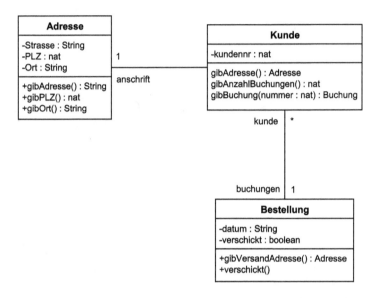

Abb. 14.3: *Einfache und mehrfache Beziehungen zwischen Klassen*

Die Beziehung zwischen `Kunde` und `Bestellung` ist hier *zweiseitig* implementiert. Die Kunden haben Zugriff auf ihre Bestellung und jede Bestellung „kennt" den Kunden dazu. Außerdem handelt es sich nicht mehr um eine einfache *1:1* Beziehung, sondern um eine *1:n* Beziehung. Ein Objekt der Klasse `Kunde` kann also mit beliebig vielen Objekten der Klasse `Bestellung` in Beziehung stehen. Wie lässt sich das implementieren? Wenn man vorher weiß, mit wie vielen Objekte maximal eine Beziehung bestehen kann, dann lassen sich die Referenzen auf diese Objekte in einem *Feld* speichern. Falls *nicht*, muss man z. B. eine *verkettete Liste* dafür einrichten, da die Liste jederzeit sehr leicht erweitert werden kann. Wir wollen hier zunächst davon ausgehen, dass es maximal 100 Bestellungen für einen Kunden gibt und verwenden daher ein Feld für das Attribut `buchung`

```
sort Kunde = class
  nat kundennr;
  Adresse anschrift;
  [1:100] array Buchung buchung;

  public gibAdresse() : Adresse;
  public gibAnzahlBuchungeen() : nat;
  public gibBuchung(nat nummer) : Buchung;
end;
```

Aus diesen Beispielen lässt sich also das folgende Schema extrahieren, wie eine Beziehung im Klassendiagramm implementiert werden kann:

- Falls die Beziehung im Diagramm einen Bezeichner am der Klasse gegenüberliegenden Ende hat, wird ein Attribut mit diesem Bezeichner für die Beziehung angelegt.
- Falls die Beziehung *einfach* ist, ist der Datentyp des Attributs *eine Referenz auf ein Objekt* der in Beziehung stehenden Klasse.
- Falls die Beziehung *mehrfach* ist, ist der Datentyp des Attributs ein *Feld* oder eine andere geeignete Datenstruktur, die eine *Menge von Referenzen auf Objekte* der in Beziehung stehenden Klasse speichern kann.

Aus diesem Schema folgt, dass eine *zweiseitige* Beziehung, die in *beide Richtungen mehrfach* vorkommen darf, durch zwei Felder (oder etwas Ähnlichem) in den beiden Klassen implementiert werden. Ein Beispiel dazu: Nehmen wir an in unserem Online-System gäbe es die Möglichkeit für Kunden, sich Artikel zu reservieren. Dann wäre es durchaus sinnvoll, diese Beziehung zweiseitig anzulegen, so dass man auch von einem Artikel zu den Kunden kommt, die diesen reserviert haben. Möchte man eine solche Beziehung selbst noch mit Attributen ausstatten (beispielsweise einer Reihenfolge für die Reservierungen eines Artikels), wird die Assoziation üblicherweise durch eine eigene Klasse realisiert, diese nennt man auch *Assoziationsklasse*. In unserem Fall könnte diese Klasse z. B. Reservierung heißen. Diese würde dann mit nur einem Artikel in Beziehung stehen, aber mit mehreren Kunden.

15 Programmierung in JAVA

Nun wollen wir auch die Konzepte der objektorientierten Programmierung aus den vorausgehenden Kapiteln mit einer „realen" Programmiersprache umsetzen. Wir wählen dazu die Sprache JAVA, die sich in den letzten Jahren auf vielen Plattformen durchgesetzt hat. Die Ursache dafür ist u.a., dass es für praktisch alle Hardware- bzw. Betriebssystemplattformen (insbesondere auch außerhalb der PC Welt, z. B. für Smartphones) JAVA Implementierungen gibt. Damit ist es sehr einfach, ein Programm zu entwickeln, das auf praktisch allen Plattformen lauffähig ist.

15.1   Kompiliert und Interpretiert

Wie schafft JAVA diese Plattform-Unabhängigkeit? Das Besondere an JAVA ist die Art, wie Programme ablauffähig gemacht werden. JAVA ist keine *rein kompilierte* Sprache und keine *rein interpretierte* – zur Ausführung eines JAVA-Programms werden *beide* Mechanismen kombiniert eingesetzt. Zunächst wird der Quellcode von einem Compiler übersetzt. Im Gegensatz zu anderen Sprachen erzeugt dieser Compiler allerdings keinen Maschinencode, der direkt auf einer bestimmten Plattform ausführbar wäre. Vielmehr wird Code für eine *abstrakte Maschine* namens JVM – JAVA Virtual Machine – erzeugt. Dieser sogenannte *Bytecode* wird nun beim Ausführen von einem Interpreter in Maschinencode für die jeweilige Zielplattform umgewandelt. Da die virtuelle Maschine für alle realen Plattformen gleich ist, muss lediglich der Interpreter an die Plattform angepasst werden. Für den Programmierer ergibt sich der Vorteil, dass er sich um die speziellen Umstände realer Plattformen nur noch am Rande (z. B. bezüglich der Bildschirmauflösung) kümmern muss.

Außerdem gibt es schon sehr umfangreiche Bibliotheken von bereits vorprogrammierten JAVA-Klassen, mit denen man unter anderem grafische Benutzeroberflächen, den Dateizugriff oder auch die Kommunikation über Netzwerke realisieren kann. Auch viele der im dritten Teil vorgestellten Datenstrukturen sind bereits in einer der Bibliotheken enthalten.

Natürlich setzt diese Herangehensweise voraus, dass auf der ausführenden Maschine ebenfalls ein JAVA-Interpreter vorhanden ist.

15.2   Die ersten Schritte in JAVA

Um mit JAVA als Entwickler arbeiten zu können, benötigt man das sogenannte JDK (JAVA Developers Kit). Für das Ausführen von Programmen reicht dagegen die Laufzeitumgebung JRE (JAVA Runtime Environment), die auch Teil des JDKs ist. Programme können prinzipiell mit jedem beliebigen Texteditor verfasst und dann per Kommandozeilenbefehl kompiliert werden. Sehr viel komfortabler ist es allerdings, eine „Integrierte Entwicklungsumgebung" (IDE) zu verwenden. Beispielsweise gibt es mit NETBEANS und ECLIPSE gleich zwei vollwertige und kostenlose Programme, die auch in der professionellen Softwareentwicklung eingesetzt werden. Deutlich einfacher (allerdings in den Möglichkeiten auch eingeschränkter) ist die Umgebung BLUEJ, die speziell für die Ausbildung entwickelt wurde. Wir empfehlen NETBEANS, aber Sie sollten am besten alle drei Umgebungen selbst ausprobieren.

Im Gegensatz zu PYTHON kann man mit dem JAVA-Interpreter nicht direkt interagieren. Programme werden immer in Dateien geschrieben, die dann kompiliert werden. Java ist streng objektorientiert, daher bestehen die Programme nur aus Klassendefinitionen. Dabei gilt folgende Konvention: Pro Datei wird *genau eine* Klasse definiert (inklusive aller Methoden). Diese Datei muss denselben Namen haben wie die Klasse. Das bedeutet, dass der Code einer Klasse Test in einer Datei namens „Test.java" liegen muss.

Eine Klasse in Java definiert man mit dem Schlüsselwort class:

```
public class Dreieck {
  //Hier werden Attribute und Methoden definiert.
}
```

Blöcke werden in JAVA mit geschweiften Klammern begrenzt. Kommentare werden durch // markiert und gehen dann bis zum Ende der Zeile. Die Zugriffsmodifikatoren lauten auch hier **public** und **private** und können auch für eine ganze Klasse gelten. Für unsere Zwecke können Klassen jedoch immer als **public** deklariert werden. Viele Syntaxelemente von JAVA wurden von C++ übernommen. Ebenso wir dort werden Methoden auch über imperative Sprachkonstrukte implementiert. JAVA ist, im Gegensatz zu PYTHON, *statisch typisiert*. Das heißt, wir müssen den Typ von Variablen und Attributen bei der Deklaration angeben. Eine Deklaration beginnt, wie in OPPS, mit dem Typ und wird gefolgt von dem Bezeichner:

```
public class Dreieck {
  int längeA, längeB, längeC;
}
```

Anweisungen enden stets mit einem Strichpunkt.

In Java Programmen kann der vollständige Unicode Zeichensatz verwendet werden. Das heißt insbesondere, dass z. B. auch deutsche Umlaute für Bezeichner verwendet werden dürfen. Es soll hier allerdings nicht verschwiegen werden, dass das Austauschen von Quellcode zwischen verschiedenen Plattformen dadurch eventuell erschwert werden kann.

Die Standard-Sichtbarkeit in Java ist ein Kompromiss aus **public** und **private**, daher empfiehlt es sich, die Zugriffsmodifikatoren immer explizit anzugeben:

```
public class Dreieck {
  private int längeA, längeB, längeC;
}
```

Auf diese Weise ist die Klasse Dreieck öffentlich sichtbar, aber nicht deren Attribute.

Die wichtigsten Datenypen in Java sind:

int: ganze Zahlen (im Bereich -2^{32} bis $2^{32} - 1$)
float, double: Kommazahlen der normalen bzw. höchsten Genauigkeit.

char: Ein einzelnes Zeichen. Sie werden durch ein einzelnes Hochkomma eingeschlossen.
boolean: Wahrheitswert. Kann entweder **true** oder **false** sein.
String: Zeichenketten, diese werden durch Anführungszeichen gekennzeichnet.

Außerdem definiert auch in JAVA jede Klasse einen eigenen Datentyp, der verwendet werden kann.

Felder eines Datentyps erzeugt man mit [], zum Beispiel **int**[] zahlenfeld. Für diese kann man mit geschweiften Klammern auch eine Initialbelegung angeben:

int[] zahlenfeld = {1, 2, 3}.

Da JAVA streng objektorientiert ist, müsste ein Programm eigentlich über den Aufruf einer Methode eines Objektes gestartet werden. Da die Objekte aber erst von einem laufenden Programm angelegt werden können, haben wir damit offensichtlich ein Problem. In JAVA besteht die Lösungen darin, dass zum Starten der Bytecode einer Klasse ausgeführt werden muss, die eine spezielle Methode namens main enthält. Diese ist zwar innerhalb einer Klasse definiert, wird aber auch ohne die Existenz eines Objektes dieser Klasse ausgeführt. Diese spezielle Eigenschaft wird durch das Schlüsselwort **static** eingerichtet. Dem Interpreter muss man dann nur noch mitteilen, in welcher Klasse sich diese Methode befindet, damit sie ausgeführt werden kann. Ein Beispiel dafür sieht wie folgt aus:

```
public class Programm {

  public static void main(String[] args) {
    System.out.println("Programmausführung hat begonnen");
    //Hier steht der weitere Programmcode.
  }
}
```

Womit auch die Bildschirmausgabe klar wäre. Der Aufruf System.out.println(...) gibt praktisch alle Datentypen (nicht nur Zeichenketten) passend auf dem Bildschirm aus.

15.3 Verarbeitungsschritte und Kontrollstrukturen

Im Rahmen der imperativen Sicht haben wir die Zuweisung als typischen elementare Verarbeitungsschritt sowie die folgenden Kontrollstrukturen vorgestellt: Sequenzen, bedingte Anweisung sowie die Wiederholung mit fester oder beliebiger Wiederholungszahl.

JAVA verwendet ebenso wie PYTHON das Gleichheitssymbol als Zuweisungsoperator (und damit auch das doppelte Gleichheitszeichen zur Überprüfung der Gleichheit zweier Ausdrücke). Die einzelnen Verarbeitungsschritte einer Sequenz werden auch in JAVA durch Strichpunkte getrennt.

```
a = 5; b = 6, c = 7;
```

Die bedingte Anweisung folgt folgendem Schema:

```
int ergebnis;
if (nenner != 0) {
```

```
    ergebnis = zähler/nenner;
  }
  else {
    System.out.println("Division durch Null nicht erlaubt!")
  }
```

Wobei, wie in vielen Sprachen ! = für den Ungleich-Operator steht.

Die Wiederholung mit unbestimmter Anzahl von Durchläufen sieht wie folgt aus:

```
  int sum = 0;
  int count = 0;
  while (sum < 100) {
    sum = sum + Math.random();
    count = count + 1;
  }
  System.out.println(count + " Zufallszahlen waren nötig,
                  um über 100 zu kommen");
```

Das Innere der Schleife wird ausgeführt, solange der in Klammern stehende Ausdruck den Wert **true** hat.

Die Wiederholung mit fester Anzahl an Wiederholungen existiert streng genommen in JAVA nicht. Allerdings gibt es ein Konstrukt, das diesem sehr nahe kommt. Die folgende Sequenz wird z. B. 10-mal wiederholt:

```
for (int i = 1; i < 11; i++) {
  System.out.println("Die " + i + ". Quadratzahl lautet: " + i*i);
}
```

Die Klammer nach dem Schlüsselwort **for** enthält drei durch Strichpunkte getrennte Teile. Der erste (*Initialisierung*) legt eine Variable namens i vom Typ **int** an, die auch gleich den Wert 1 zugewiesen bekommt. Diese Variable ist eine lokale Variable innerhalb des Blocks der Wiederholung. Der zweite Teil (*Überprüfung*) ist ein Ausdruck, der bestimmt, wie lange die Schleife ausgeführt wird, in diesem Fall solange i kleiner als 11 ist. Der dritte Teil (*Fortschaltung*) legt fest, was nach jeder einzelnen Wiederholung mit der Variable i geschehen soll. Die Schreibweise i++ ist dabei eine Abkürzung für i = i + 1. Mit jedem Durchlauf wird die Variable i also um 1 erhöht.

Äquivalent könnte man denselben Ablauf auch als **while**-Schleife formulieren:

```
int i = 1;
while (i < 11) {
  System.out.println("Die " + i + ". Quadratzahl lautet: " + i*i);
  i++;
}
```

Genau genommen handelt es sich bei der **for**-Wiederholung nicht um eine Wiederholung mit fester Anzahl an Wiederholungen, weil man innerhalb der Schleife auch schreibend auf die Variable i zugreifen und damit die Anzahl der Wiederholungen ändern könnte. Davon sollte man aus Gründen der Lesbarkeit des Programms jedoch unbedingt die Finger lassen.

15.4   Methoden in JAVA

Eine JAVA-Methode deklariert man nach folgendem Schema in EBNF:

Methode = {Sichtbarkeit} Rückgabetyp Bezeichner '('{Parameterliste}')'
'{' Inhalt'}'

In JAVA gibt es also keine Trennung zwischen Deklaration und Definition. Die Implementierung der Methoden erfolgt innerhalb der Klasse.

Beispielsweise können wir in unserer Klasse `Dreieck` die beiden (öffentlichen) Methoden `gibLängeA` und `setzteLängeA` deklarieren:

```
public class Dreieck {
  public int gibLängeA() {
    return längeA;
  }

  public void setzeLängeA(int neueLänge) {
    längeA = neueLänge;
  }
  ...
}
```

Die Methode `gibLängeA` liefert eine ganze Zahl zurück, nämlich den Wert des Attributs `längeA`. Die Methode `setzeLängeA` benötigt keinen Rückgabewert und sollte eigentlich als Prozedur deklariert sein. Allerdings gibt es in JAVA keine Prozeduren, jede Methode ist hier eine Funktion. Als „Nothilfe" gibt es das reservierte Wort **void**, das ausdrückt, dass die Rückgabe „leer", bzw. „ungültig" (void) ist. Ist die Rückgabe nicht leer, muss es in der Funktion eine Anweisung zur Rückgabe eines Wertes geben. Dafür ist die Anweisung **return** zuständig, durch die die Ausführung einer Methode sofort abgebrochen wird. Der nach **return** folgende Ausdruck wird ausgewertet und sein Wert als Ergebnis der Funktion zurückgeliefert. Es kann mehrere solcher Anweisungen in einer Methode geben, allerdings muss in jedem möglichen Ausführungspfad auch mindestens eine **return**-Anweisung vorkommen, andernfalls lässt sich der Code nicht übersetzen.

Die Konstruktormethode wird wie in unserer Pseudosprache mit dem Klassenbezeichner benannt. Da sie keine „herkömmliche" Methode ist, hat sie auch keinen Rückgabetyp (also auch nicht **void**):

```
public class Dreieck {
  ...
  public Dreieck() {
    längeA = 1;
    längeB = 1;
    längeC = 1;
  }
}
```

Ein Konstruktor kann auch wie jede andere Methode Parameter übergeben bekommen.

15.5   Objekte in JAVA

Was uns nun noch fehlt ist die Möglichkeit, Objekte anzulegen. Dafür gibt es in Java den Operator **new**, analog zu **generate** in OPPS. Zum Beispiel legen wir ein Objekt unserer Klasse `Dreieck` wie folgt an:

```
Dreieck dreieck1 = new Dreieck();
```

Der Operator **new** legt das Objekt im Speicher an und liefert eine Referenz darauf zurück, die in unserem Fall in der Variable `dreieck1` gespeichert wird. Übergeben wird ihm der passende Aufruf des Konstruktors. Auch in JAVA gibt es also keinen expliziten Referenztyp. Jeder Klassentyp ist gleichzeitig der Bezeichner für einen Zeigertyp auf Objekte dieser Klasse.

Sobald ein Objekt instanziiert ist, können wir seine Methoden mithilfe eines Punkts aufrufen:

```
dreieck1.setzteLängeA(3);
```

Dabei ist es wichtig zu beachten, dass grundsätzlich *alle* Variablen eines *objektwertigen* Typs in JAVA eine *Referenz* darstellen. Betrachten wir das folgenden Codefragment:

```
dreieck d1 = new Dreieck();
dreieck d2 = d1;
d2.setzeLängeA(2);
```

Nach der Ausführung dieses Fragmentes verweisen `d1` und `d2` auf *dasselbe* Objekt, da lediglich dessen Referenz in die Variable `d2` kopiert wurde. Insbesondere ist also der Wert von `längeA` auch für `d1` auf 2 geändert worden.

Während man Objekte explizit mit **new** anlegen muss, wird das Löschen automatisch vom eingebauten *garbage-collection*-System übernommen, das regelmäßig prüft, auf welche Objekte es keine Referenz mehr gibt. Diese werden dann automatisch gelöscht. Mithilfe des **new** Operators können wir nun auch ein Feld anlegen, dessen Initialwerte wir nicht direkt angeben möchten oder können:

```
int[] zahlenfeld = new int[10];
```

Dadurch bekommt das Feld (das selbst auch nur ein Objekt ist), Platz für 10 Elemente. Die Größe kann im Ablauf des Programms allerdings nicht mehr geändert werden. Die Inhalte des Feldes sind nach dem Anlegen noch undefiniert. Man kann auf diese dann über ihre Indizes (z. B. `zahlenfeld[1]`) zugreifen. Die Zählung beginnt bei 0. Die Länge kann man über das Attribut `length` des Objekts feststellen. Auf dieses Attribut kann man allerdings nur lesend zugreifen.

```
for (int i = 0; i < zahlenfeld.length; i++) {
zahlenfeld[i] = i*i;
}
```

Zum Abschluss wollen wir noch ein kleines Programm angeben, dass die Nullstellen einer Funktion mithilfe des *Newton-Verfahrens* sucht. Dazu geben wir eine Funktion sowie deren Ableitung als Methoden an – im Beispiel soll es das Polynom $x^3 - 2x^2 - 4$ sein. Die Funktion ist in der Klasse `Funktion` gekapselt, von dem wir dann ein Objekt anlegen. Das Programm selbst steht in der Klasse `Newton`.

```java
public class Funktion{

  public double f(double x){
    // Java kennt keinen Potenz Operator, deswegen muss das Polynom
    // mithilfe der Funktion "Math.pow" berechnet werden.
    return Math.pow(x, 3) - 2*Math.pow(x, 2) - 4;
  }

  public double ableitung(double x) {
    return 3*2*Math.pow(x, 2) - 4*x;
  }
}

public class Newton {

  public static void main(String args[]) {

    Funktion fun = new Funktion();
    double xGesucht = 10;   //Startwert - beliebig

    while (fun.f(xGesucht) > 0.0001) {
        xGesucht = xGesucht -
        fun.f(xGesucht) / fun.ableitung(xGesucht);
    }
    System.out.println("Nullstelle bei annähernd " + xGesucht +
    " gefunden");
  }
}
```

16 Generalisierung und Spezialisierung

Bei der Modellierung von Systemen trifft man oft auf Mengen von Objekten, die zwar in vielerlei Hinsicht übereinstimmen, sich jedoch in einigen wenigen Aspekten unterscheiden, z. B. in einem Personalverwaltungs-System eines Industriebetriebs. Dort gibt es beispielsweise *Arbeiter*, die auf der Grundlage der geleisteten Arbeitsstunden nach einem bestimmten Stundenlohn bezahlt werden, dessen Untergrenze etwa von den Tarifabschlüssen und vom beruflichen Status (Lehrling, Geselle, Meister) abhängt, der aber im Einzelfall auch höher sein kann. Daneben gibt es *Angestellte*, deren Lohn ausschließlich durch ihre Tarifgruppe und ihr Lebensalter bestimmt wird. Tarifliche Angestellte werden außerdem für ihre Überstunden mit einem ebenfalls von der Tarifgruppe abhängigen Stundensatz entlohnt. Darüber hinaus gibt es leitende Angestellte wie *Abteilungsleiter* und Vorstände, die jeweils eine persönliche außertarifliche Bezahlung aushandeln können. Außertarifliche Angestellte unterliegen nicht der Zeiterfassung, können also auch keine Überstunden abrechnen. Neben diesen speziellen Angaben zum Gehalt soll das System aber auch zahlreiche Personendaten für die Mitarbeiter verwalten, z. B. Name, Geburtsdatum, Privatadresse, Eintritt in den Betrieb, Ausbildungsstand, bisherige Karrierestufen usw.

Man könnte nun versuchen, alle oben genannten Rahmenbedingungen mit einer *einzigen* Klasse, z. B. `Mitarbeiter` zu berücksichtigen. Das hätte jedoch einige Nachteile. Welchen Wert sollte z. B. das Attribut `Überstunden` bei leitenden Angestellten oder, bei Arbeitern, das Attribut `Tarifgruppe`? Dazu müsste man „sinnlose" Dummy-Werte vereinbaren, die nicht in den Bereich der tatsächlich auftretenden Werte fallen, z. B. 999999 für die Überstunden. Andererseits könnte man für jede der genannten Personengruppen eine *eigene* Klasse einrichten. In diesem Fall könnte man zwar die Angaben zum Gehalt passgenau verwalten, müsste aber alle weiteren Personenvariablen wie `Name` etc. für jede Klasse anlegen. Außerdem müsste man in allen Fällen, in denen man auf *alle* Mitarbeiter zugreifen will, z. B. bei der Einladung zur Weihnachtsfeier, immer für jede Klasse einzeln alle Objekte durcharbeiten. Schließlich müsste man alle Methoden, die jede dieser Klassen hat, z. B. `kündigen`, `krankmelden`, `urlaubAnmelden` etc., für jede Klasse neu programmieren.

Als Lösung für dieses Dilemma bietet sich das Konzept der *Ober-* bzw. *Unterklassen* an, das in der OO-Modellierung häufig verwendet und auch in praktisch allen objektorientierten Programmiersprachen direkt implementiert werden kann. Wir fassen dazu alle Attribute (und ggf. Methoden), welche die drei Varianten gemeinsam haben, in einer gemeinsamen *Oberklasse* `Mitarbeiter` zusammen. Wenn wir dann im Gegenzug die Klassen `Arbeiter`, `Angestellter` und `LeitenderAngestellter` als *Unterklassen* von `Mitarbeiter` deklarieren, *erben* diese *alle Attribute* und *Methoden* dieser Oberklasse (z. B. `Name`, `Vorname`, `GebDatum`), können aber zusätzlich auch eigene Attribute und Methoden anlegen. Man nennt dieses Konzept auch *Vererbung*. Im Klassendiagramm wird eine Vererbungsbeziehung als *nicht ausgefülltes Dreieck* (bzw. *Pfeil*) auf der Seite der *Oberklasse* eingezeichnet (siehe Abb. 16.1).

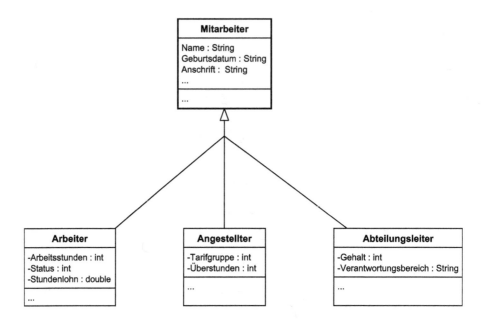

Abb. 16.1: *Vererbung im Klassendiagramm*

Leider gibt es jetzt aber ein Problem mit dem Zugriff auf die Daten der ererbten Attribute: Auf Methoden und Attribute, die in der Oberklasse als privat gekennzeichnet sind, kann von Objekten der Unterklasse aus *nicht* zugegriffen werden, weil diese ja zu einer anderen Klasse gehören. Damit könnten die Objekte der Unterklasse nicht auf ihre eigenen Daten zugreifen, soweit diese Werte von ererbten Attributen wie Name sind. Eine Festlegung der Attribute als öffentlich würde andererseits die Datenkapselung unterlaufen. Glücklicherweise gibt es für diesen Zweck einen dritten Zugriffsmodifikator: *geschützt* (**protected**). Wenn ein Attribut oder eine Methode in einer Klasse als **protected** deklariert wird, dürfen alle Objekte *dieser* Klasse sowie *aller ihrer* Unterklassen darauf zugreifen. In Klassendiagrammen symbolisiert man **protected** mit dem Rautensymbol #. In OPPS setzen wir Vererbung mithilfe des neuen Syntax-Elements **subclass of** um:

```
sort Mitarbeiter = class
   string Name;
   string Vorname;
...
   kuendigen();
end;

sort Angestellter = subclass of Mitarbeiter
   nat Ueberstunden;
   nat Tarifgruppe;
...
end;
```

Nach dieser Definition der beiden Klassen verfügen alle Objekte der Klasse `Angestellter`
sowohl über die in der eigenen Klasse definierten Attribute und Methoden als auch über die der
Oberklasse.

```
...
var Angestellter angestellter1;
...
angestellter1 := generate(Angestellter())
angestellter1.Name := "Meier";
angestellter1.Überstunden := 12;
...
```

Es gibt Situationen, in denen man sich mehr als eine Oberklasse für eine bestimmte Klasse
wünschen würde. Auch wenn prinzipiell nichts dagegen spricht, gibt es doch gewisse Probleme: Was passiert zum Beispiel wenn mehrere Klassen ein gleichnamiges Attribut vererben? In
vielen Sprachen (auch in OPPS und JAVA) ist eine Mehrfachvererbung daher ausgeschlossen,
keineswegs aber in allen (C++ erlaubt dies beispielsweise). Ein Kompromiss besteht darin,
dass man sogenannte *Interfaces* einführt. Das sind Klassen, die ausschließlich Methoden, allerdings keine eigene Implementierung besitzen. Man nennt solche Methoden auch *abstrakt*.
Eine Unterklasse erbt von einem Interface und stattet die Methoden dann mit einer konkreten
Implementierung aus. Es ist dann oftmals (etwa auch in JAVA) möglich, dass eine Klasse zwar
nur eine Oberklasse hat, allerdings beliebig viele Interfaces implementieren kann.

16.1 Klassenhierarchien

Die Vorgehensweise, die wir im obigen Beispiel der Personalverwaltung verwendet haben, bezeichnet man als *Generalisierung*: Ausgehend von existierenden (Unter-)Klassen haben wir
eine gemeinsame Oberklasse gebildet. In unserem Beispiel-System werden wir allerdings keine Objekte der Klasse `Mitarbeiter` anlegen wollen, da jeder denkbare Mitarbeiter zu einer
der drei Unterklassen gehört. Die Oberklasse dient uns hier also nur zur Vermeidung von Da-
tenredundanz, zur Reduktion des Programmieraufwands sowie zur Verbesserung der Struktur
des Modells. Ein ähnliches Beispiel aus der realen Welt ist die Klasse „Säugetier" aus der Bio-
logie: Es gibt kein Säugetier, das man in freier Wildbahn beobachten könnte, da jedes Tier
dieser Klasse eigentlich zu einer Unterklasse (Mensch, Affe, Maus) gehört. Trotzdem teilen
alle Objekte der Unterklassen gewisse Eigenschaften.

Manchmal geht man in der Modellierung aber auch den umgekehrten Weg von einer (Ober-)
Klasse zu den Unterklassen. Zum Beispiel wird man vermutlich in einem Online-Warensystem
zunächst immer eine Klasse `Artikel` modellieren. Im weiteren Verlauf der Modellierung
kann sich dann aber eine Verfeinerung als sinnvoll erweisen. Beispielsweise gibt es für verschiedene Warengruppen oft verschiedene sinnvolle Attribute. So macht eine Größenanga-
be zwar bei Schuhen, nicht unbedingt aber bei Kugelschreibern Sinn. Entsprechend kann es
sich als vorteilhaft erweisen, die Klasse `Artikel` durch Vererbung in Unterklassen `Schuhe`,
`Schreibgeräte` etc. aufzuteilen, die dann entsprechend unterschiedliche Attribute aufweisen. Diesen Prozess nennt man *Spezialisierung*.

Natürlich gilt auch bei Vererbung nach wie vor, dass eine Klasse auch immer eine eigene Sorte
definiert. Für die Vererbung gilt dabei das folgende wichtige Prinzip:

Definition 16.1

Das *Liskov'sche Substitutionsprinzip* besagt vereinfacht: Überall dort, wo ein Objekt einer bestimmten Klasse A erwartet wird, muss auch stets ein Objekt einer Unterklasse von A verwendet werden können.

Das entspricht so auch unserer Lebenserfahrung: Wenn man z. B. bei einer Autovermietung ein „Automobil" reserviert, muss man mit einem Cabriolet genauso rechnen wie mit einer Limousine. Die Umkehrung der Aussage gilt jedoch nicht: Hat man explizit ein Cabrio geordert, wäre man mit einer Limousine nicht so glücklich. Ein anderes Beispiel bietet die Beziehung zwischen Polygon und Dreieck: Wenn eine Methode ein Polygon erwartet, sollte ein Objekt der Unterklasse Dreieck auch seinen Zweck erfüllen. Wenn man allerdings speziell ein Dreieck benötigt, kann man nicht einfach ein Objekt der Klasse Polygon verwenden, da dieses ja auch beispielsweise ein Fünfeck sein könnte.

16.2   Polymorphie

Kehren wir zu unserer obigen Personalverwaltung zurück. Das o.g. Substitutionsprinzip erlaubt es, *alle Objekte aller Unterklassen* von Mitarbeiter in einem *gemeinsamen* Feld zu verwalten, um z. B. für alle das jeweilige Gehalt zu berechnen:

```
var [1:100] array Mitarbeiter mitarbeiter;
...
for i := 1 to 100 do
  output(mitarbeiter[i].gehaltBerechnen());
endfor
```

In diesem Feld können sowohl Objekte der Klasse Arbeiter wie auch Objekte der Klasse Angestellter oder LeitenderAngestellter gespeichert werden, da sie alle zu Unterklassen von Mitarbeiter gehören. Das ist sehr praktisch, da wir uns keine Gedanken darüber machen müssen, welches Objekt wir vor uns haben, solange es ein Mitarbeiter ist.

Allerdings ist es dabei nicht immer unerheblich, zu welcher Unterklasse das Objekt gehört, z. B. wenn es wie hier um die Berechnung des persönlichen Montagehalts geht, da sich ja die Art der Berechnung zwischen den Unterklassen erheblich unterscheidet. Daher reicht es nicht aus, wenn nur die Oberklasse Mitarbeiter dazu eine Methode gehaltBerechnen besitzt. Aufgrund der unterschiedlichen Berechnung muss vielmehr jede Unterklasse eine eigene Methode gehaltBerechnen definieren. Auf der anderen Seite muss aber auch die Oberklasse Mitarbeiter eine solche Methode zumindest deklarieren, weil sonst der obige Aufruf mitarbeiter[i].gehaltBerechnen, der ja zunächst an ein Objekt der Klasse Mitarbeiter geht, nicht möglich wäre.

Daher wird die Methode gehaltBerechnen mit *derselben Signatur* sowohl in der Ober- als auch in den Unterklassen *deklariert* (siehe Abbildung 16.2). In unserem Fall reicht es jedoch, wenn die Methode nur in den Unterklassen *implementiert* wird, weil es ja keine Objekte der Klasse Mitarbeiter gibt. Man nennt diesen Vorgang *Überschreiben* einer Methode: Eine Unterklasse liefert eine eigene Implementierung für eine Methode, die in der Oberklasse bereits deklariert wurde. Eine solche Methode bezeichnet man auch als *polymorph* („vielge-staltig"), da sie zwar immer den gleichen Namen, allerdings je nach Unterklasse eine andere Implementierung hat.

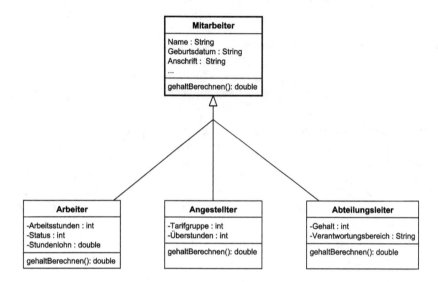

Abb. 16.2: *Polymorphie im Klassendiagramm.*

Beim Aufruf von `gehaltBerechnen` für die einzelnen Elemente des Feldes `mitarbeiter` wird automatisch für jeden Aufruf jeweils die passende Implementierung der entsprechenden Unterklasse gewählt. Falls also z. B. `mitarbeiter[1]` ein Objekt der Klasse `Arbeiter` ist, wird deren Methode ausgeführt. Falls `mitarbeiter[2]` z. B. ein Objekt der Klasse `Angestellter` ist, wird die Methode `gehaltBerechnen` der Klasse `Angestellter` ausgeführt.

16.3 Vererbung in JAVA

Die Vererbungsbeziehung zu einer Oberklasse, hier z. B. `Polygon`, wird in JAVA mit dem Schlüsselwort **extends** festgelegt:

```
public class Dreieck extends Polygon {
//...
}
```

Auch JAVA bietet den Zugriffsmodifikator **protected** an, und das sogar als Standardwert. Gibt man also keine Sichtbarkeit an, ist ein Attribut bzw. eine Methode **protected** (genau genommen ist der Standard „package protected", für unseren Zweck macht das allerdings keinen Unterschied).

Um eine Methode zu überschreiben, muss man sie lediglich in der Unterklasse mit der gleichen Signatur nochmals definieren. Die Verwendung der gleichen Signatur ist essentiell, denn neben dem Überschreiben kennt JAVA auch das *Überladen* von Methoden: Dabei wird eine Methode *innerhalb* einer Klasse mit *gleichem Namen* aber *unterschiedlicher Signatur* nochmals definiert. In diesem Fall wird anhand des Aufrufs entschieden, welche Signatur passt und welche Implementierung gewählt werden muss. Auch für das Überladen muss man nichts weiter tun, als die Methode erneut zu definieren. JAVA bietet darüber hinaus die Möglichkeit, in einer überschriebenen Methode auf die Implementierung der Oberklasse zuzugreifen. Das Schlüsselwort **super** stellt eine Referenz auf ein (abstraktes) Objekt der jeweiligen Oberklasse dar. Genauso stellt **this** eine Referenz auf das eigene Objekt dar. Im obigen Beispiel könnte man z. B. innerhalb der Klasse Arbeiter über **super**.gehaltBerechnen() auf die in der Oberklasse Mitarbeiter implementierte Methode zurückgreifen (falls diese dort implementiert sein sollte).

Man benötigt **super** oft innerhalb von Konstruktoren. Als Beispiel wollen wir die Klassen Polygon und Dreieck mit einigen Methoden implementieren. Hierbei lernen wir gleich noch einige Details der Java Programmierung kennen: Mit der Klasse Math hat man Zugriff auf verschiedene mathematische Grundfunktionen (etwa dem Wurzelziehen sqrt und der bereits bekannten Potenzfunktion pow(a, b) die a^b berechnet). Außerdem wird der logische ODER-Operator mit | oder || bezeichnet, UND mit & oder &&. Der Operator % bezeichnet, wie in PYTHON, den Divisionsrest der ganzzahligen Division.

```java
public class Polygon {
  protected double punkte[][];

  public Polygon(int ecken){
    punkte = new int[ecken][2];
  }

  public void setzeEcke(int pos, double x, double y){
    punkte[pos][0] = x;
    punkte[pos][1] = y;
  }

  public double umfang(){
    double res = 0;
    int n = punkte.length;
    for (int i = 0; i < n; i++)
      res = res + kantenlänge(i, (i+1) % n);
  }

  public double kantenlänge(int ecke1, int ecke2){
      return Math.sqrt(Math.pow(punkte[ecke1][0] -
                          punkte[ecke2][0], 2) +
                   Math.pow(punkte[ecke1][1] -
                          punkte[ecke2][1], 2));
  }
}

public class Dreieck extends Polygon{
  protected double punkte[][];
```

```
public Dreieck(){
  super(3);
}

public boolean istGleichseitig(){
  int a = kantenlänge(0, 1);
  int b = kantenlänge(1, 2);
  int c = kantenlänge(2, 0);
  if ((a == b) && (b == c) && (a == c))
    return true;
  else
    return false;
}

...


}
```

Zur Erinnerung: In JAVA muss jede Klasse in einer eigenen Datei mit dem Namen der Klasse gespeichert werden. In diesem Fall also Polygon.java und Dreieck.java, sowie z. B. Main.java (für ein Programm).

Als Besonderheit in JAVA erben alle Klassen automatisch von einer gemeinsamen „obersten" Oberklasse, die etwas unglücklich Object genannt wurde. Das heißt, dass alle JAVA-Klassen immer in einer großen, zusammenhängenden Vererbungshierarchie stehen, die mit Object beginnt. Dadurch besitzt jede Klasse auch bereits „von Haus aus" einige (polymorphe) Methoden, die sie auf diese Weise erbt. Ein Beispiel wäre die Methode toString(), die eine textuelle Repräsentation der Klasse liefert. Sie wird beispielsweise benutzt, wenn man ein Objekt mit System.out.println auf der Konsole ausgeben lassen möchte. Durch Überschreiben dieser Methode kann man also für eine eigene Klasse einfach festlegen, wie deren Objekte auf dem Bildschirm (textuell) ausgegeben werden sollen.

17 Basisdatenstrukturen

Nun wollen wir unsere Basisdatenstrukturen auch noch aus objektorientierter Sicht modellieren und implementieren. Für Datenstrukturen eignet sich die objektorientierte Sichtweise im allgemeinen sehr gut, weil man hier die Operationen der Datenstrukturen (wie push oder pop beim Keller) zusammen mit den Daten in einer Klasse definieren kann. Dann kann man diese Operationen als Methoden von Objekten z. B. der Klasse Keller aufrufen, ohne ihnen die jeweilige Datenstruktur als Argument übergeben zu müssen, z. B. keller1.push(element).

Wir werden in diesem Kapitel anhand der Liste und des Binärbaums zwei etwas unterschiedliche Strategien zur Implementierung rekursiver Datenstrukturen vorstellen. Für die Liste wählen wir eine Vorgehensweise, bei der alle Knoten zur selben Klasse gehören. Das Ende der Liste wird dann lediglich durch den Wert **null** der Zeigervariablen (bzw. hier des Attributes) next festgestellt. Für Binärbäume wählen wir eine andere Strategie, die das *Entwurfsmuster Kompositum* nutzt. Hier gibt es eine spezielle Klasse für die jeweils letzten Elemente, in diesem Fall für die Blätter. Die jeweils andere Modellierung bzw. Implementierung empfehlen wir den geschätzten Lesern als Übung.

17.1 Listen

Abbildung 17.1 zeigt die Modellierung einer Liste, die wir wie in der imperativen Sicht als (einfach) verkettete Liste implementiert haben. Jetzt wollen wir eine *doppelte* Verkettung der Liste implementieren. Daher benötigt jedes Element je einen Verweis auf seinen Nachfolger und auf seinen Vorgänger.

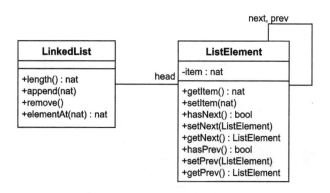

Abb. 17.1: *Klassenmodell der doppelt verketteten Liste*

Die Methoden sind wie in den vorherigen Sichten definiert. Die objektorientierte Implementierung ähnelt der imperativen Sicht, da wir ja nach wie vor die imperativen Kontrollstrukturen verwenden. Deswegen ist es umso wichtiger, sich nochmals den Unterschied vor Augen zu führen: Anstelle einer global existierenden Prozedur, die auf einer übergebenen Liste arbeitet, rufen wir die Methode eines Objekts auf, damit dieses „auf sich selbst" aktiv wird.

Im Unterschied zur imperativen Implementierung sparen wir uns hier die Dereferenzierung von Zeigervariablen auf Objekte mittels des Operators ↓, weil Objekte ja grundsätzlich und ausschließlich über Referenzen angesprochen werden.

Zunächst definieren wir die Klassen `LinkedList` und `ListElement`:

```
sort ListElement = class

  private nat item;
  private ListElement next;
  private ListElement prev;

  public getItem() : nat;
  public setItem(nat newValue);
  public hasNext() : bool;
  public getNext() : ListElement;
  public setNext(ListElement newValue);
  public hasPrev() bool;
  public getPrev() : ListElement;
  public setPrev(ListElement newValue);
end;

sort LinkedList = class

  private ListElement head;

  public length() : nat;
  public append(nat value);
  public remove();
  public elementAt(nat pos) : nat;
end;
```

Für die Klasse `ListElement` besteht die Implementierung nur aus relativ einfachen Methoden, die den Zugriff und die Abfrage der Attribute steuern. Wir geben daher hier nur die Methoden bezüglich des Attributs `next` an:

```
function ListElement.getNext() : ListElement
begin
  return next;
endfunc

procedure ListElement.setnext(ListElement newValue)
begin
  next := newValue;
```

```
endproc

function ListElement.hasNext() : bool
begin
  if (next != null)
    return true;
  else
    return false;
  endif
endfunc
```

Darüberhinaus gibt es noch einen Konstruktor, um die Attribute eines neuen Element direkt mit Werten belegen zu können:

```
constructor ListElement(nat value, ListElement prevElement,
                        ListElement nextElement)
begin
  item := value;
  prev := prevElement;
  next := nextElement;
endcons
```

Die Methoden der Klasse LinkedList sehen wie folgt aus – das algorithmische Grundprinzip der Listentravesierung ist dasselbe wie in der imperativen Sicht:

```
function LinkedList.length() : nat
var nat ergebnis;
begin
  if (head != null)
    ergebnis := 0;
    aktuell := head;
    while aktuell.hasNext() do
      ergebnis := ergebnis + 1;
      aktuell := aktuell.getNext();
    endwhile
    return ergebnis;
  else
    return 0;
  endif
endfunc

procedure LinkedList.append(nat value)
var ListElement new;
begin
  neu := generate(ListElement(value, null, head));
  head := new;
endproc

procedure LinkedList.remove()
```

```
begin
  if head = null
    output("Liste ist leer!");
  else
    head := head.getNext();
  endif
endproc
```

Schließlich noch die Methode elementAt:

```
function LinkedList.elementAt(nat position) : nat
var ListElement current;
var nat i;
begin
  current := head;
  for i := 1 to (position-1) do
    if not current.hasNext() then
        output("Liste ist nicht lang genug!");
        return -1;
    endif
    current := current.getNext();
  endfor
  return current.getItem();
endfunc
```

Beispiel 17.1

Als Beispiel für die Anwendung erzeugen wir eine Liste aus 4 Elementen:

```
liste := generate(Liste());
liste.append(3);
liste.append(1);
liste.append(4);
liste.append(2);
```

Nach diesen Aufrufen existieren im Speicher 5 Objekte: Zum einen die Liste und dann noch die 4 Listenelemente. Abbildung 17.2 veranschaulicht die Situation. Zunächst sind dort die Objekte detailliert mit ihren Attributen dargestellt. Um eine handlichere Darstellung einer verketteten Struktur zu haben, verkürzen wir diese von nun an, wie ebenfalls in Abb. 17.2 zu sehen. Dabei beschränken wir uns auf den Wert des Attributes das die Nutzdaten enthält und geben Referenzen zwischen den Listenelementen nur durch die Pfeile an.

17.2   Warteschlange und Keller

Die beiden Datenstrukturen Warteschlange und Keller wollen wir wie auch die Liste wieder mithilfe einer verketteten Liste implementieren. Da wir nun bereits eine Klasse LinkedList

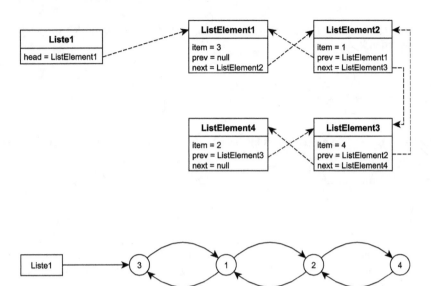

Abb. 17.2: *Objekte formen eine doppelt verkettete Liste. Ausführliche Darstellung der Objekte und verkürzte Darstellung der Liste als verkettete Elemente mit Werten.*

zur Verfügung haben, wollen wir hier gleich auf ein wichtiges Prinzip der (professionellen) Software-Entwicklung hinweisen: Wiederverwendung von bereits vorhandenem Code anstelle der erneuten Entwicklung. Daher werden wir beide Datenstrukturen so entwickeln, dass sie auf die Klasse LinkedList zugreifen. Abbildung 17.3 zeigt die Klassenkarten.

Stack
-elements : LinkedList
count() : int push(int) pop() : int

Queue
-elements : LinkedList
count() : int enqueue(int) dequeue() : int

Abb. 17.3: *Klassenkarten für die Klassen* Stack *und* Queue

Die Umsetzung der Klassen in OPPS erfolgt kanonisch:

```
sort Stack = class
  private LinkedList elemente;

  public count() : nat;
  public push(nat item);
  public pop() : nat;
end;
```

Der Konstruktor muss nun zunächst die verkettete Liste anlegen, damit sie das Objekt später direkt verwenden kann.

```
constructor Stack.Stack()
begin
   elemente := generate(LinkedList());
endcons
```

Die Methode `count` kann dann direkt die bereits vorhandene Methode `length` der Liste verwenden:

```
function Stack.count(): nat
begin
   return elemente.length();
endfunc
```

Genauso funktioniert auch das Hinzufügen eines neuen Elements, während zum Entfernen das Element am Anfang der Liste zunächst zwischengespeichert und dann entfernt werden muss.

```
procedure Stack.push(nat wert)
begin
   elemente.append(nat);
endproc
```

```
function Stack.pop() : nat
var nat wert;
begin
   if (count() > 0)
     wert := elemente.elementAt(0);
     elemente.remove();
     return wert;
   else
     ouput("Stack ist leer");
   endif
endfunc
```

Die Klasse `Queue` ist dann ganz ähnlich definiert und implementiert:

```
sort Queue = class
   private LinkedList elemente;

   public count() : nat;
   public enqueue(nat item);
   public dequeue() : nat;
end;
```

```
constructor Queue()
begin
   elemente := generate(LinkedList());
endcons
```

```
function Queue.count(): nat
begin
  return elemente.length();
endfunc

procedure Queue.enqueue(nat wert)
begin
  elemente.append(nat);
endproc
```

Die Operation dequeue ist ein wenig komplizierter, weil die Liste, so wie wir sie implementiert haben, immer nur das erste Element löschen kann – wir müssten aber das Letzte löschen.
Daher verwenden wir eine temporäre Liste und drehen in dieser die Reihenfolge der Element
um, dann löschen wir dort das erste Element und wiederholen den Prozess:

```
function Queue.dequeue() : nat
var nat wert;
var LinkedList temp;
begin
  if (count() > 0)
    temp := generate(LinkedList());
    while (elemente.length() > 0)
      temp.append(elemente.elementAt(0));
      elemente.remove();
    end;
    wert := temp.elementAt(0);
    temp.remove();
    while (temp.length() > 0)
        elemente.append(temp.elementAt(0));
        temp.remove();
    end
    return wert;
  else
    output("Queue ist leer!");
    return -1
  endif
endfunc
```

Beispiel 17.2

Die Arbeitsweise dieser Methode wollen wir anhand eines Beispiels genauer studieren.
Nehmen wir an, wir hätten in eine anfangs leere Warteschlange zunächst die Element 27,
10, 19 und 8 eingefügt. Die zugrundeliegende Liste sieht damit vereinfacht dargestellt wie
in Abbildung 17.4 aus.

Rufen wir nun dequeue auf, so sollte das Element 27 zurückgegeben werden, da es am
Längsten in der Datenstruktur verweilt. Die 27 befindet sich am Ende der Liste, da die später
eingefügten Elemente jeweils immer an den Anfang der Liste angefügt wurden. Natürlich

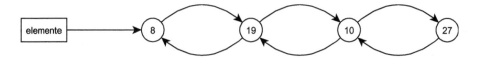

Abb. 17.4: *Die verkettete Liste* `elemente` *in einer Warteschlange.*

könnte man die Liste durch eine Methode `removeAt(nat pos)` erweitern, die nicht das erste Element löscht, sondern ein Element an einer beliebigen Stelle. Unsere Liste besitzt diese Methode jedoch nicht, aber wir wollen, wie erwähnt, die Datenstruktur Liste wiederverwenden. Damit stellt die Liste für uns eine „Black-Box" dar, die wir zwar verwenden, aber nicht modifizieren können. Die Methode `dequeue` arbeitet daher mit einer Hilfsliste `temp`. In diese werden nach und nach die Elemente der Warteschlange eingefügt und aus dieser entfernt. Nach 2 Schleifendurchläufen sieht die Situation wie in Abb. 17.5

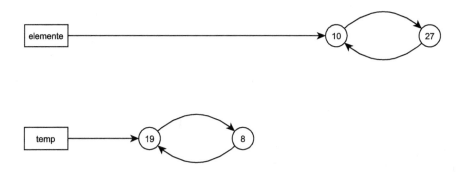

Abb. 17.5: *Die Hilfsliste* `temp` *speichert die Elemente in umgedrehter Reihenfolge.*

Man sieht, dass die Reihenfolge der Elemente in der Hilfsliste vertauscht ist. Nachdem alle Elemente in die Hilfsliste eingefügt wurden ist die eigentliche Liste leer und der Listenkopf der Hilfsliste zeigt auf das Element, das `dequeue` zurückliefern muss. Nachdem sich der Wert gemerkt und das Element entfernt wurde, werden die Element wieder in die Warteschlange zurück kopiert. Dabei wir die ursprüngliche Reihenfolge wieder hergestellt und am Ende ergibt sich die gewünschte Situation wie in Abbildung 17.6 zu sehen.

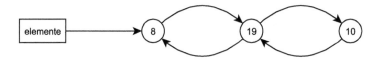

Abb. 17.6: *Das letzte Element wurde entfernt.*

17.3   Binärbaum

Für den Binärbaum machen wir uns abschließend auch die Möglichkeiten der Vererbung zu Nutze. In den vorherigen Sichten hatten wir die Unterscheidung zwischen einem *Blatt* (also einem Knoten ohne Nachfolger) und einem *inneren Knoten* nur *implizit* getroffen: Wenn beispielsweise beim Zählen der Elemente zu einem bestimmten Zeitpunkt die Verweise auf alle möglichen Kinder **null** waren, handelte es sich um ein Blatt. Die Objektorientierung erlaubt es uns nun, diese Unterscheidung *explizit* zu machen. Dazu modellieren wir zwei Klassen Leaf und InnerNode, die von einer gemeinsamen Oberklasse TreeElement erben (siehe Abb. 17.7

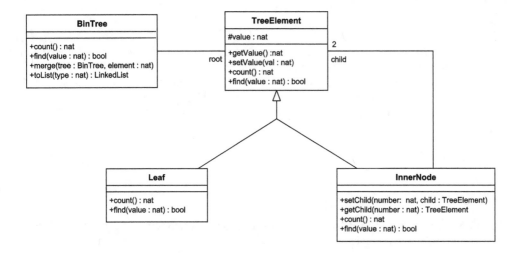

Abb. 17.7: *Die Klassen des Binärbaums mit Kompositum*

Ein Element in einem Baum ist entweder von der Klasse InnerNode oder von der Klasse Leaf. Aufgrund des Substitutionsprinzips können wir damit einen Baum aber immer auch als eine Menge von miteinander verknüpften TreeElement-Objekten betrachten.

Das Konstruktionsschema dieses Modells lässt sich auf viele rekursive Datenstrukturen übertragen. Solche übertragbaren Programmschemata nennt man *Entwurfsmuster*. Das hier vorgestellte Muster heißt *Kompositum*. Beispielsweise ist ein Dateisystem eine weitere Implementierung eines Kompositums: Ein Dateisystem besteht (üblicherweise) aus „Dateisystem-Einträgen". Diese können entweder *Dateien* oder *Ordner* sein, wobei Ordner wiederum selbst Dateisystem-Einträge beinhalten können.

Das Kompositum erlaubt eine direkte Abbildung der rekursiven Struktur des Binärbaums: Ein Binärbaum ist entweder ein *Blatt*, oder er ist ein (Wurzel-)*Knoten*, der wiederum bis zu zwei *Binärbäume* als Kinder hat. Genau diese beiden Fälle werden durch die Vererbung implementiert. Wie bereits angekündigt, wollen wir uns für die Implementierung der Methoden des Binärbaums nun ebenfalls die Rekursion zu Nutze machen.

Die Funktionsweise wollen wir am Beispiel der Methode count erklären: Der Benutzer der Datenstruktur muss sich keine Gedanken über die Implementierung machen – er ruft einfach die Methode count in der Klasse BinTree auf. Diese delegiert die Aufgabe dann an die entsprechende Methode des Wurzel-Objekts (sofern eines existiert). Die Umsetzung der Klassen in OPPS wollen wir hier nicht explizit angeben, da sie im Vergleich zu den Klassendiagrammen keine weitere Information beinhaltet.

```
function BinTree.count() : nat
begin
  if (root != null)
    return root.count();
  else
    return 0;
  endif
endfunc
```

Da sowohl die Klasse Leaf als auch die Klasse InnerNode die Methode count überschreiben, wird die passende Implementierung auch dann aufgerufen, wenn der Baum nur aus einem Element besteht. Im Folgenden stellen wir diese Implementierungen vor. Sie sollen die Anzahl der Elemente in dem Teilbaum zählen, der von dem jeweiligen Objekt repräsentiert wird. Für ein Blatt ist das einfach: Die Anzahl der Elemente ist immer eins, nämlich das Blatt selbst (und dieses hat per Definition keine Kinder):

```
function Leaf.count() : nat
begin
  return 1;
endfunc
```

Für die Klasse InnerNode ist zumindest klar, dass es wenigstens ein Kind geben muss. Daher werden die Elemente rekursiv gezählt:

```
function InnerNode.count() : nat
var nat ergebnis := 0;
begin
  if (children[0] != null)
    ergebnis := children[0].count();
  endif
  if (children[1] != null)
    ergebnis := ergebnis + children[1].count();
  endif
  return ergebnis + 1;
endfunc
```

Es ist der Polymorphie zu verdanken, dass diese Rekursion (die eigentlich keine Abbruchbedingung hat) überhaupt funktioniert: In der verketteten Baumstruktur kommt irgendwann der Fall, wo die Kinder eines inneren Knotens Objekte der Klasse Leaf sind. Für diese wird dann natürlich auch die passende Implementierung gewählt, die die Aufrufkette abbricht. Die Rekursion ist hier also nicht mehr in einer einzelnen Funktion bzw. Methode gekapselt, sondern vielmehr über mehrere überschriebene Methoden einer Vererbungshierarchie aufgeteilt. Diese Tatsache sorgt dafür, dass ein so implementierter Algorithmus sehr viel Sorgfalt in der Programmierung erfordert.

Die Operation find funktioniert ganz ähnlich. Sie ist ebenfalls auf drei Klassen verteilt. Ein Blatt kann selbst entscheiden, ob sein Wert der gesuchte ist. Die inneren Knoten überprüfen ihren eigenen Wert und, falls nötig, rekursiv auch die Werte der Kinder.

```
function BinTree.find(nat wert) : bool
begin
  if (root != null)
    return root.find(wert);
  else
    return false;
  endif
endfunc

function Leaf.find(nat wert) : bool
begin
  if (wert = value)
    return true;
  else
    return false;
  endif
endfunc

function InnerNode.find(nat wert) : bool
begin
  if (wert = value)
    return true;
  else
    if (children[0] != null)
      if(children[0].find(wert) = true)
        return true;
      endif
    endif
    if (children[1] != null)
      return children[1].find(wert);
    endif
  endif
endfunc
```

Beispiel 17.3

Wir wollen diese Rekursion mit einem Beispiel verdeutlichen. Angenommen, wir suchen in dem in Abb. 17.8 dargestellten Binärbaum nach dem Wert 5.

Der Binärbaum wird die Methode find zunächst auf dem Objekt mit dem Wert 3 aufgerufen. Dieses ist ein Objekt der Klasse InnerNode. Da der Wert nicht dem Gesuchten entspricht (3 != 5), wird die Methode auf dem linken Kind mit Wert 4 aufgerufen. Dieses ist ebenfalls ein Objekt der Klasse InnerNode und der Wert entspricht abermals nicht dem Gesuchten. Genauso verhält es sich mit dem Objekt mit Wert 2. Dieses ruft nun die Methode find auf seinen Kindern auf, die allerdings beide Objekte vom Typ Leaf sind.

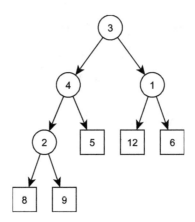

Abb. 17.8: *Ein Beispiel für einen (verkürzt dargestellten) Binärbaum*

Da beide den Wert **false** zurückliefern, liefert auch der Aufruf des Objekts mit Wert 2 **false** zurück. Dann ruft das Objekt mit Wert 4 `find` auch auf seinem 2. Kind auf. Dieses ist ebenfalls vom Typ `Leaf` und der Wert ist der Gesuchte. Daher liefert dieser Aufruf **true** zurück und damit auch der Aufruf des Objekts mit Wert 4. Damit bricht die Aufrufkette beim Objekt mit dem Wert 3 ab, da der Wert im linken Kind gefunden wurde. Die Grafik in Abbildung 17.9 veranschaulicht nochmal die genaue Abfolge der Aufrufe:

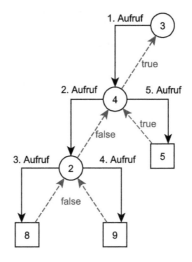

Abb. 17.9: *Aufrufe bei der Suche nach dem Wert 5.*

Die letzte noch zu implementierende Methode ist `merge`. Das Verschmelzen funktioniert wieder zentral, da nichts weiter zu tun ist, was eine Rekursion erfordern würde. Im Gegensatz zur

imperativen Sicht werden der Methode allerdings nicht zwei Bäume übergeben, sondern lediglich einer. Da die Methode auf dem Objekt eines bereits existierenden Binärbaums aufgerufen
wird, verschmilzt sich dieser Baum mit dem Übergebenen. In diesem Fall wird der übergebene
Baum als rechtes Kind angehängt, der bisherige Baum wird das neue linke Kind der Wurzel.

```
procedure BinTree.merge(BinTree tree, nat element)
var BinTree neuerBaum;
begin
  neuerBaum := generate(BinTree());
  neuerBaum.setElement(value);
  neuerBaum.setChild(1, childern[0]);
  neuerBaum.setChild(2, children[1]);
  children[0] := neuerBaum;
  children[1] := tree;
  value := element;
endproc
```

V Algorithmen und Datenstrukturen

18 Effizienz von Algorithmen

Nachdem wir uns in den vorherigen vier Teilen dieses Buches ausgiebig mit den Grundlagen der Modellierung und Programmierung befasst haben, wollen wir uns im fünften Teil des Buches nun vor allem der *Anwendung* des bisher Gelernten widmen. Dazu sollen verschiedene grundlegende Algorithmen und Datenstrukturen anhand der verschiedenen Sichten besprochen und implementiert werden.

Das Themengebiet „Algorithmen und Datenstrukturen" ist seit den Anfängen der Informatik eines ihrer wichtigsten Gebiete.

> **Definition 18.1**
>
> *Datenstrukturen* ermöglichen die Organisation, die Speicherung und den Zugriff durch Operationen auf Daten im Haupt- und Hintergrundspeicher. Sie stellen insbesondere effektive Speichermöglichkeiten für bestimmte Probleme aus den unterschiedlichsten Sichtweisen zur Verfügung.

Es gibt allerdings keine Datenstruktur, die alle Speicherprobleme in effizienter Weise bearbeiten kann. Einige Datenstrukturen haben wir bereits im letzten Teil kennengelernt, als weitere Beispiele folgen in diesem Teil z. B. *Graphen* und *Heaps*.

> **Definition 18.2**
>
> *Algorithmen* verwenden Datenstrukturen, um Rechenaufgaben schnell und zuverlässig zu lösen. Entscheidende Faktoren hierbei sind der Bedarf an Zeit und an Speicherplatz.

Oft hängt die Effizienz eines Algorithmus auch von der Effizienz der verwendeten Datenstruktur ab.

Typische Einsatzbereiche von Algorithmen sind:

- Suchverfahren,
- Sortierverfahren,
- Zugriffsoperationen auf Datenstrukturen oder
- heuristische Verfahren für Probleme, bei denen keine effiziente Lösung bekannt ist.

Wie kann man die kürzeste Verbindungen zwischen mehreren Städten bestimmen? Das Beispiel in Abbildung 18.1 zeigt, dass es durchaus möglich ist, die kürzesten Verbindungen naiv zu berechnen, wenn es wenige Städte und Straßen gibt. Durch bloßes Ausprobieren aller Kombinationen lässt sich schnell herausfinden, dass die kürzeste Strecke zwischen Landshut und Rosenheim über Wasserburg am Inn führt. Wollen wir die schnellsten Verbindungen aller großen und mittelgroßen Städte der Erde berechnen, so ist dies per Hand oder durch ein ineffizientes Verfahren (wie beispielsweise Ausprobieren aller Kombinationen) nicht mehr machbar. Eine effiziente Lösung dieses Problems werden wir zu einem späteren Zeitpunkt kennen lernen.

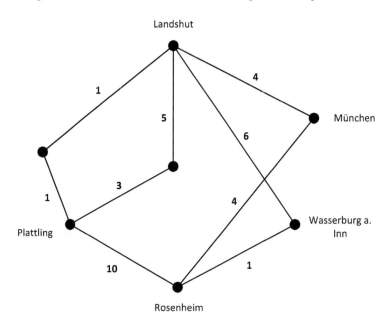

Abb. 18.1: *Kürzeste Verbindungen zwischen Städten mit schematischer Angabe von Straßen und Entfernung*

Zum Lösen anstehender Probleme brauchen wir also Folgendes:

- einen Algorithmus, der das Problem löst,
- eine Datenstruktur zur Verwaltung der benötigten Daten,
- Möglichkeiten zur Berechnung und zum Nachweis der Effizienz unserer Lösungen.

In den folgenden Abschnitten werden solche Techniken zur *Bewertung* von Algorithmen und Datenstrukturen sowie verschiedene Lösungsansätze für spezielle Probleme vorgestellt. Dabei werden wir jeweils die passendste Sicht (funktional, imperativ oder objektorientiert) benützen.

An dieser Stelle sei noch darauf hingewiesen, dass sich komplexe algorithmische Probleme meist nicht ad hoc lösen lassen und das Finden einer effizienten Lösung oft viel Geduld, Zeit und teilweise auch Glück oder Zufall benötigt. Sobald aber eine mögliche Lösung für eine Aufgabe gefunden ist, muss diese im Hinblick auf ihre Effizienz bewertet werden. Dabei kommt die asymptotische Analyse zum Einsatz. Sie ist daher ein wichtiger Bestandteil des Umgangs mit Algorithmen.

18.1 Asymptotische Analyse

Die Asymptotische Analyse beschäftigt sich mit der Frage, mit welchem Aufwand ein Algorithmus ein Problem löst. Dabei sind zwei Größen von Belang:

- der zeitliche Aufwand zur Lösung des Problems (*Zeitkomplexität*),
- der Speicherbedarf während der Berechnung (*Speicherkomplexität*).

Wir wollen uns auf hier den ersten Punkt beschränken, da der zur Verfügung stehende Speicherplatz sowie sein Preis in der heutigen Zeit ständig rasant ansteigt bzw. abfällt. Daher lassen sich manche Probleme auch über die Verwendung von mehr Speicherplatz effizienter gestalten. Die angewandten Analyse-Techniken lassen sich aber grundsätzlich auch auf die Analyse des Platzbedarfs übertragen.

Im Prinzip wäre es natürlich denkbar, die „reale" Laufzeit eines zu bewertenden Algorithmus durch Tests mit verschiedenen Eingabegrößen herauszufinden. Das erscheint bei genauerer Überlegung jedoch wenig praktikabel, da beispielsweise manche Algorithmen für größere Eingaben so lange laufen, dass man dies nicht abwarten und daher auch nicht messen kann. Außerdem würde dann die zum Testen verwendete Hardware Einfluss auf das Ergebnis nehmen. Da wir an von der Hardware unabhängigen Effizienz-Aussagen interessiert sind, wäre dieser Einfluss schlecht.

Als Einstieg betrachten wir die Funktion `fak(n)` zur Berechnung der Fakultät der Zahl n aus Abschnitt 6.4. Wie lange benötigt diese Funktion zur Berechnung des Ergebnisses in Abhängigkeit von der Eingabe n? Wir erkennen, dass sich dabei mehrere Fragen stellen:

- Wie kennzeichnen wir die Laufzeit in Abhängigkeit von der Länge n der Eingabe?
- Welche Wachstumsmaße gibt es?
- Wie drücken wir das Wachstumsverhalten aus?
- Wie berechnen wir das Wachstum?

Definition 18.3

Die *Laufzeit* eines Algorithmus mit der Eingabe der Länge n ist definiert durch die Funktion $T(n)$.

Als Wert von $T(n)$ wird dabei keine konkrete Zahl erwartet, die z. B. die Laufzeit in Sekunden angibt. Man erwartet vielmehr einen *Term* als Auskunft darüber, wie wir die Berechnung der Laufzeit in Abhängigkeit von n angenähert angeben können. Als Maßeinheit verwendet man üblicherweise die Anzahl an auszuführenden Operationen. Der Wert von n kann dabei die tatsächliche Eingabe des Programms sein oder eine Aussage über die Struktur einer verwendeten Eingabemenge, z. B. über die Länge einer Liste von Eingaben. So könnte für einen Sortieralgorithmus n die Anzahl der zu sortierenden Elemente bezeichnen. Im Folgenden werden wir $T(n)$ für einige Beispiele berechnen.

18.2 Komplexitätsmaße

Betrachten wir zunächst die drei Listen aus Abbildung 18.2. Alle drei sollen aufsteigend mit Bubblesort sortiert werden. Im *besten Fall* brauchen wir die Liste überhaupt nicht zu sortieren, im *schlechtesten Fall* ist die Liste genau anders herum sortiert. Der Aufwand zum Sortieren der ersten Liste ist im Vergleich zur zweiten gering. Für die dritte wird der Aufwand irgendwo zwischen den beiden anderen liegen. Die Länge n der drei Listen ist jeweils 6, trotzdem wird ein Algorithmus eine unterschiedliche Anzahl von Schritten zum Sortieren benötigen. $T(n)$ ist also nicht identisch für die drei Fälle.

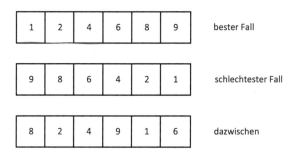

Abb. 18.2: *Sortieren einer Liste*

Wir unterscheiden daher drei verschiedenen Maße, mit denen sich Aussagen über den Zeitbedarf eines Algorithmus treffen lassen (vgl. Güting, 1992):

1. Der *beste Fall* (*best case*) T_{best}: Der Fall, bei dem die Lösung am schnellsten berechnet wird.
2. Der *schlimmste* oder *schlechteste Fall* (*worst case*) T_{worst}: Der Fall, bei dem die Berechnung am längsten dauert.
3. Der *Durchschnittsfall* (*average case*) T_{avg}: Die durchschnittliche Dauer der Berechnung über alle zu erwartenden Eingaben.

Dabei ist zu beachten, dass dieselbe Situation für einen bestimmten Algorithmus der best case sein kann, während sie für einen anderen den worst case darstellt. Für die Fakultätsfunktion gilt in allen drei Fällen: $T(n) = n + 1$ (die Herleitung folgt am Ende dieses Kapitels). Im Unterschied zum obigen Listen-Beispiel (n bezeichnet dort die Länge der Liste) ist n hier die konkrete Eingabe.

Der best case ist in vielen Fällen nicht besonders interessant, weil man in der Regel ja auf den schlimmsten Fall oder zumindest auf die durchschnittliche Laufzeit gefasst sein will. Der durchschnittliche Fall (average case) ist einerseits vor allem für Algorithmen interessant, die oft ausgeführt werden müssen, weil über den Aufwand im Einzelfall ja nur eine Wahrscheinlichkeitsaussage möglich ist. Außerdem erfordert seine Berechnung im Allgemeinen einen erheblichen mathematischen Aufwand. Der Grund dafür liegt darin, dass man sich zunächst Gedanken darüber machen muss, was der „durchschnittliche" Fall für eine Eingabe überhaupt ist. Dazu muss man üblicherweise die Wahrscheinlichkeitsverteilung der Eingaben definieren. Soll man beispielsweise eine Menge an Zahlen sortieren, kann man annehmen, dass jede Reihenfolge der Zahlen mit gleicher Wahrscheinlichkeit auftritt. Würde man hingegen Nachnamen sortieren, ist eine Gleichverteilung eher unwahrscheinlich.

Wir beschränken uns in diesem Buch daher meist auf die worst-case-Analyse. Dabei muss man darauf achten, den *ungünstigsten* Fall in Betracht zu ziehen. Diese Prämisse kann man allerdings entweder auf eine einzelne Operation oder auf eine Folge von n verschiedenen Operationen beziehen. Im zweiten Fall erhält man oft zu pessimistische Werte für den worst-case-Aufwand, wenn man einfach die worst case Werte der einzelnen beteiligten Operationen aufsummiert. Diesem Problem kann man begegnen, indem man die sogenannten amortisierten Kosten eines Ablaufs analysiert, wie am Ende des Kapitels beschrieben.

18.3 Wachstumsverhalten von Funktionen

In diesem Kapitel interessieren wir uns vor allem für die Laufzeit von Algorithmen $T(n)$ bei bestimmten Eingabegrößen n. Allerdings lassen entsprechende Analysen keine konkreten Aussagen bezüglich einer bestimmten Laufzeit zu, z. B. als Zeitangabe in Sekunden. Sie dienen vielmehr dem Vergleich der Effizienz verschiedener Algorithmen für eine bestimmte Eingabegröße. Als Ergebnis für $T(n)$ erhalten wir in der Regel Funktionen von n, in vielen Fällen Polynome:

$$T(n) = a_r n^r + a_{r-1} n^{r-1} + \ldots + a_1 n + a_0$$

Uns interessiert aber vor allem, wie sich ein Algorithmus für besonders „große" Eingaben verhält, weil letztlich die meisten Algorithmen für kleine Eingaben schnell genug sind. Demnach sind wir also vor allem am Verhalten der Funktion $T(n)$ für zunehmend große Werte von n interessiert also an ihrem *Wachstumsverhalten*. Als Hilfsmittel zu seiner Darstellung verwenden wir die sogenannte *O-Notation*. Das „O" darin wird auch als *Landau-Symbol* bezeichnet.

Die Aussage $T(n) = O(g(n))$ sagt dabei aus, dass die Funktion $T(n)$ in ihrem Wachstum durch die Funktion $g(n)$ beschränkt ist, wenn das Argument n sehr große Werte annimmt, also „gegen Unendlich geht" (kurz: für $n \to \infty$). Falls $T(n)$ ein Polynom ist, kann man $g(n)$ dabei sehr einfach bestimmen: Letztlich wird das Verhalten eines Polynoms $T(n)$ für $n \to \infty$ vom Summanden mit der höchsten Potenz von n bestimmt. Alle Terme mit niedrigerer Potenz können vernachlässigt werden. Auch multiplikative Konstanten spielen irgendwann keine Rolle mehr, können also durch 1 ersetzt werden. So erhalten wir zum Beispiel für quadratische Funktionen:

$$T(n) = 3n^2 + 100n + 1500 = O(n^2). \text{ Hier ist also } g(n) = n^2.$$

Formal wird die O-Notation (nach Güting, 1992, S. 11) folgendermaßen definiert:

Definition 18.4

Seien $f, g : \mathbb{N} \to \mathbb{R}^+$ $f = O(g)$ gilt genau dann, wenn es ein $c \in \mathbb{R}$ und ein $n_0 \in \mathbb{N}$ gibt, so dass für alle $n \geq n_0$ gilt: $f(n) \leq cg(n)$

Das bedeutet, dass f *höchstens so schnell* wie g wächst. Die Funktion g ist also eine *obere Schranke* von f.

Beispiel 18.1

Abbildung 18.3 zeigt, dass beispielsweise quadratische (x^2) oder exponentielle (a^x) Funktionen (Nummer 1 und 3) immer schneller wachsen als lineare (Nummer 2). Exponentielle Funktionen nehmen wiederum irgendwann größere Werte an als alle Potenzfunktionen (x^r).

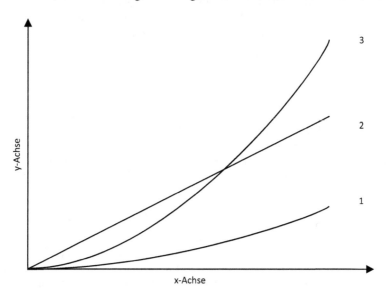

Abb. 18.3: *Wachstumsverhalten von Funktionen*

Es gilt beispielsweise:

- $n + 3 = O(n)$
- $5n^2 = O(n^2)$
- $2000n^3 + 495n^2 + 6n + 10000 = O(n^3)$
- $2^n = O(2^n)$
- $2^n + n^{100000} = O(2^n)$
- $O(n) = O(n/2) = O(23n)$

Es hat sich eingebürgert, die Aussagen in O-Notation als *Gleichungen* zu schreiben. Genau betrachtet ist dies falsch. Die Gleichungen dürfen nur von *links nach rechts* gelesen werden. Richtig wäre z. B. $f(n) = n, f \in O(n)$, da $O(n)$ eine *Menge von Funktionen* darstellt.

Wir teilen die Laufzeiten von Funktionen mithilfe der O-Notation in bestimmte Klassen ein (siehe Tabelle 18.1).

Warum gilt $O(\log_a(n)) = O(\log_b(n))$? Die Begründung lautet: Es gilt $\log_b(n) = \log_b(a) \cdot \log_a(n)$. $\log_b(a)$ ist aber eine Konstante. Konstanten können wie bereits gesehen in der O-Notation vernachlässigt werden, da sie keinen Einfluss auf das Wachstumsverhalten haben.

Die O-Notation kennt neben der Abschätzung nach oben noch weitere Symbole, die eine Aussage über das Wachstumsverhalten treffen und eine Verfeinerung der Thematik ermöglichen. Wir benötigen diese, um Komplexitätsbetrachtungen bei Bedarf lesen zu können.

Menge	Sprechweise
$O(1)$	konstant
$O(\log(n))$	logarithmisch
$O(n)$	linear
$O(n \log(n))$	log-linear
$O(n^2)$	quadratisch
$O(n^k), k > 2$	polynomiell
$O(k^n)$, meist $k = 2$	exponentiell

Tabelle 18.1: Klassifikation der O-Notation

Definition 18.5

Allgemeine O-Notation (siehe Güting, 1992, Seite 16):

- $f = \Omega(g)$ („f wächst mindestens so schnell wie g", g ist untere Schranke),
  falls $g = O(f)$.
- $f = \Theta(g)$ („f und g wachsen größenordnungsmäßig gleich schnell"),
  falls $f = O(g)$ und $g = O(f)$.
- $f = o(g)$ („f wächst echt langsamer als g"),
  wenn die Folge $(f(n)/g(n))n \in (N)$ eine Nullfolge ist.
- $f = \omega(g)$ („f wächst echt schneller als g"),
  falls $g = o(f)$.

Diese Symbole dürfen genauso wie oben nur von links nach rechts gelesen werden. Praktisch gesehen haben wir nun die Möglichkeit, Funktionen größenordnungsmäßig zu vergleichen (siehe Tabelle 18.2).

$f = O(g)$	$f \leq g$
$f = o(g)$	$f < g$
$f = \Omega(g)$	$f \geq g$
$f = \omega(g)$	$f > g$
$f = \Theta(g)$	$f = g$

Tabelle 18.2: Vergleich der Landau-Symbole

Abschließend bleibt nur noch die Frage offen, wie wir das Wachstumsverhalten von rekursiven Funktionen berechnen. Dies ist oft nur trickreich und kompliziert zu lösen.

Eine Möglichkeit bietet das Aufstellen einer Gleichung über die Laufzeit $T(n)$, indem wir die Anzahl der Operationen pro rekursiven Aufruf zählen und mit der Laufzeit des nächsten rekursiven Aufrufes addieren oder multiplizieren.

Am Beispiel der rekursiven Implementierung der Fakultätsfunktion: Wir nehmen an, dass der Vergleich die Operation ist, die Zeit kostet. Die Multiplikation und Subtraktion sowie die Zeit für den rekursiven Funktionsaufruf kosten natürlich auch Zeit (evtl. sogar mehr als der Vergleich), allerdings führen wir diese Operationen genauso oft aus, wie wir Vergleichen. Die O-Notation erlaubt es uns daher, die konstanten und damit nicht weiter interessanten Kosten der einzelnen Operationen alle mit den Vergleichskosten zusammenzufassen. Uns interessiert also nur noch wie oft wir einen Vergleich anstellen.

$$
\begin{aligned}
T(n) &= T(n-1) + 1 \\
&= T(n-2) + 1 + 1 \\
&= T(n-3) + 1 + 1 + 1 \\
&\quad \ldots \\
&= T(0) + 1 + \ldots + 1 \\
&= T(0) + n \Rightarrow T(n) = n + 1 = O(n)
\end{aligned}
$$

Es muss natürlich gelten, dass $T(0) = 1$, was nach Definition von `fak` offensichtlich der Fall ist. Zur Erklärung obigen Vorgehens betrachten wir zuerst die erste Zeile: $T(n) = T(n-1)+1$. Wir haben sie aus der Struktur der Fakultätsfunktion hergeleitet. Für den Rest brauchen wir die Fakultätsfunktion nicht mehr heranzuziehen. Wir setzen in der linken Seite der Gleichung in $T(n)$ den Wert $n-1$ ein und erhalten: $T(n-1) = T((n-1)-1)+1$. Durch Einsetzen in die erste Zeile und etwas Umformung lässt sich genau die zweite ableiten. Fahren wir mit $n-2$, $n-3$, usw. genauso fort, entspricht dies exakt obiger Herleitung.

Wir werden dieses Verfahren anhand der Algorithmen im nächsten Kapitel „Sortieren und Suchen" vertiefen und anwenden.

18.4 Amortisierte Kosten

Wir wollen uns die Analyse der amortisierten Kosten am Beispiel eines objektorientiert implementierten Kellerspeichers (siehe Kapitel 17) näher ansehen. Das Beispiel folgt der Argumentation aus (Cormen et al., 2001, S. 408ff). Dazu führen wir eine neue Operation `multipop(k)` auf dem Keller ein, die k Elemente auf einmal entfernen kann, sofern diese vorhanden sind. Falls die Zahl s der aktuellen Elemente auf dem Keller kleiner als k ist, so soll der Keller vollständig geleert werden.

```
function Stack.multipop(nat k): LinkedList
LinkedList result;
begin
  result := generate(LinkedList());
  while (elemente↓.length > 0)
    result↓.append(pop());
  endwhile
  return result;
endfunc
```

Da `multipop(k)` entweder s oder k mal die Operation `pop` ausführt, je nachdem, welche der beiden Zahlen die kleinere ist, beträgt der tatsächliche Aufwand für die Methode `multipop` offensichtlich $T(n) = min(s,k)$, Schritte, falls man für `pop` (ebenso wie für `push`) den Aufwand $T(n) = 1$ ansetzt (oder zumindest konstant).

Stellt man nun eine naive worst-case-Analyse einer Folge von n beliebigen Operationen auf einem anfangs leeren Keller an, so kann man ja zunächst nicht wissen, wie oft push, pop oder multipop darin jeweils vorkommen. Da push und pop den Aufwand $T(1)$ erfordern, während multipop den Aufwand $T(n)$ haben kann, müsste man schlimmstenfalls annehmen, dass alle n Operationen der Folge Aufrufe von multipop(n) sind. Damit müsste man für eine Folge von n Operationen also schlimmstenfalls mit dem Aufwand $T_{Folge}(n) = n * T_{multipop}(n) = n \cdot n = n^2$ rechnen.

Allerdings hat man dabei nicht berücksichtigt, dass man den Keller ja erst mit Aufrufen von push aufbauen muss, bevor man ein oder sogar mehrere pop Aufrufe (ggf. in multipop) ausführen kann. Genau für solche Überlegungen wurde die Methode der amortisierten Kosten entwickelt. Allerdings gibt es für diese Methode wiederum drei Vorgehensweisen: *Aggregationsanalyse, Kontomethode* und die *Potentialmethode*. Das Ziel ist dabei immer, einen Term zu finden, der die höchstmöglichen Kosten eine Folge von Operationen nach oben abschätzt. Allerdings können diese drei Methoden eventuell zu verschiedenen Ergebnissen führen, also zu Abschätzungen, die dem wahren Ergebnis unterschiedlich nahe kommen (aber auf jeden Fall darüber liegen). Wir beschränken uns hier auf die *Potentialmethode*.

Dazu betrachten wir n Operationen auf einer Datenstruktur D. Die tatsächlichen Kosten dieser Operationen seien $c_1, \ldots, c_n$. Den Anfangszustand von D bezeichnen wir mit D_0 und ihren Zustand nach der i-ten Operation ($i = 1, \ldots, n$) mit D_i. Nun führen wir eine Funktion Φ ein, die jedem Zustand D_i von D eine reelle Zahl zuordnet: $\Phi(D_i) = r \in \mathbb{R}$. Diese Zahl bezeichnen wir als *Potential* der Datenstruktur D im Zustand D_i.

Die *amortisierten Kosten* $\hat{c}_i$ der i-ten Operation definieren wir dann als:

$$\hat{c}_i = c_i + \Phi(D_i) - \Phi(D_{i-1})$$

Die amortisierten Gesamtkosten $\hat{C}_n$ der Folge von n Operationen betragen damit:

$$\hat{C}_n = \sum_{i=1}^{n} \hat{c}_i = \sum_{i=1}^{n}(c_i + \Phi(D_i) - \Phi(D_{i-1})) = \sum_{i=1}^{n}(c_i) + \Phi(D_n) - \Phi(D_0)$$

Der letzte Schritt gilt, da sich beim Auflösen der Summe die einzelnen Φ-Summanden gegenseitig auflösen: $\Phi(D_1) - \Phi(D_0) + \Phi(D_2) - \Phi(D_1) + \Phi(D_3) - \Phi(D_2) + \ldots + \Phi(D_n) - \Phi(D_{n-1}) = \Phi(D_n) - \Phi(D_0)$

Wenn wir nun die Potentialfunktion Φ so festlegen können, dass $\Phi(D_n) \geq \Phi(D_0)$ ist, dann stellen die totalen amortisierten Gesamtkosten $\hat{C}_n$ sicher eine obere Schranke für die tatsächlichen Kosten dar, was wir ja genau erreichen wollen. In der Praxis wissen wir meist nicht, wie groß die Zahl n tatsächlich ist. Wenn wir aber sicherstellen, dass $\Phi(D_i) \geq \Phi(D_0)$ für jedes i gilt, macht uns das nichts aus. Mit dieser Forderung kann man oft am Besten umgehen, wenn man $\Phi(D_0) = 0$ definiert. Dann muss man nur noch sicherstellen, dass alle $\Phi(D_i) \geq 0$ sind.

Intuitiv bedeutet $\Phi(D_i) - \Phi(D_{i-1}) \geq 0$, dass bei der i-ten Operation Aufwand „eingespart" wird, der dann für die folgenden Operationen zur Verfügung steht ohne die Gesamtkosten zu verschlechtern. Wenn wir das auf unseren Keller anwenden, so können wir definieren, dass $\Phi(D_i) = s_i$ ist, wenn s_i die Anzahl der Elemente angibt, die sich im Zustand D_i im Keller befinden. Wenn wir mit dem leeren Keller starten, ist ganz automatisch $\Phi(D_0) = 0$. Wir müssen daher nur dafür sorgen, dass $\Phi(D_i) \geq 0$ für alle i gilt. Da ein Keller aber nie weniger als 0 Elemente beinhalten kann, gilt das klarerweise immer. Nun können wir die Potentialwirkung der drei Kelleroperationen berechnen. Falls die i-te Operation push ist, erhöht sich die Anzahl der Elemente des Kellers um 1, also gilt:

$$\Phi(D_i) - \Phi(D_{i-1}) = s_i - s_{i-1} = (s_{i-1} + 1) - s_{i-1} = 1$$

Da der tatsächliche Aufwand für push $c_i = 1$ beträgt, ergibt sich für die amortisierten Kosten von push:

$$\hat{c}_i = c_i + \Phi(D_i) - \Phi(D_{i-1}) = 1 + 1 = 2$$

Für pop gilt analog:

$$\Phi(D_i) - \Phi(D_{i-1}) = s_i - s_{i-1} = (s_{i-1} - 1) - s_{i-1} = -1$$

und

$$\hat{c}_i = c_i + \Phi(D_i) - \Phi(D_{i-1}) = 1 - 1 = 0$$

Falls die i-te Operation multipop ist, so reduziert sich die Anzahl der Elemente um $m = min(k, s)$. Daher gilt:

$$\Phi(D_i) - \Phi(D_{i-1}) = s_i - s_{i-1} = (s_{i-1} - m) - s_{i-1} = -m$$

und

$$\hat{c}_i = c_i + \Phi(D_i) - \Phi(D_{i-1}) = m - m = 0$$

Weil damit für alle i die Aussage $\Phi(D_i) \geq 0$ wahr ist, passt unsere Potentialfunktion so und wir können damit die amortisierten Kosten eine Folge von n Anweisungen abschätzen. Wegen $\hat{c}_i \leq 2$ für alle i gilt:

$$\hat{C}_n = \sum_{i=1}^{n} \hat{c}_i \leq \sum_{i=1}^{n} 2 = 2n$$

Der worst-case-Aufwand beträgt daher für jede mögliche Folge von n Operationen höchstens $T(n) = 2n$. Im Vergleich zu unserer naiven Abschätzung $T(n) = n^2$ ist das eine erhebliche Verbesserung. Bei $n = 100$ ist z. B. $100^2 = 10.000$, während $2n$ lediglich 200 beträgt.

19 Sortieren und Suchen

Bisher wurden grundlegende Verfahren zum Entwurf und zur Untersuchung von Algorithmen behandelt. Diese Techniken wollen wir nun anhand von Algorithmen für Sortier- und Suchprobleme anwenden und vertiefen.

Viele Anwendungen im Bereich des täglichen Lebens verwenden Sortier- und Suchalgorithmen. Der Leser stelle sich nur einmal vor, in einem unsortierten Telefonbuch einen Namen mit der dazugehörigen Telefonnummer zu suchen. Die Algorithmen kommen aber auch in technischen Bereichen (wie z. B. Datenbanken) zum Einsatz. Sie sind damit wesentlicher Bestandteil informatischen Grundwissens.

Sortieren und Suchen geschieht in der Regel auf so genannten *Schlüsseln*, eindeutigen Elementen zur Identifikation anderer Daten. In der Praxis könnten das z. B. Kfz-Kennzeichen im Kraftfahrt-Bundesamt, ISBN-Nummern in einem Verlag oder URLs bei Internet-Adressen sein. Zur Vereinfachung bestehen unsere Schlüssel in diesem Buch nur aus natürlichen Zahlen, die zugrundeliegenden Algorithmen sind davon sowieso unabhängig.

Auf die explizite Behandlung der zugehörigen Datenelemente verzichten wir hier, um das Wesentliche hervorzuheben. Man kann sich aber stets einen entsprechenden Kontext dazu denken: Der Schlüssel könnte z. B. die Personalnummer eines Angestellten einer Firma sein und die damit verknüpften Daten die Personalakte der entsprechenden Person. Man sollte sich also bei allen folgenden Überlegungen bewusst sein, dass an jedem Schlüssel ein eventuell sehr komplexes Datenelement hängen kann (siehe Abb. 19.1).

Abb. 19.1: *Ein Schlüssel verweist auf weitere Daten.*

In den nächsten Abschnitten wollen wir verschiedene Algorithmen kennen lernen und dabei auch gleich nochmals die drei verschiedenen Sichten gegenüberstellen. Die Algorithmen arbeiten teilweise auf der Datenstruktur der Liste, deren Struktur und Zugriffsoperationen in den Kapiteln über die Basisdatenstrukturen nachgelesen werden können.

19.1 Sortieren durch Einfügen

Sortieren durch Einfügen (engl. *Insertionsort*) ist ein relativ naiver Ansatz zum Sortieren von Daten. Er nimmt ein Element aus einer *unsortierten* Folge und fügt es in eine bereits *sortier-*

te Folge an der *geeigneten* Stelle ein. Damit lässt sich der Algorithmus für Sortieren durch Einfügen funktional wie folgt angeben (vgl. Broy, 1998, Band 1, Seite 136).

```
function insertsort (list<nat> s): list<nat>
  return insertseq(empty, s)

function insertseq (list<nat> s, list<nat> r): list<nat>
  return if length(r) = 0 then s
          else insertseq(insert(s, r.head), r.rest)

function insert (list<nat> s, nat a): list<nat>
  return if length(s) = 0 then list<nat>(a, empty)
        else if a ≥ s.head then append(a, s)
            else append(s.head, insert(s.rest, a))
```

`insertsort` übernimmt die zu sortierende Liste und startet `insertseq`. Der erste Parameter wird mit der leeren Liste (**empty**) initialisiert, da zu Beginn noch nichts sortiert ist. Die Funktion `insert` setzt das Element a an die korrekte Stelle einer bereits (absteigend) sortierten Liste. `insertseq` macht nichts anderes, als `insert` so oft aufzurufen, bis alle Elemente sortiert sind. Ein Aufruf von `insertsort` liefert somit eine absteigend sortierte Liste. Abbildung 19.2 zeigt dies beispielhaft.

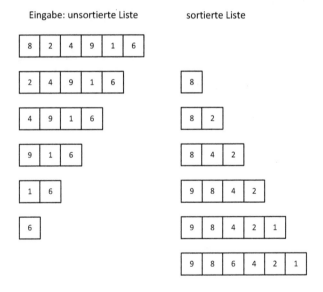

Abb. 19.2: *Sortieren durch Einfügen.*

19.1.1   Die Laufzeit von Sortieren durch Einfügen

Die Laufzeit von `insertsort` ist maßgeblich von den Laufzeiten von `insertseq` und `insert` abhängig. Da `insertseq` bei jedem rekursiven Aufruf insert initiiert, ergibt sich die Laufzeit von `insertsort` wie folgt:

$$T_{insertsort}(n) = T_{insertseq}(n) \cdot T_{insert}(n)$$
$$T_{insertseq}(n) = T_{insertseq}(n-1) + 1$$
$$T_{insert}(n) = T_{insert}(n-1) + 2$$

Man nimmt bei der Analyse von Sortierverfahren oft an, dass Vergleiche die zeitkritischsten Operationen sind. Auch wenn das in der Realität nicht immer stimmt, ist diese Vereinfachung asymptotisch (für $n \to \infty$) gesehen kein großes Problem. Wichtig ist nur, dass wir neben dem Vergleich nur eine *konstante* Anzahl anderer Operationen ausführen. Dann können wir alle diese Operationen mit den fiktiven Kosten „1" zusammenfassen. Die tatsächlichen Kosten verschwinden in der O-Notation dann sowieso, soweit sie konstant sind. Ähnlich der Analyse der Fakultätsfunktion haben `insertseq` und `insert` jeweils die worst-case-Laufzeit $O(n)$. Somit ist im worst-case-Fall:

$$T_{insertsort}(n) = n \cdot O(n) = O(n^2)$$

Bei etwas anderer Betrachtung ergibt sich die Komplexität auch ohne Aufbrechen der Rekursionen. Für `insert` ist die sortierte Liste anfangs leer, das heißt im ersten Schritt benötigt sie zum Einfügen maximal eine Operation, im zweiten maximal zwei Operationen und im letzten maximal n Operationen. Anders ausgedrückt gilt:

$$T_{insertsort}(n) \le 1 + 2 + 3 + \ldots + n = \sum_{i=1}^{n} i = \frac{n \cdot (n+1)}{2} = O(n^2)$$

19.2 Sortieren durch Auswählen

Sortieren durch Auswählen (engl. *Selectionsort*) ist in gewisser Weise die Umkehrung von Sortieren durch Einfügen. Um eine Liste absteigend zu sortieren, entnimmt der Algorithmus das *größte* Element aus der *eingegebenen* Liste und fügt es am *Ende* einer *sortierten* Liste ein (vgl. Broy, 1998, Band 1, Seite 136).

Wir wollen diesen Algorithmus in der objektorientierten Sicht implementieren. Wir haben die Datenstrukturen also in Form von Objekten vor uns (in diesem Fall als Liste der Schlüssel-Elemente), die sich selbst sortieren können. Wir definieren dazu eine Klasse SortedList, die von der Klasse LinkedList (siehe Kapitel 16) erbt – damit sind die Möglichkeiten zum Einfügen und Löschen bereits vorhanden. Zusätzlich bekommt die Klasse aber eine Methode „sort", die die Liste sortiert. Diese wiederum benützt eine Hilfsmethode, die als privat gekennzeichnet ist

```
sort SortedList = subclass of LinkedList
   public sort;
   private selectMax() : ListElement;
end;


procedure SortedList.sort
var List sorted;
var ListElement temp;
var nat i;
begin
   sorted := generate(LinkedList());
   for i := 1 to length() do
        temp := selectMax();
```

```
        sorted.add(temp);
        temp.setPrev(temp.getNext());   //Element aus Liste entfernen
    endfor
    head := sorted.head;
endproc

function SortedList.selectMax() : ListElement
var nat curMax;
var ListElement maxPointer := head, cur := head;
begin
  curMax := head.getItem();
  while cur.hasNext() do
    if cur.item > curMax
      maxPointer := cur;
      curMax := cur.item;
    endif
    cur := cur.getNext();
  endwhile
  return maxPointer;
endfunc
```

Dabei nehmen wir an, dass die in Kapitel 16 als privat deklarierten Attribute auf **protected** gesetzt wurden. Andernfalls könnte unsere Klasse SortedList nicht auf diese zugreifen.

Die Funktion selectMax selektiert das Maximum aus der Liste. Das gefundene Maximum wird in eine temporäre Liste eingefügt (diese ist immer sortiert) und das Element dann in der ursprünglichen Liste gelöscht. Hier kommt uns entgegen, dass wir lediglich die Referenzen auf die Listen Elemente verschieben müssen. Am Ende setzen wir das head Element auf das Erste Element der temporären Liste und das Sortieren ist fertig. Einen beispielhaften Ablauf von sort zeigt Abbildung 19.3.

19.2.1   Die Laufzeit von Sortieren durch Auswählen

Die Methode sort besteht hauptsächlich aus einer **for**-Schleife. Diese wird bei n Elementen genau n mal ausgeführt. Darüber hinaus gibt es „Fixkosten" wie das Anlegen der temporären Liste und das setzen des head-Elements am Ende. Das heißt die Laufzeit ist bestimmt durch:

$$T_{sort} = n \cdot T_{for-Schleife} + c$$

Der einmalige Durchlauf der **for**-Schleife verursacht einen Aufruf von selectMax sowie das Einfügen/Löschen. Also gilt: $T_{for-Schleife} = T_{selectMax} + c$. Die Hilfsmethode selectMax durchläuft die (verbleibende) Liste genau einmal in der Schleife und hat an jeder Stelle nur konstante Kosten (evtl. das Aktualisieren des aktuellen Maximums und das Weiterschalten der Referenz auf das aktuelles Element). Die Kosten von $T_{selectMax}$ sind für n Elemente folglich $n \cdot c$. Insgesamt ergibt sich:

$$T_{sort} = n \cdot (n \cdot c + c) + c = n^2 \cdot c + c \cdot c + c = O(n^2)$$

Abschließend sei zu den beiden Algorithmen „Sortieren durch Einfügen" und „Sortieren durch Auswählen" noch gesagt, dass in einigen anderen Lehrbüchern nur auf einer Datenstruktur

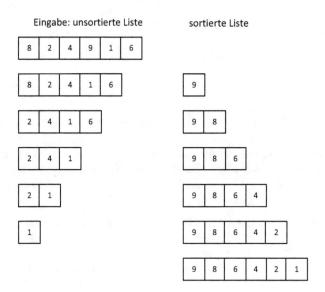

Eingabe: unsortierte Liste   sortierte Liste

Abb. 19.3: Sortieren durch Auswählen.

(statt auf zweien) gearbeitet wird. Man merkt sich dabei in einem zusätzlichen Index, wo der sortierte Bereich jeweils anfängt bzw. endet. Dort kommt die Vorstellung von „Element in der einen Liste wegnehmen" und „Element in der anderen Liste hinzufügen" aber nicht so deutlich zum Ausdruck wie hier. Bezüglich der worst-case-Analyse ändert sich an der Laufzeit auch nichts. Sie wächst immer noch quadratisch mit der Anzahl der zu sortierenden Elemente.

19.3   Bubblesort

Ein weiteres bekanntes Sortierverfahren heißt *Bubblesort*, weil sein Ablauf an Luftblasen erinnert, die im Wasser nach oben „blubbern". Wir geben den Algorithmus in der imperativen Sicht wie folgt an (vgl. Ottmann/Widmayer, 2002, Seite 83):

```
procedure bubblesort(var array nat s, nat n ):
var nat i, temp;
var bool nichtvertauscht := false;
begin
  while not nichtvertauscht do
    i := 1;
    nichtvertauscht := true;
    while i ≤ n-1 do
      if s[i] > s[i+1] then
        temp := s[i];
        s[i] := s[i+1];
        s[i+1] := temp;
        nichtvertauscht := false;
      endif
```

```
        i := i + 1;
    endwhile
  endwhile
endproc
```

Ohne die Konzepte der Objektorientierung muss die Prozedur die zu sortierenden Daten als Parameter übergeben bekommen. Im Gegensatz zur funktionalen Sicht können wir aber immerhin Zustände verwenden und uns merken, ob in einem Durchlauf ein Element vertauscht wurde oder nicht. Würden wir Bubblesort funktional implementieren, müsste diese Information als Parameterwert durch die verschiedenen Funktionsaufrufe mitgeschleift werden. Man sieht hier also auch, dass sich manche Algorithmen für eine der Sichten besonders anbieten - Bubblesort lässt sich funktional nur wenig elegant implementieren.

Der Algorithmus beginnt am Index 1 des Datenfeldes s. Sobald sich an Stelle s[i] ein größeres Element als an s[i+1] befindet, vertauschen wir die Elemente. Dadurch wird beim ersten Durchlauf der äußeren Wiederholungsstruktur das größte Element sicher an das Ende der Liste geschoben. Die Variable nichtvertauscht signalisiert, ob in einem Durchlauf mindestens eine Vertauschung durchgeführt wurde. Wenn dies der Fall ist, besteht die Möglichkeit, dass die Liste noch nicht ganz sortiert ist. Sobald nichtvertauscht **true** bleibt, wurde kein Element mehr vertauscht und die Liste ist komplett sortiert.

Der Algorithmus sortiert die Liste aufsteigend, wie in Abbildung 19.4 zu erkennen. Das Beispiel verdeutlicht für die angegebene Liste genau den ersten Durchlauf der äußeren **while**-Schleife. In den jeweiligen Zeilen ist der Zustand der Liste s zu Beginn eines Durchlaufes der inneren **while**-Schleife dargestellt. Der Pfeil markiert jeweils das linke Element des nächsten paarweisen Vergleichs.

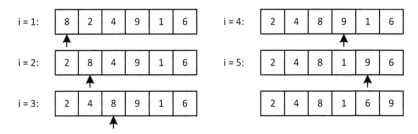

Abb. 19.4: Sortieren mit Bubblesort.

19.3.1   Die Laufzeit von Bubblesort

Zur Berechnung der Komplexität von bubblesort wollen wir etwas anders vorgehen als bisher. Eine Annahme darüber zu treffen, wie oft die äußere **while**-Schleife durchlaufen wird, ist schwierig, da nichtvertauscht zu **true** ausgewertet wird, wenn die Liste s aufsteigend sortiert ist. Falls dies anfangs der Fall ist, liegt der best-case vor. In diesem Fall erfolgt keine Vertauschung und der Algorithmus bricht nach einem Durchlauf ab.

$$T_{bubblesort}(n) = n - 1 = O(n)$$

Im schlechtesten Fall (s ist anfangs absteigend sortiert) muss für jedes der n Elemente ein weiterer Durchlauf mit $n - 1$ Vergleichen durchgeführt werden. Daher ist die worst-case-Komplexität:

$$T_{bubblesort}(n) = n \cdot (n - 1) = O(n^2)$$

Ein Einwand wäre nun, dass der schlechteste Fall sehr selten auftritt. Darum sollte die Laufzeit oftmals wesentlich besser sein. Wir verzichten zwar an dieser Stelle auf den Beweis, aber es ist nachweisbar, dass Bubblesort im Durchschnittsfall ebenfalls die Komplexität $O(n^2)$ hat. Der Algorithmus erreicht nur dann gute Laufzeiten, wenn die Liste fast vollständig vorsortiert ist (vgl. Ottmann/Widmayer, 2002).

19.4 Quicksort

Bisher haben wir drei Sortierverfahren mit *quadratischer* Laufzeit behandelt. Wir betrachten nun ein Verfahren, welches im Durchschnitt eine wesentlich bessere Laufzeit hat. Es heißt *Quicksort* und wurde von E. W. Dijkstra entwickelt. Es arbeitet nach der Strategie „Divide-and-Conquer" („Teile und Herrsche"). Diese Strategie zerteilt ein Problem so lange in kleinere Teilaufgaben, bis die Lösung trivial wird. Zur Berechnung der Gesamtaufgabe setzt man die Teilergebnisse wieder zusammen.

Der Algorithmus verwendet drei Funktionen mit Laufzeit $O(n)$ haben. Wir geben hier nur die erste an, die anderen werden analog dazu definiert (vgl. auch Broy, 1998, Band 1, Seite 128).

```
function lowerpart (list<nat> s, nat a): list<nat>
  return if length(s) = 0 then empty
         else if s.head < a then append(lowerpart(s.rest, a), s.head)
              else lowerpart(s.rest, a)

function equalpart (list<nat> s, nat a): list<nat>
function higherpart (list<nat> s, nat a): list<nat>
```

Als Eingabe erhalten die Funktionen abermals eine Liste s von natürlichen Zahlen und eine natürliche Zahl a. Die Funktion `lowerpart` gibt alle Zahlen zurück, die kleiner als a sind, während `equalpart` alle Zahlen zurück gibt, die gleich a sind und `higherpart` schließlich alle Zahlen, die größer als a sind. Die Laufzeiten ergeben sich aus dem linearen Durchlauf von s. Für jedes Element ist ein Vergleich nötig, damit es in `lowerpart`, `equalpart` oder `higherpart` eingereiht werden kann. Damit können wir den eigentlichen Algorithmus sehr kompakt angeben. Wir verwenden dazu den Operator ∘, der bisher noch nicht vorgekommen ist. Er verkettet zwei Listen hintereinander:

```
function quicksort (list<nat> s): list<nat>
  return if length(s) ≤ 1 then s
         else quicksort(higherpart(s,s.head)) ∘
              equalpart(s,s.head) ∘
              quicksort(lowerpart(s, s.head))
```

Die Funktion `quicksort` sortiert die Liste absteigend. Die Funktion `length` bestimmt die Länge einer Liste. Durch das Aufspalten von s mit den drei Funktionen erhalten wir drei Listen, die echt kleiner sind als die ursprüngliche („Divide" Schritt). Die `equalpart`-Teile brauchen nicht sortiert werden. Die beiden anderen stellen hingegen zwei weitere Sortierprobleme dar, welche wir durch je einen weiteren rekursiven Aufruf behandeln („Conquer" Schritt). Der Operator ∘ setzt die Resultate der Teilaufgaben zur Lösung des Gesamtproblems zusammen. Zur Verdeutlichung dient das Beispiel aus Abbildung 19.5.

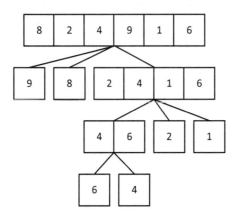

Abb. 19.5: *Sortieren mit Quicksort.*

Jede Ebene in der Abbildung zeigt das Aufspalten der Liste durch die drei Hilfsfunktionen. Das Ergebnis entsteht durch Verkettung der Blätter dieses Baumes von links nach rechts.

19.4.1   Die Laufzeit von Quicksort

Für die Bestimmung der Laufzeit von Quicksort halten wir zunächst fest, dass es nach jedem Schritt drei Teillisten gibt, von denen aber nur zwei (die Ergebnisse von `higherpart` und `lowerpart`) wieder zu sortieren sind, weil die mittlere (`equalpart`) ja nur gleiche Wert enthält.

Für die relative Länge dieser beiden Teillisten unterscheiden wir zwei Fälle: Im ersten Fall nehmen wir an, die Eingabeliste sei derart strukturiert, dass das erste Element echt größer (oder alternativ echt kleiner) ist als fast alle anderen Elemente von s. Im nächsten „Divide"-Schritt bearbeitet dann der eine rekursive Aufruf den Großteil des Restproblems, während der andere sehr schnell endet, da er fast keine Elemente bearbeiten muss. Im zweiten Fall liegt der Wert des ersten Elements eher in der Mitte aller Werte, so dass sich bei einem „Divide"-Schritt zwei Listen ergeben, die je ungefähr die Hälfte der Elemente der Ursprungsliste enthalten.

Für den ersten Fall können wir den rekursiven Aufruf der kleineren Teilliste vernachlässigen, da dieser nach unserer Annahme schnell terminiert und somit nur unwesentlich zur Laufzeit beiträgt. Wenn wir die Anzahl der Elemente in der (wesentlich) kleineren der beiden zu sortierenden Teillisten mit c bezeichnen, erhalten wir also:

$$T_{quicksort}(n) = T_{quicksort}(n - c) + 3n$$

Nach Annahme ist die Konstante c bei jedem Schritt sehr klein ($c \ll n/2$) und kann daher als 1 angenommen werden. Der Summand $3n$ ergibt sich aus der Laufzeit der drei Hilfsfunktionen `higherpart`, `equalpart` und `lowerpart`. Falls dieser erste Fall auch für alle folgenden Schritte auftreten sollte gilt:

$$T_{quicksort}(n) = T_{quicksort}(n-1) + 3n = T_{quicksort}(n-2) + 2 \cdot 3n = \ldots$$
$$= T_{quicksort}(n-2) + (n-1) \cdot 3n = 1 + n \cdot 3n = O(n^2)$$

Das ist offensichtlich der schlechteste Fall für Quicksort. Die Anfangsdaten sind derart strukturiert, dass der Aufrufbaum zu einer Aufrufliste entartet, weil die Mehrzahl der Daten immer auf einer Seite der „Divide"-Teilung liegt.

Im zweiten Fall halbiert sich die zu sortierende Liste für den jeweils nächsten Schritt annähernd Es ist zwar nicht gewährleistet, dass immer genau eine Halbierung vorliegt, jedoch muss eine kleine Abweichung bei sehr großen n nicht in Betracht gezogen werden. Wir können also wie folgt ansetzen:

$$T_{quicksort}(n) = 2 \cdot T_{quicksort}(n/2) + 3n$$

Wenn wir nun wieder annehmen, dass dieser Extremfall auch bei allen weiteren Aufrufen vorliegt, so berechnet man:

$$T_{quicksort}(n) = 2 \cdot T_{quicksort}(n/2) + 3n$$
$$= 2 \cdot (2 \cdot T_{quicksort}(n/4) + 3n/2) + 3n$$
$$= 4 \cdot T_{quicksort}(n/4) + 3n + 3n$$
$$= 8 \cdot T_{quicksort}(n/8) + 3n + 3n + 3n$$
$$= \ldots$$
$$= 2^k \cdot T_{quicksort}(n/2^k) + k \cdot 3n$$

Vereinfachend nehmen wir jetzt an, dass die Länge n der ursprünglichen Liste eine Zweierpotenz ist, also $n = 2^k$, und damit umgekehrt $k = \log(n)$. Mit der Annahme $T(1) = 1$ können wir wie folgt substituieren und umstellen:

$$T_{quicksort}(n) = n \cdot T_{quicksort}(n/n) + 3n \cdot \log(n)$$
$$T_{quicksort}(n) = n \cdot T_{quicksort}(1) + 3n \cdot \log(n)$$
$$T_{quicksort}(n) = n \cdot (1 + 3\log(n)) \Rightarrow T_{quicksort}(n) = O(n \cdot \log(n))$$

Diese Komplexität wird auch klar, wenn wir uns den genauen Ablauf vergegenwärtigen. Durch das Aufteilen entsteht ein balancierter Aufrufbaum, dessen Tiefe t sich aus der Anzahl seiner Blätter n als $t = \log(n)$ ergibt. Die Anzahl der Blätter ist wiederum genau die Länge der zu sortierenden Liste, siehe Abbildung 19.5 zum einführenden Beispiel.

Bei realen Bedingungen tritt dieser zweite Fall tatsächlich sehr häufig auf. Damit wird Quicksort zu einem der schnellsten bekannten Sortierverfahren. Man kann nämlich zeigen, dass man eine Liste von Elementen nicht schneller als $O(n \cdot log(n))$ sortieren kann, falls man dies mit Vergleichen bewerkstelligen muss.

19.5 Heapsort

Auch wenn Quicksort unter bestimmten (wenn auch sehr häufigen) Umständen sehr schnell sein kann, hat auch dieser Algorithmus – wie alle anderen Sortierverfahren die wie bisher kennengelernt haben - eine worst-case Laufzeit von $O(n^2)$. Für große Datenmengen ist eine solche

Laufzeit nicht akzeptabel. Wir werden nun einen Algorithmus vorstellen, der auch im schlimmsten Fall eine Komplexität von $O(n \log(n))$ hat, nämlich *Heapsort*. Dazu benötigen wir jedoch
eine spezielle Datenstruktur, den *Heap* (deutsch: *Halde*).

Heaps existieren in zwei Varianten, als Maximum- bzw. als Minimum-Heap. Wir arbeiten hier
nur mit dem Maximum-Heap, im Folgenden kurz als Heap bezeichnet. Alle Ausführungen
lassen sich aber auf den Minimum-Heap anpassen und anwenden.

19.5.1   Heaps

Bisher haben wir außer der zu sortierenden Liste keine weiteren Datenstrukturen benützt, um
einen effizienten Algorithmus zu erhalten. Der Kniff dieses Algorithmus besteht nun darin, das
Feld der zu sortierenden Elemente nicht als lineares Feld zu verwenden, sondern geschickt als
Binärbaum abzubilden und mit Hilfe dieses Binärbaums dann zu sortieren.

Damit man eine Liste von Elementen eindeutig als Binärbaum auffassen kann, muss man an
diesen die Forderung stellen, dass er „fast vollständig" ist. Genauer bedeutet das: Alle Blätter
des Baumes liegen auf der tiefsten oder der zweittiefsten Ebene. Falls es auf der zweittiefsten
Ebene Blätter gibt, darf es rechts davon keine mehr auf der tiefsten Ebene geben. Oder anders
ausgedrückt: *alle* Ebenen des Baumes müssen vollständig mit *Elementen* besetzt sein, *außer*
der Tiefsten. Hier müssen *alle vorhandenen* Blätter *linksbündig* angeordnet sein. Abbildung
19.6 zeigt links einen Heap mit dem dazu äquivalenten Feld (s.u.). Auf der rechten Seite ist zu
erkennen, warum ein unvollständiger Binärbaum nicht in ein Feld umgewandelt werden kann.

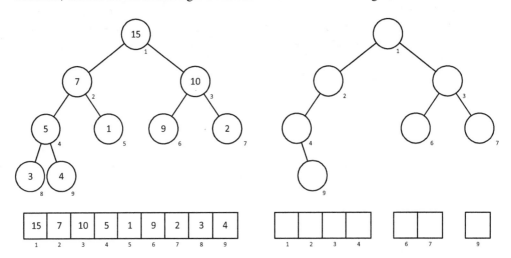

Abb. 19.6: *Maximum-Heap und Darstellung als Feld. Rechts ein Beispiel, warum sich nur „fast vollständige" Bäume einfach als Feld darstellen lassen.*

Ein Heap muss neben anderen Voraussetzungen auch ein „fast vollständiger" Binärbaum sein.

Definition 19.1

Heap als Binärbaum (vgl. Ottmann/Widmayer, 2002, Seite 98): Ein *Heap* ist ein „fast vollständiger" (s. oben) Binärbaum, welcher zusätzlich der folgenden Heap-Bedingung genügt:

Jeder Schlüssel eines Knotens ist größer oder gleich den Schlüsseln der vorhandenen Kinderknoten.

Der Vorteil eines Heaps liegt dann darin, dass der Zugriff auf das größte Element in Laufzeit $O(1)$ erfolgt, denn es befindet sich immer an der Wurzel. Die Möglichkeit der Darstellung eines Heaps über ein Feld ermöglicht außerdem eine effiziente Implementierung.

Beispiel 19.1

In Abbildung 19.6 ist für jeden Knoten die Heap-Bedingung erfüllt: $15 \geq 7 \wedge 15 \geq 10, 7 \geq 5 \wedge 7 \geq 1, 5 \geq 3 \wedge 5 \geq 4$ sowie $10 \geq 9 \wedge 10 \geq 2$. Die übrigen Vergleiche können wir uns wegen der Transitivität von $\geq$ sparen.

Wie bereits erwähnt, kann ein Heap in eine lineare Liste transformiert werden, wie auch in Abb. 19.6 dargestellt. Für die Anwendung bei der Ausführung eines Algorithmus genügt diese beispielhafte Umformung jedoch nicht. Wir benötigen ein Verfahren, das die Übertragung eines Heaps von Binärbaumschreibweise in eine Folge beschreibt, so dass wir für jedes Feldelement schnell die entsprechenden Kinderknoten finden können. In Abb. 19.6 sind Knoten und Feldelemente der obigen Abbildung mit Indizes versehen. Tabelle 19.1 extrahiert aus den Beispielen den Zusammenhang der Indizes zwischen Vater- und Kindknoten.

Vaterknoten	Kind 1	Kind 2
1	2	3
2	4	5
3	6	7
4	8	9
...	...	...
i	$2i$	$2i+1$

Tabelle 19.1: Indizes der Vater- und Kindknoten eines Heaps

Wie die letzte Zeile der Tabelle 19.1 zeigt, kann ein einfacher Zusammenhang zwischen den Indizes von Vater- und Kindknoten hergestellt werden. Wenn k_i das i-te Element einer Liste bzw. das Element im Knoten i des fast vollständigen Binärbaums bezeichnet, so befinden sich die beiden Kinder in den Feldelementen k_{2i} und k_{2i+1}. Dies gilt natürlich nur, sofern beide Kinder auch wirklich vorhanden sind. Ist nur eines vorhanden, so befindet es sich wegen der „fast vollständigen" Struktur an Position k_{2i}. Dieser Fall kann allerdings nur an maximal einem Knoten auftreten.

Definition 19.2

Heap als Folge (vgl. Ottmann/Widmayer, 2002, Seite 98): Gegeben seien n natürliche Zahlen. Eine Folge von natürlichen Zahlen $F = k_1, k_2, \ldots, k_n$ heißt *Heap*, wenn $k_i \geq k_{2i}$ und $k_i \geq k_{2i+1}$ für alle i mit $2i, 2i + 1 \leq n$ gilt.

Für das Sortierverfahren Heapsort befindet sich den Eigenschaften eines Heaps gemäß das größte Element in der Wurzel bzw. im Listenelement mit Index 1. Alle Elemente im linken und rechten Teilbaum bzw. diejenigen mit Index größer als 1 sind kleiner. Zum Sortieren extrahieren wir das Maximum, wodurch der Heap in zwei Teilbäume gespalten wird, welche aber beide für sich gesehen wiederum die Heap-Bedingung erfüllen.

Die Idee von Heapsort besteht nun darin, aus den beiden Teilheaps wieder einen einzigen Heap zu erzeugen. Dazu setzen wir das Element mit dem höchsten Index (k_n) in die Wurzel (k_1), also an die Stelle, an der vorher das Maximum war. Der Baum erfüllt nun die Heap-Bedingung nicht mehr, da k_n sicher kleiner als k_2 und/oder k_3 ist. Dabei lassen wir den Spezialfall, dass nur gleiche Schlüsselwerte existieren, außer Acht. Dies wäre aber auch kein Problem, da man in $O(n)$ Zeit prüfen könnte ob das der Fall ist und dann gar nicht erst sortieren müsste.

Wir vergleichen nun die beiden Kinder k_2 und k_3 miteinander und tauschen das größere mit der Wurzel k_1. Unter Umständen gilt nun die Heap-Bedingung für einen der Teilbäume nicht mehr. Falls nötig, wiederholen wir für dessen Wurzel den Vergleich der beiden Kinder und tauschen wiederum. Diesen Schritt führen wir solange durch, bis der gesamte Baum wieder der Heap-Bedingung genügt. Dieses Verfahren heißt auch *Versickern* (engl. *sift down*), da das oberste Element im Baum immer weiter nach unten versinkt. Abbildung 19.7 veranschaulicht das Vorgehen an einem Beispiel.

Für dieses Versickern können wir einen Algorithmus angeben (vgl. Ottmann/Widmayer, 2002, Seite 102). Im Folgenden stellt das Feld s den Heap dar, i den Index des zu versickernden Elements und m den Index, an dem das Versickern enden soll. m schafft die für `heapsort` wichtige Möglichkeit, das Versickern nur über einer Teilfolge zwischen den Indizes 1 und m auszuführen (siehe nächster Abschnitt).

```
procedure siftdown (var array nat s, nat i, nat m)
var nat j;
begin
  while 2i ≤ m do
    j := 2i;
    if j < m and s[j] < s[j+1] then j := j + 1 endif
    if s[i] < s[j] then
      s[i], s[j] := s[j], s[i];
      i := j
    else
      i := m
    endif
  endwhile
endproc
```

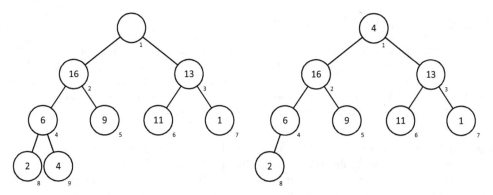

1. Schritt: Extraktion des Maximums   2. Schritt: Größter Index in die Wurzel

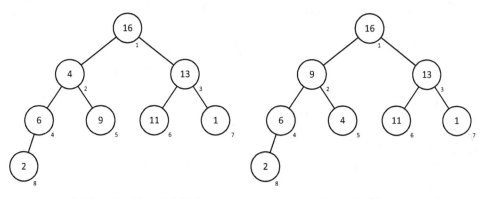

3. Schritt: Versickern (1. Schritt)   3. Schritt: Versickern (2. Schritt)

Abb. 19.7: Versickern eines Heap-Elements.

Die Bedingung der Wiederholungsanweisung $2i \leq m$ prüft, ob für das zu versickernde Element noch Kinder vorhanden sind. Falls $j < m$ in der ersten **if**-Anweisung, so existieren zwei Kinder und es kann verglichen werden, welches das größere ist ($s[j] < s[j+1]$). Sollte $j = m$ sein ($j > m$ ist wegen der Abbruchbedingung der **while**-Schleife nicht möglich), so nehmen wir an, dass der **and**-Operator (vorzeitig) den gesamten Ausdruck zu **false** auswertet und der Zugriff auf $s[j+1]$ nicht erfolgt (an diesem Index ist möglicherweise kein Zugriff möglich). Wenn $s[i] < s[j]$ (Vaterknoten ist kleiner als Kindknoten), so müssen wir die beiden Elemente tauschen und fortfahren (beim getauschten Kind j). Im anderen Fall ($s[i] \geq s[j]$, Heap-Bedingung gilt wieder) können wir das Versickern beenden.

Die Laufzeit von siftdown

Die Laufzeit von siftdown ist bestimmt durch die Tiefe des Baumes, der den Heap repräsentiert. Wir bewegen ein Element über eine Kante des Baumes weiter bis spätestens ein Blatt erreicht ist (außer die Heap-Bedingung ist vorher erfüllt). Damit gilt aufgrund der Baumstruktur für die Komplexität im schlimmsten Fall $O(\log(n))$. Beispielsweise gilt für $n = 7$ für die Höhe $h = 2$. Man kann bis zu 8 Elemente in einem Binärbaum der Höhe 2 (3 Ebenen!) verwalten.

19.5.2 Heapsort-Algorithmus

Zum Sortieren einer Liste der Länge n wandeln wir diese mit Stück für Stück mit `siftdown` in einen Heap um. Wir beginnen in der Mitte der Liste und arbeiten uns nach vorne bis zum ersten Element durch, da die zweite Hälfte der Folge die Elemente enthält, die im äquivalenten vollständigen Binärbaum keine Kinder haben (sie können also nicht versickert werden), und das größte Element so am effizientesten an die Wurzel transportiert wird (wir bauen den Heap von unten nach oben hin auf).

Das erste Element ist nun das größte und das Sortieren kann beginnen. Wir tauschen es mit dem letzten der Liste und führen `siftdown` für die ersten $n - 1$ Elemente aus, um aus der verbleibenden Liste wieder einen Heap zu erzeugen. Diese Schritte wiederholen wir mit den verbleibenden $n - 1$ Elementen, bis die Liste aufsteigend sortiert ist (vgl. Ottmann/Widmayer, 2002, Seite 103).

```
procedure heapsort (var array nat s, nat n)
var nat i := n/2, temp;
begin
  while i ≥ 1 do
    siftdown(s, i, n);
    i := i-1;
  endwhile
  i := n;
  while i ≥ 2 do
    temp := s[1];
    s[1] := s[i];
    s[i] := temp;
    siftdown(s, 1, i-1);
    i := i-1;
  endwhile
endproc
```

Die erste Wiederholungsanweisung generiert aus der Liste einen Heap und die zweite führt das Sortieren aus. Als Beispiel sortieren wir wieder die bekannte Liste. Abbildung 19.8 veranschaulicht die Erzeugung eines Heaps (erste **while**-Schleife). Die oberen Pfeile zeigen die Kinder des aktuell betrachteten Knotens an (gekennzeichnet durch den unteren Pfeil).

Der Heap lässt sich nun sortieren, wie Abbildung 19.9 zeigt (zweite **while**-Schleife). In der Zeile mit Index i sehen wir die Liste nach dem Tauschen von erstem und letztem Element (den Pfeil beachten). Die darauf folgende Zeile erhalten wir nach Versickern des ersten Elements bis zum Index $i - 1$ (sie erfüllt bis dorthin die Heap-Bedingung).

Die Laufzeit von Heapsort

Wie bereits festgestellt hat `siftdown` die Laufzeit $O(\log(n))$. Die erste **while**-Schleife führt $n/2$ Schritte aus. Also gilt:

$$T_{1.while}(n) = n/2 \cdot \log(n) = O(n \cdot \log(n))$$

Die zweite benötigt $n - 1$ Durchläufe. Es gilt ebenfalls:

$$T_{2.while}(n) = (n - 1) \cdot \log(n) = O(n \cdot \log(n))$$

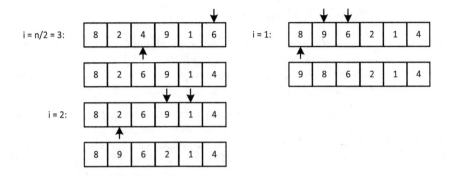

Abb. 19.8: *Vorbereiten eines Feldes für Heapsort.*

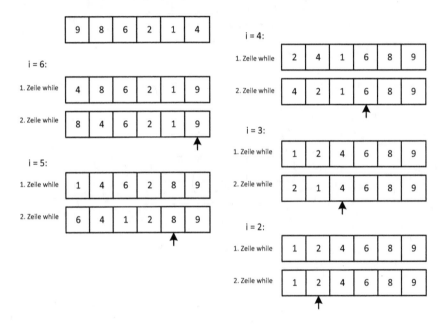

Abb. 19.9: *Sortieren eines Feldes mit Heapsort.*

Wodurch wir die worst-case-Komplexität von `heapsort` bestimmen können:

$$T_{heapsort}(n) = T_{1.while}(n) + T_{2.while}(n) = O(n \cdot \log(n))$$

Nach den wichtigsten Sortierverfahren, sollen nun einige Verfahren zum *Durchsuchen* von Arrays und Listen besprochen werden.

19.6   Sequentielle Suche

Wir beginnen wiederum mit einem einfachen, naiven Verfahren. Gegeben sei eine unsortierte Liste, in der nach einem Element gesucht werden soll. Wir sprechen von *sequentieller* oder *linearer Suche*, wenn wir alle Elemente der Liste durchlaufen und im Erfolgsfall bzw. am Ende der Liste stoppen, je nachdem ob das gesuchte Element gefunden wurde oder nicht.

Wenn der Algorithmus das zu suchende Elemente nicht findet, so gibt er **false** zurück, obwohl ein Datenelement ja normalerweise aus einem Schlüssel (key) und einem Wert (value) besteht. Für unsere Untersuchungen ist es vor allem interessant, ob ein Schlüssel in der zu durchsuchenden Liste enthalten ist oder nicht. Deshalb genügt es hier, nur auf den Listen der Schlüsselelemente zu suchen und **true** oder **false** zurückzugeben, ohne die Wertelemente zu betrachten.

```
function sequential (list<nat> s, nat k): bool
   return if length(s)=0 then false
          else if k = s.head then true
               else sequential(s.rest, k)
```

Ein Beispiel mit Suche nach $k = 4$ zeigt die folgende Abbildung 19.10.

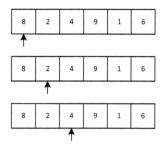

Abb. 19.10: Sequentielle Suche nach k = 4.

19.6.1   Die Laufzeit der sequentiellen Suche

Es ist offensichtlich, dass wir im schlimmsten Fall einmal die Liste durchlaufen und dabei $2n + 1$ Vergleiche ausführen (jeweils Länge der Liste mit 0 und Kopf der Liste mit Suchwert). Damit hat die sequentiell Suche bei n Elementen die Laufzeit $T(n) = O(n)$.

19.7   Binäre Suche

Natürlich gibt es andere Suchverfahren, die das gesuchte Element schneller finden. Allerdings nur unter der Annahme, dass die Liste aufsteigend sortiert ist. Die *binäre Suche* verwendet die Strategie „Divide-and-Conquer". Rekursiv können wir sie wie folgt angeben. Dabei sei s eine sortierte Liste der Länge n und k das gesuchte Element (vgl. Ottmann/Widmayer, 2002, Seite 166):

1. Falls s leer ist, beenden wir die Suche ohne Erfolg; ansonsten betrachten wir das Element s_m an der mittleren Position m in s.
2. Falls $k < s_m$, suchen wir k in der linken Teil-Liste $s_1, s2, \ldots, s_{m-1}$ mit demselben Verfahren.
3. Falls $k > s_m$, suchen wir k in der rechten Teil-Liste $s_{m+1}, s_{m+2}, \ldots, s_n$ mit demselben Verfahren.
4. Sonst gilt $k = s_m$ und das gesuchte Element ist gefunden.

Bei der Umsetzung des Verfahrens geben wir die Grenzen des nach k zu durchsuchenden Bereichs (l und rr) gesondert an. Die Suche erfolgt auf der Liste s der Länge n. Das Ergebnis „vorhanden" oder „nicht vorhanden" geben wir über die Hilfsvariable result zurück.

```
function binarySearch (array nat s, nat l, nat r, nat k): bool
var bool result := true;
var nat m := (l+r)/2;
begin
  if l > r then
    result := false;
  else
    if k < s[m] then result := binarySearch(s, l, m-1, k)
    else
      if k > s[m] then result := binarySearch(s, m+1, r, k); endif
    endif
  endif
  return result;
endfunc
```

Falls die linke Grenze größer als die rechte ist (l > r), so endet die Suche erfolglos. Wenn k sowohl kleiner als auch größer als s[m] ist, so haben wir das Element gefunden. Der Wert von result wird mit **true** initialisiert, wodurch wir keinen weiteren **else**-Zweig mehr benötigen.

Beispiel 19.2

Falls s wie in Abb. 19.11 belegt ist, sieht der Aufruf von binarySearch wie folgt aus:

```
...
var nat i := 1, n := 6, k := 8;
var bool result;
...
result := binarySearch(s, i, n, k);
...
```

Der entsprechende Ablauf ist in 19.11 dargestellt. Das gesuchte Element wurde also in nur zwei Schritten gefunden.

19.7.1 Die Laufzeit der binären Suche

Wenn wir uns an die Analyse von siftdown aus Abschnitt 19.5.1 erinnern, stellen wir fest, dass sich beim Versickern die zu erreichenden Knoten im Teilbaum pro Schritt halbieren. Ana-

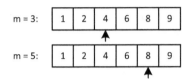

Abb. 19.11: *Binäre Suche nach k = 8.*

log dazu müssen wir bei `binarySearch` in jedem Durchlauf nur noch die Hälfte der Elemente betrachten. Aus dieser Äquivalenz ergibt sich die Komplexität $O(\log(n))$.

19.8   Binärbaumsuche

Bisher haben wir nur in Listen gesucht. Als Teil der Basisdatenstrukturen haben wir aber auch den Binärbaum kennengelernt. Es ist daher naheliegend, auch Verfahren zur Suche in solchen Bäumen zu behandeln. Wenn man bezüglich der Struktur des Baumes keine weiteren Einschränkungen macht, bleibt keine Wahl außer alle Elemente systematisch von oben nach unten zu durchsuchen. In gewisser Weise entspricht das der linearen Suche auf Listen bzw. Feldern. Den Algorithmus haben wir bereits ein Kapitel 17 vorgestellt. Wir wollen uns daher hier gleich einem effizienteren Verfahren zuwenden und stellen dafür die sogenannte *binären Suchbäume* vor:

Definition 19.3

Binärer Suchbaum (siehe Güting, 1992, Seite 111): Ein binärer Baum heißt *binärer Suchbaum*, wenn für den Schlüssel k in der Wurzel eines jeden Teilbaumes gilt:

1. Alle Schlüssel im linken Teilbaum sind echt kleiner als k.
2. Alle Schlüssel im rechten Teilbaum sind echt größer als k.

Möchte man zulassen, dass auch gleiche Elemente gespeichert werden dürfen, muss man sich bei einer der beiden Seiten dafür entscheiden auch die Gleichheit zuzulassen (z. B. im linken Teilbaum).

Zum Suchen von Elementen in einem binären Suchbaum wird die Struktur der Schlüssel ausgenutzt. Je nachdem, ob der gerade behandelte Schlüssel größer oder kleiner als die Wurzel ist, wählt die Operation den rechten oder linken Teilbaum um dort rekursiv weiterzusuchen. Wir stellen dafür eine alternative Implementierung für die Methode `find` der Klasse `TreeElement` in den Unterklassen `InnerNode` und `Leaf` (siehe auch Kapitel 17) des Binärbaums vor:

```
function Leaf.find(nat wert): bool
  if (value = wert)
    return true;
  else
    return false;
```

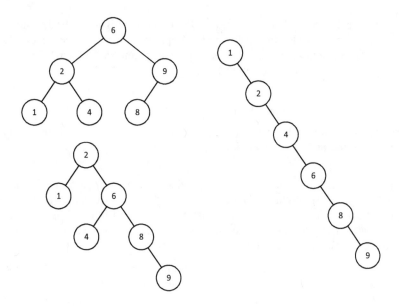

Abb. 19.12: *Drei binäre Suchbäume.*

```
endfunc

function InnerNode.find(nat wert): bool
var bool ergebnis := true;
begin
  if (value = wert)
    return true;
  else
    if (wert < value)
    if (children[0] != null)
      ergebnis := children[0].find(wert);
    endif
    else
      if (children[1] != null)
        ergebnis := ergebnis or children[1].find(wert);
      endif
    endif
    return ergebnis;
  endif
endfunc
```

19.8.1   Die Laufzeit der Binärbaumsuche

Die Effizienz der Operationen auf einem binären Suchbaum hängt stark von der Gestalt des Suchbaumes ab. Ist ein Baum so nahe wie möglich an der Form eines vollständigen Binärbaums nennen wir ihn „balanciert". Für eine exakte Definition der Eigenschaft „balanciert" gibt es mehrere Varianten. Wir werden in den folgenden Kapiteln eine davon in Form der *AVL-Bäume* vorstellen. Ein Baum der so tief wie möglich ist heißt dagegen „degeneriert". Ein degenerierter Baum ist strukturell eigentlich eine verkettete Liste.

Beispiel 19.3

Abbildung 19.12 zeigt links oben einen balancierten, links unten einen beliebigen und rechts einen degenerierten binären Suchbaum.

Es ist leicht zu erkennen, dass die Suche in einem balancierten Suchbaum wegen der logarithmischen Tiefe in $O(\log(n))$ geschieht. Denn bei jedem rekursiven Aufruf steigt der Algorithmus eine Ebene im Baum hinab und dessen Tiefe ist höchstens logarithmisch in der Anzahl seiner Elemente. Liegt aber ein degenerierter Baum vor, der im äußersten Fall einer Liste entspricht, so beträgt die Laufzeit einer Suche im schlimmsten Fall $O(n)$.

Im nächsten Kapitel werden wir Suchprobleme aus einer etwas anderen Sichtweise kennen lernen. Für die hier vorgestellten, auf Vergleichen basierenden Suchverfahren sei zum Abschluss noch erwähnt, dass sie beim Auftreten von identischen Schlüsseln im Suchraum immer nur den als ersten gefundenen zurückgeben. Wir erhalten also keine Auskunft über die Anzahl der aktuell vorhandenen gleichen Schlüssel im Suchbereich.

20   Hashing

Im vorausgegangenen Kapitel haben wir Algorithmen zum Sortieren und Suchen vorgestellt. Dabei sind wir öfter auf bestimmte Operationen gestoßen, die in vielen Datenstrukturen von essentieller Bedeutung sind:

- eine *Einfüge*-Operation (`insert`),
- eine *Lösch*-Operation (`delete`) und
- eine *Such*-Operation (`search`).

Eine Datenstruktur, die diese Operationen anbietet, nennt man auch *Wörterbuch* (engl. *Dictionary*).

Die bisher vorgestellten Suchverfahren erlauben dabei das Auffinden des gesuchten Schlüssels nur durch *Vergleiche*. Bei geeigneter Darstellung und Organisation der Schlüssel ist es jedoch möglich, die Position des gesuchten Schlüssels zu *berechnen*. Wir sprechen dann von *Hashing*.

Hashverfahren kommen beispielsweise in Compilern zum Einsatz, wobei die in einem Programm deklarierten Variablen durch Hashverfahren verwaltet werden. Die Speicherung des Inhalts einer Variablen erfolgt in einer oder mehreren Speicherzellen, die durch Hardwareadressen gekennzeichnet sind. Das *Mapping* zwischen Namen von Variablen und Speicheradressen erfolgt durch Hashing. Bei Datenbanken besteht die Möglichkeit, einen sogenannten *Join* von Tabellen durch Hashing zu realisieren (vgl. Date, 2000). Wie schon im vorausgehenden Kapitel werden wir uns hier auf die Behandlung der Schlüssel zu den verwalteten Datenelementen beschränken und die Verwaltung der eigentlichen Daten außer acht lassen. Auf unser obiges Compilerbeispiel bezogen heißt das, dass es hier um die Verwaltung der Bezeichner der Variablen geht, die ja innerhalb ihres Sichtbarkeitsbereiches eindeutig sein müssen und damit als Schlüssel geeignet sind. Die Werte der Variablen interessieren uns hier dagegen nicht.

An dieser Stelle sei noch auf die Literatur Ottmann/Widmayer (2002, Seiten 183ff) verwiesen, aus dem einige Ideen für den Inhalt dieses Kapitels entnommen wurden.

20.1   Grundlagen

Wenn man Daten in einen realen Bestand einfügen möchte, ist die Menge von potentiellen Schlüsseln für einen Datenbestand oft sehr groß. Die Deutsche Telekom verwaltet z. B. mehr als 90 Millionen Datensätze für Kunden. Die neuen Schlüssel für Buchtitel (ISBN-10) spannen einen Zahlenraum von 1,9 Milliarden möglichen Werten auf. Wir bezeichnen solche Obermengen von Schlüsseln mit $\mathbb{K}$. Für viele Aufgaben ist man jedoch nur an einer relativ kleinen Teilmenge des gesamten Datenbestandes interessiert, z. B. an allen Büchern eines bestimmten Verlags oder an den Telefonanschlüssen eines bestimmten Ortes. In diesen Fällen müssen wir nur eine relativ kleine Teilmenge K aller Schlüssel in $\mathbb{K}$ verwalten.

Zur effiziente Verwaltung der relevanten Schlüssel $k \in K$ (z. B. von ISBN-Nummern) sollen diese in einer Liste mit den Indizes $0, \ldots, t-1$ gespeichert werden, die wir *Hashtabelle* nennen (siehe Abbildung 20.1). Die zentrale Idee ist nun, dass wir den Index eines Eintrags in dieser Hashtabelle beim Suchen (mehr oder weniger) direkt bestimmen können, d. h. möglichst mit Zeitaufwand $O(1)$.

htable: 0   1   2   3   4   5   6

Abb. 20.1: Eine Hashtabelle mit Länge t = 7

Die Berechnung der Indizes in der Hashtabelle erfolgt durch die *Hashfunktion* $h : \mathbb{K} \to 0, \ldots, t-1$, die jeden Schlüssel k auf einen Index $h(k)$ mit $0 \leq h(k) \leq t-1$ abbildet. $h(k)$ heißt dann *Hashadresse* des Schlüssels k. Da die Länge t der Hashtabelle in der Regel viel kleiner als die Menge der möglichen Werte der Schlüssel K ist, kann die Hashfunktion normalerweise nicht injektiv sein.

Gilt nun für zwei Schlüssel k und k', dass $h(k) = h(k')$ ist, so bekommen wir beim Ablegen des zweiten Schlüssels eine *Adresskollision* in der Hashtabelle. Ohne solche Adresskollisionen in K könnte jeder Schlüssel an der berechneten Stelle in der Hashtabelle abgelegt werden. Diese Adresskollisionen müssen wir dagegen durch geeignete Strategien auflösen.

Beispiel 20.1

> Die Funktion $h \bmod t$ (Rest bei ganzzahliger Division) stellt eine mögliche Hashfunktion für Schlüssel a aus der Menge der natürlichen Zahlen dar. Die Hashfunktion $h \bmod 7$ erzeugt dann beispielsweise beim Einfügen der Schlüssel 13 und 20 in die Hashtabelle eine Adresskollision am Index 6: $13 \bmod 7 = 20 \bmod 7 = 6$.

Beispiel 20.2

> Bildet die Hashfunktion für textwertige Schlüssel z. B. das erste Zeichen des Schlüssels durch seine Nummer in der ASCII-Tabelle ab, so erhalten wir eine Adresskollision für „Anna" und „Affe" am Index 65 (da 65 der ASCII-Code des Buchstabens A ist) .

Daraus ergeben sich zwei Anforderungen an Hashverfahren:

1. Die Hashfunktion soll *möglichst wenig Adresskollisionen* verursachen.
2. Adresskollisionen müssen ggf. *möglichst effizient aufgelöst* werden.

Im Folgenden stellen wir einige Hashfunktionen sowie Verfahren zur Auflösung von Adresskollisionen vor. Leider gibt es jedoch keine „optimale" Hashfunktion, die Kollisionen gänzlich vermeiden kann. Im schlimmsten Fall sind daher Implementierungen der Operationen `search`, `insert` und `delete` mittels Hashing ziemlich ineffizient. Im Mittel sind sie jedoch wesentlich besser als Verfahren mit Schlüsselvergleichen. Daher macht es bei Hashing-Verfahren Sinn, den average case zu analysieren. Der worst case wird der tatsächlichen Laufzeit in der Praxis in diesem Fall nicht gerecht.

Beispielsweise ist die Zeit zum Suchen eines Schlüssels in der Regel unabhängig von der Anzahl der verwendeten Schlüssel, falls genügend Speicherplatz zum Speichern der Schlüssel vorhanden ist. Wir werden auch sehen, dass manche Hashverfahren nur dann gut arbeiten, wenn wir relativ wenig delete-Operationen ausführen.

Falls in einer Hashtabelle der Größe t zum betrachteten Zeitpunkt n Schlüssel abgelegt sind, so definieren wir als Belegungsfaktor $\alpha = n/t$. Die Anzahl der Schritte für die drei Operationen search, insert und delete hängt maßgeblich von diesem Faktor ab.

Bei der Effizienzbetrachtung geben wir für die durchschnittliche Laufzeit der drei Operationen jeweils zwei Erwartungswerte an. Da für insert und delete zuvor eine Suchoperation durchgeführt werden muss, sind die Laufzeiten dieser beiden Operationen durch den Erwartungswert von search bestimmt. Mit C_n wollen wir den Erwartungswert für die Anzahl n der Zugriffe auf Einträge der Hashtabelle bei erfolgreicher Suche bezeichnen, mit C'_n den Erwartungswert der Zugriffe bei erfolgloser Suche.

Wir betrachten ausschließlich *halbdynamische* Hashverfahren, bei denen die Größe t der Hashtabelle *nicht* veränderbar ist.

20.2 Eine einfache Hashfunktion

Um den Vorteil von Hashverfahren nicht durch aufwendige mathematische Berechnungen zunichte zu machen, sollte eine Hashfunktion effizient berechenbar sein. Darüber hinaus ist zur Vermeidung von Adresskollisionen eine möglichst gleichmäßige Verteilung der abzulegenden Schlüssel im Speicherbereich der Hashtabelle wünschenswert. Diese Gleichverteilung der Hashadressen über $0, \ldots, t - 1$ wollen wir möglichst auch dann erreichen, wenn die Schlüssel aus K nicht gleich verteilt sind.

Beispiel 20.3

Das Verwenden von Variablenbezeichnern wie i, i1, i2, j, j1, j2, k, k1 und k2 im Quellcode von Programmen stellt eine nicht gleich verteilte Eingabemenge über der Menge aller Wörter der Länge 2 dar.

Eine Möglichkeit zur Erzeugung der Hashadresse $h(k)$ mit $0 \leq h(k) \leq t - 1$ ist die *Divisions-Rest-Methode*. Wir haben sie oben schon an einem Beispiel betrachtet. Für Schlüssel $k \in \mathbb{N}_0$ lautet die Hashadresse in diesem Fall:

$h(k) = k \bmod t$.

Diese Hashfunktion arbeitet in der Praxis ausgezeichnet, wenn wir t nach gewissen Kriterien auswählen. Gut geeignet für t sind z. B. Primzahlen, die nicht allzu nahe an einer Zweierpotenz liegen (siehe Cormen et al. 2001). Aus Platzgründen können wir in diesem Buch leider nicht genauer auf diese Kriterien eingehen. Mehr dazu finden Sie auch in Ottmann, Widmayer 2002, Seite 185.

20.3   Perfektes Hashing

Nehmen wir nun an, dass die Anzahl der zu speichernden Hashadressen kleiner oder gleich der Länge der Hashtabelle ist. Formal bedeutet dies, dass für die Teilmenge K von $\mathbb{K}$ gilt: $|K| \leq t$. Beim Ablegen der Schlüssel können wir aufgrund dieser Rahmenbedingung (zumindest theoretisch) ein *kollisionsfreies* Speichern erreichen. Die Angabe einer injektiven Hashfunktion h auf die Wertemenge $\{0, \ldots, t-1\}$ ist hier *möglich*.

Beispiel 20.4

Sei K bekannt und statisch, also nicht veränderbar. Wenn wir alle Schlüssel $k \in K$ nach einem festgelegten Schema ordnen und die daraus resultierende Reihenfolge nummerieren, so entspricht jede Nummer eines Schlüssels seiner Hashadresse. Dieser Fall tritt beispielsweise bei der Abbildung von reservierten Schlüsselwörtern (Symbole) einer Programmiersprache in eine Hashtabelle auf (siehe Abbildung 20.2). Jedes Symbol erhält dann seine eigene, feste Hashadresse.

Abb. 20.2: *Perfektes Hashing*

In diesem Fall produziert h keine Adresskollisionen. Solche Hashfunktionen heißen *perfekt*.

Im Regelfall werden wir diese Annahmen aber leider nicht halten können, da die Teilmenge $K \subset \mathbb{K}$ meist unbekannt oder nicht statisch ist. Adresskollisionen werden aber auch dann auftreten, wenn $|K| \leq t$ gilt. Es existieren Verfahren zur Generierung perfekter Hashfunktionen, auf welche wir hier nicht näher eingehen, die aber für den interessierten Leser z. B. in Mehlhorn (1988) nachlesbar sind.

20.4   Universelles Hashing

Betrachten wir noch einmal das Beispiel 20.3 zu den Bezeichnern i, i1, i2, j, j1, j2, k, k1 und k2 von Variablen im Quellcode. Die Schlüssel sind weder über den Raum der möglichen Anfangsbuchstaben a, ..., z noch über den möglichen Zahlenraum 0, 1, ..., 9 für das zweite

Zeichen gleich verteilt. Sobald wir uns auf eine spezielle Hashfunktion festlegen, wird es daher auch Adresskollisionen geben.

Kennen wir die tatsächliche Verteilung der Eingaben nicht, so ist es natürlich sehr schwierig, eine passende Hashfunktion zu wählen. Wir müssen also erreichen, dass auch nicht gleichverteilte Schlüssel *möglichst gleichmäßig* über die Hashtabelle verteilt werden.

Dazu kann man das Verfahren des *universellen Hashings* verwenden, bei dem die Hashfunktion h_i zufällig und gleich verteilt aus einer Menge $H = \{h_1, \ldots, h_n\}$ von Hashfunktionen gewählt wird, die zwei verschiedene Schlüssel jeweils nur mit einer gewissen Wahrscheinlichkeit auf gleiche Hashadressen abbilden. Bei der Bestimmung von Hashadressen über die jeweils gewählte Hashfunktion $h_i \in H$ können dabei nach wie vor viele Kollisionen auftreten. Im Mittel über alle $h_i \in H$ geschieht dies jedoch nicht mehr so häufig.

Beispiel 20.5

Wir benutzen eine Menge H von Hashfunktionen zum Einfügen von vier verschiedenen, beliebig gewählten Schlüsseln k_1, k_2, k_3, k_4 der Schlüsselmenge K in eine Hashtabelle und nehmen an, dass die h_i mit $i = 2, 4, 6, 8$ für die vier Schlüssel Adresskollisionen verursachen. Die Hashfunktionen mit ungeradem i produzieren dagegen keine Kollisionen für diese speziellen Schlüssel. Zum Einfügen der Schlüssel wählen wir zuerst eine der acht Funktionen (zufällig und gleich verteilt) und ziehen mit Wahrscheinlichkeit $4/8 = 0,5$ ein h_i mit geradem i. Somit verursacht das Hashverfahren unter diesen Voraussetzungen nur noch mit der Wahrscheinlichkeit 50% Adresskollisionen. Dies stellt eine deutliche Verbesserung gegenüber der Verwendung einer der h_i mit $i = 2, 4, 6, 8$ dar, wo die Kollisionen für diese Schlüssel ja sicher auftreten.

Definition 20.1

Universelles Hashing (vgl. Ottmann/Widmayer, 2002, Seite 187): Sei H eine endliche Menge von Hashfunktionen, so dass jede Funktion h aus H jeden Schlüssel aus $\mathbb{K}$ auf eine Hashadresse $h(k)$ aus $\{0, \ldots, t-1\}$ abbildet. H heißt *universell* (für t), wenn für je zwei verschiedene Schlüssel $k_1, k_2 \in \mathbb{K}$ mit $k_1 \neq k_2$ gilt:

$$\frac{|\{h \in H : h(k_1) = h(k_2)\}|}{|H|} \leq \frac{1}{t}$$

Wir formulieren das noch etwas anders: H ist universell, wenn für jedes Paar von zwei nicht identischen Schlüsseln höchstens der t-te Teil aller Funktionen aus H die gleiche Hashadresse berechnen.

Die Wahrscheinlichkeit, dass die Hashadressen für zwei fest gewählte, verschiedene Schlüssel k_1 und k_2 eines universellen Hashverfahrens kollidieren, beträgt maximal $1/t$.

Beispiel 20.6

Die Schlüssel 14 und 21 sollen in eine Hashtabelle der Länge $t = 7$ eingefügt werden. Verwenden wir die Hashfunktion $k \bmod 7$, so erhalten wir mit Wahrscheinlichkeit 1 eine Adresskollision. Falls nun $k \bmod 7$ Teil einer universellen Klasse H von Hashfunktionen ist, beträgt die Wahrscheinlichkeit einer Kollision der beiden Schlüssel dann noch höchstens $1/7$. Mit der Wahrscheinlichkeit von mindestens $1 - 1/7 = 6/7$ wird eine Hashfunktion gezogen, die die beiden Schlüssel auf unterschiedliche Hashadressen abbildet.

Eine universelle Menge von Hashfunktionen stellt also sicher, dass für alle möglichen Schlüssel nur ein bestimmter Anteil der zur Verfügung stehenden Funktionen Adresskollisionen verursacht. Während der Anwendung wird jedoch nur jeweils eine Hashfunktion aus der Klasse verwendet. Durch das vorherige, gleich verteilte Ziehen dieser Funktion wird die Verbesserung von universellem gegenüber normalem Hashing erreicht. Auf den ersten Blick lässt sich aber nicht erkennen, dass universelle Klassen von Hashfunktionen tatsächlich existieren. Dazu betrachten wir das folgende Beispiel (siehe Ottmann/Widmayer, 2002, Seite 189).

Beispiel 20.7

Sei $|K| = p$ eine Primzahl und $K = \{0, \ldots, p-1\}$. Für zwei beliebige Zahlen $i \in \{0, \ldots, p-1\}$ und $j \in \{0, \ldots, p-1\}$ sei die Funktion $h_{i,j} : K \rightarrow \{0, \ldots, t-1\}$ wie folgt definiert:

$$h_{i,j}(x) = ((ix + j) \bmod p) \bmod t.$$

Die Klasse $H = \{h_{i,j} \mid 1 \leq i < p \land 0 \leq j < p\}$ bildet eine universelle Klasse von Hashfunktionen. Die Autoren obiger Literatur geben dazu auch einen Beweis an.

Wir fassen abschließend zusammen: Universelles Hashing verteilt homogen gewählte Schlüssel so gut wie möglich auf den Adressbereich der Hashtabelle. Der von uns behandelte Fall ist ein Spezialfall des universellen Hashings. Die Verallgemeinerung wird als c-universell ($c \in \mathbb{R}$) bezeichnet (Näheres dazu in Mehlhorn, 1988):

$$\frac{|\{h \in H : h(k_1) = h(k_2)\}|}{|H|} \leq \frac{c}{t}$$

Nun wenden wir uns der Auflösung von Adresskollisionen zu.

20.5   Chainingverfahren

Fügen wir in die Hashtabelle einen Schlüssel k' an einer Hashadresse ein, an der sich bereits der Schlüssel k befindet, so kommt es zu einer Adresskollision. Bei der Anwendung eines *Chainingverfahrens* nennt man k' dann *Überläufer*. Eine Möglichkeit zum Auflösen dieser Kollision ist die so genannte *Verkettung* der Überläufer (engl. *chaining*).

Beim Verketten werden die Überläufer in dynamisch anpassbaren Datenstrukturen abgelegt, die in geeigneter Weise mit der Hashtabelle verbunden sind. Zu jeder Hashadresse existiert beispielsweise eine verkettete Liste, in welche Überläufer eingefügt werden. Die Listen werden dann etwa mit Hilfe von Zeigern mit der Hashtabelle verknüpft (siehe Abbildung 20.3).

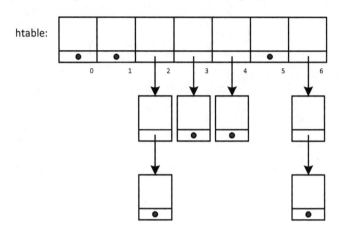

Abb. 20.3: *Hashtabelle zur Verkettung von Überläufern*

Beispiel 20.8

Sei die Länge der Hashtabelle $t = 7$, die Schlüsselmenge $\mathbb{K} = \{0, 1, \ldots, 100\}$ und die Hashfunktion $h(k) = k \bmod t$. Die Reihenfolge der einzufügenden Schlüssel und die dazugehörige Hashadresse zeigt Tabelle 20.1. Sind alle Schlüssel in der Hashtabelle abgelegt, so ergibt sich die Struktur in Abbildung 20.4. Sobald der Platz in der Hashtabelle besetzt ist, erzeugt das Verfahren ein neues Listenelement und hängt es an das Ende der Liste für den entsprechenden Speicherplatz.

k	77	13	99	16	4	48	76	21	64
$h(k)$	0	6	1	2	4	6	6	0	1

Tabelle 20.1: *Chainingverfahren: Schlüssel und Hashadressen*

Das hier angegebene Verfahren heißt auch *separates Verketten* der Überläufer (engl. *separate chaining*). Es speichert alle Schlüssel, die keine Überläufer sind, in der Hashtabelle.

Es existiert ein weiteres Verfahren namens *direktes Verketten* der Überläufer (engl. *direct chaining*). Die Hashtabelle besteht hierbei nur aus Zeigern auf die Überlauflisten. Diese speichern alle eingefügten Schlüssel Genaueres dazu finden Sie in Ottmann/Widmayer, 2002 auf Seite 191.

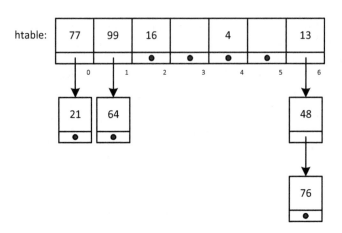

Abb. 20.4: *Hashtabelle nach Verkettung von Überläufern*

20.5.1   Laufzeitanalyse

Wie schon anfangs dieses Kapitels erwähnt, ist die Effizienz eines Hashverfahrens von der Effizienz der Suche abhängig. Wir verzichten an dieser Stelle auf die explizite Analyse der hier vorgestellten separaten Verkettung und geben nur die beiden Erwartungswerte C_n und C'_n für die Anzahl der betrachteten Einträge bei erfolgreicher und erfolgloser Suche (vgl. Ottmann/-Widmayer, 2002, Seite 194f) in Abhängigkeit vom aktuellen Belegungsfaktor der Hashtabelle an.

$$C_n \approx 1 + \frac{\alpha}{2} \, , C'_n \approx \alpha + e^{-\alpha}$$

Der Leser stelle sich für das Verständnis das Folgende vor. Nähert sich der Belegungsfaktor dem Wert 1, so sind immer mehr Plätze der Hashtabelle bei angenommener Gleichverteilung der Schlüsselwerte besetzt. Wie wir bereits wissen, lassen sich Kollisionen nicht gänzlich vermeiden und an der einen oder anderen Adresse wird eine Liste mit ein oder zwei Überläufern hängen. Diese wird mit linearem Aufwand durchsucht, welchen wir zum konstanten Wert der Adressberechnung addieren.

Durch Einsetzen von α erhalten wir die Werte in Tabelle 20.2.

Chainingverfahren funktionieren selbst dann noch, wenn mehr Schlüssel in die Hashtabelle eingefügt werden, als Plätze vorhanden sind. Die echte Entfernung von Einträgen ist möglich. Sind an einer Hashadresse Überläufer vorhanden, so kann ein zu entfernendes Element durch Umhängen der Zeiger entfernt werden. Bei den im nächsten Abschnitt besprochenen Verfahren ist das Entfernen dann nicht mehr so einfach realisierbar. Ein Nachteil dieses Verfahrens liegt darin, dass wir zusätzlichen Speicherplatz verwenden, obwohl die Hashtabelle vielleicht noch gar nicht ganz gefüllt ist. Die folgenden Verfahren der offenen Adressierung benötigen hingegen keinen weiteren Speicherplatz. Bevor wir uns diesen zuwenden, wollen wir aber zunächst eine Hashtabelle auszugsweise implementieren.

Belegungsfaktor α	erfolgreiche Suche C_n	erfolglose Suche $'C_n'$
0.50	1.250	1.110
0.90	1.450	1.307
0.95	1.475	1.337
0.99	1.495	1.362
1.00	1.500	1.368

Tabelle 20.2: *Erwartungswerte für separate chaining*

20.5.2 Implementierung in OPPS

Für die Implementierung einer Datenstruktur wie einer Hashtabelle, ist die objektorienterte Sichtweise sehr geeignet. Die Operationen der Datenstruktur werden zu öffentlichen Methoden der Klasse. Im Fall der Hashtabelle sind es die Operationen einfügen, suchen und löschen. Wie schon erwähnt, nennt man eine solche Datenstruktur auch Dictionary. Daher wollen wir eine entsprechende Oberklasse annehmen, die die 3 Methoden bereits definiert. Wir überschreiben sie in unserer Klasse Hashtable. Da ein Feld in OPPS immer eine feste Größe haben muss, wählen wir für dieses Beispiel $t = 100$.

```
sort Hashtable = subclass of Dictionary
  array [1:100] LinkedList elements;    //feste Größe der Hashtabelle
  nat length;

  public contains(nat key) : bool;
  public insert(nat key);
  public remove(nat key);
end;
```

Wir speichern die Elemente in einem Array von verketteten Listen. Diese müssen im Konstruktor angelegt werden. Die Methoden sind dann wie folgt definiert – wir verwenden dazu die bereits bekannte Modulo-Funktion.

```
function Hashtable.contains(nat key) : bool
var nat pos, i;
var bool result = false;
begin
  pos := key mod 100;
  for i := 1 to elements[pos].length() do
    if elements[pos].elementAt(i) = key
      result = true;
    endif
  endfor
  return result;
endfunc

procedure Hashtable.insert(nat key)
var nat pos;
begin
```

```
  if contains(key) = false
    pos := key mod 100;
    elements[pos].append(key);
  endif
endproc

procedure Hashtable.remove(nat key)  :
var nat pos, index = -1;
begin
  pos := key mod 100;
  for i := 1 to elements[pos].length() do
    if elements[pos].elementAt(i) = key
      index = i;
    endif
  endfor
  if index > -1
    elements[pos].remove(index);
  endif
endproc
```

Wobei wir annehmen, dass unsere Listenimplementierung aus Kapitel 17 auch eine Methode mit Signatur remove(**nat**) besitzt, die ein Element an einer bestimmten Position löscht.

20.6   Hashing mit offener Adressierung

Anstatt Überläufer außerhalb der Hashtabelle unterzubringen, versuchen wir bei *offenen* Hashverfahren eine offene (d. h. freie) Stelle in der Hashtabelle zu finden, an der ein Überläufer Platz hat. Wir speichern also nur innerhalb der Tabelle und können folglich maximal t Schlüsselpositionen verteilen. Ist die Position $h(k')$ für den Schlüssel k' durch den Schlüssel k belegt, so berechnen wir nach einem festen Schema einen noch nicht belegten Platz, um dort k' abzulegen.

Beispiel 20.9

Wenn ein Autofahrer in die mittelalterliche Innenstadt von Landshut fährt, so wird er meist wenig freie Parkplätze vorfinden und solange an den belegten Parkplätzen vorbeifahren, bis eine Lücke frei ist. Er sondiert die Parkplätze nach einem unbelegten Platz. Findet er einen freien vor, so parkt er schnell ein (die Sondierung war erfolgreich), wohingegen er im Fall, dass alle Parkplätze belegt sind, seine Suche aufgeben wird (die Hashtabelle ist gefüllt).

Das Beispiel vermittelt das Prinzip der offenen Adressierung. Uns ist in der Regel nicht bekannt, welche Plätze in der Hashtabelle frei und belegt sind. Wir benötigen daher ein Schema, nach welchem wir nach und nach jeden möglichen Speicherplatz auf „frei" oder „belegt" testen können. Dies geschieht am besten über eine Folge (eine sog. *Sondierungsfolge*), die dies für jeden Schlüssel erledigt. Zum Einfügen eines Schlüssels k verwenden wir dann den ersten freien Platz in der Sondierungsfolge.

Bei genauerer Überlegung stellen wir fest, dass das Löschen von Elementen aus der Hashtabelle nicht unproblematisch ist. Nehmen z. B. wir einen Schlüssel k aus der Tabelle, so sind die Schlüssel, die nach Adresskollision mit diesem k durch Sondierung verschoben worden sind, nicht mehr erreichbar. Der Platz ist frei und somit kann das Verfahren nicht erkennen, wie viele Schlüssel noch in der Sondierungsfolge sind.

Eine Lösungsmöglichkeit dieses Problems ist die *Reorganisation* der Hashtabelle nach dem Entfernen, wodurch die Effizienz bedeutend beeinträchtigt wird. Eine andere ist die *Kennzeichnung* des zu löschenden Schlüssels, ohne ihn tatsächlich herauszunehmen. Er wird dann bei erneutem Einfügen eines anderen Schlüssels ersetzt oder beim Suchen als vorhanden aber nicht verwendbar betrachtet.

Wir werden im Folgenden zwei Sondierungsverfahren betrachten. Wir benötigen dazu eine *Sondierungsfunktion* $s(j, k)$ über $j \in \mathbb{N}$ und $k \in \mathbb{N}$, wobei

$$(h(k) - s(j, k)) \bmod t$$

für $j = 0, 1, \ldots, t - 1$ eine Sondierungsfolge berechnet (vgl. Ottmann/Widmayer, 2002, Seite 196). Wir permutieren damit die zur Verfügung stehenden Hashadressen, d. h. die Sondierungsfolge macht nichts anderes, als immer wieder einen neuen Index für die Hashtabelle zu bestimmen. Dabei nehmen wir an, dass in der Hashtabelle noch wenigstens ein Platz frei ist.

Die Wahl von $s(j, k)$ bestimmt die Sondierungsfolge. Die beiden folgenden Ausprägungen, *lineares* und *quadratisches* Sondieren, stellen zwei verbreitete Beispiele dafür dar.

20.6.1 Lineares Sondieren

Unser Autofahrer aus Landshut sucht in Fahrtrichtung einen Parkplatz nach dem anderen ab. Er *sondiert linear* (engl. *linear probing*). Sind die Parkplätze absteigend mit Speicheradressen nummeriert und beginnt der Autofahrer an Adresse $h(k)$, so subtrahieren wir für jeden belegten Parkplatz den Wert 1 und erhalten die Sondierungsfolge:

$$h(k), h(k) - 1, h(k) - 2, \ldots, 0, t - 1, \ldots, h(k) + 1.$$

Dies entspricht der Sondierungsfunktion (für $j = 0, 1, \ldots, t - 1$): $s(j, k) = j$.

Beispiel 20.10

Sei $t = 7$ und $h(k) = 4$. Tabelle 20.3 veranschaulicht die Sondierungsfolge.

$s(j, k)$	0	1	2	3	4	5	6
$(h(k) - s(j, k)) \bmod 7$	$4 - 0$	$4 - 1$	$4 - 2$	$4 - 3$	$4 - 4$	$(4 - 5) \bmod 7$	$(4 - 6) \bmod 7$
Ergebnis	4	3	2	1	0	6	5

Tabelle 20.3: Sondierungsfolge von linearem Sondieren

Beispiel 20.11

Die Länge der Hashtabelle betrage $t = 7$, die Menge der Schlüssel $\mathbb{K} = \{0, 1, \ldots, 100\}$, die Hashfunktion sei $h(k) = k \bmod t$ und die Sondierungsfunktion wie oben $s(j, k) = j$. Tabelle 20.4 zeigt die einzufügenden Schlüssel, die berechnete Hashadresse sowie die eventuell benötigte Sondierung, welche erst endet, wenn ein Speicherplatz frei ist. Abbildung 20.5 zeigt, wie die Hashtabelle belegt wird.

k	77	13	99	16	21		64
$h(k)$	0	6	1	2	0		1
$(h(k) - s(j,k))\ mod\ 7$	–	–	–	–	$(0-1)\ mod\ 7 = 6$		$(1-1)\ mod\ 7 = 0$
					$(0-2)\ mod\ 7 = 5$		$(1-2)\ mod\ 7 = 6$
							$(1-3)\ mod\ 7 = 5$
							$(1-4)\ mod\ 7 = 4$
Speicheradresse	0	6	1	2	5		4

Tabelle 20.4: *Lineares Sondieren: Schlüssel, Sondierung und Hashadressen*

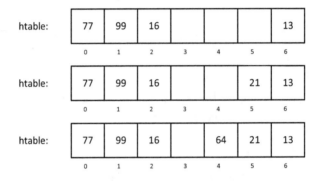

Abb. 20.5: *Hashtabelle nach linearem Sondieren.*

20.6.2   Laufzeitanalyse

Wir geben hier wieder nur die beiden Erwartungswerte C_n und C'_n für die Anzahl der betrachteten Einträge bei erfolgreicher und erfolgloser Suche an (vgl. Ottmann/Widmayer, 2002, Seite 199):

$$C_n \approx \frac{1}{2} \cdot \left(1 + \frac{1}{1-\alpha}\right), \, C'_n \approx \frac{1}{2} \cdot \left(1 + \frac{1}{(1-\alpha)^2}\right)$$

Durch Einsetzen von α erhalten wir die Werte in Tabelle 20.5. Die Werte dienen der Orientierung und sind tatsächlich nur bei entsprechender Größe des Problems erreichbar.

Die Tabelle vermittelt einen Eindruck der Effizienz von linearem Sondieren. Je näher der Belegungsfaktor dem Wert 1 kommt, umso ineffizienter wird das Verfahren. Dies liegt an der so genannten *primären Häufung* (engl. *primary clustering*) um diejenigen Schlüssel herum, die im Verbund miteinander abgelegt sind. In Abbildung 20.5 (Mitte) ist bei Gleichverteilung der Schlüssel die Wahrscheinlichkeit $6/7$, dass $h(k) = 4$ mit dem nächsten Element belegt

Belegungsfaktor α	erfolgreiche Suche C_n	erfolglose Suche C'_n
0.50	1.5	2.5
0.90	5.5	50.5
0.95	10.5	200.5
0.99	50.5	5000.5
1.00	–	–

Tabelle 20.5: Erwartungswerte für lineares Sondieren

wird, für $h(k) = 3$ jedoch nur $1/7$. Treten also beim linearen Sondieren Häufungen auf, so wachsen diese Bereiche wahrscheinlich schneller als andere, denn jedes Mal wenn ein Element mit der Hashfunktion zufällig „in den Haufen" abgebildet wird, wird es nach (erfolgreicher) Sondierung am Ende des Haufens zu liegen kommen und ihn vergrößern. Dieses Verhalten ist umso stärker, je mehr sich solche Bereiche zusammenschließen. Das quadratische Sondieren im nächsten Abschnitt schwächt diese Erscheinung etwas ab.

20.6.3 Quadratisches Sondieren

Im Beispiel zur linearen Sondierung (siehe Abbildung 20.5) sehen wir, dass das Verfahren ausschließlich *links* vom „sondierenden" Element nach freien Plätzen sucht. Dies ist ungünstig, da sich eventuell unmittelbar *rechts* davon eine freie Stelle befindet. Wir könnten statt nach links auch nach rechts unbelegte Stellen suchen, wodurch die Problematik aber nicht gelöst wird. Es spielt ja keine Rolle, ob wir immer nur links oder rechts prüfen.

Eine tatsächliche Verbesserung lässt sich durch das *quadratische Sondieren* erreichen. Dieses Verfahren sucht *abwechselnd* links und rechts in der Hashtabelle.

Formell geben wir die quadratische Sondierungsfolge wie folgt an:

$$h(k), h(k) + 1, h(k) - 1, h(k) + 4, h(k) - 4, \ldots.$$

Die Folge ergibt sich aus der folgenden Sondierungsfunktion (für $j = 0, 1, \ldots, t - 1$):

$$s(j, k) = (\lceil j/2 \rceil)^2 \cdot (-1)^j$$

Dabei symbolisiert $\lceil j/2 \rceil$ die kleinste natürliche Zahl, die größer oder gleich $j/2$ ist. Auf Anhieb ist nicht zu erkennen, dass diese Funktion alle Hashadressen permutiert. Wählen wir aber t als Primzahl in der Form $4i + 3$, so erzeugt diese Folge alle Hashadressen $0, \ldots, t - 1$ (vgl. Ottmann/Widmayer, 2002, Seite 199).

Beispiel 20.12

Sei $t = 7$ und $h(k) = 4$. Damit ist t eine Primzahl obiger Form mit $i = 1$. Tabelle 20.6 zeigt die Ergebnisse dieser quadratischen Sondierung.

Beispiel 20.13

Sei die Länge der Hashtabelle $t = 7$, die Schlüsselmenge $\mathbb{K} = \{0, 1, \ldots, 100\}$, die Hashfunktion $h(k) = k \bmod t$ und die Sondierungsfunktion $s(j, k) = (\lceil j/2 \rceil)^2 \cdot (-1)^j$. Wir

j	0	1	2	3	4	5	6
$s(j,k)$	0	-1	1	-4	4	-9	9
$(h(k)-s(j,k))$ mod 7	$4-0$	$4+1$	$4-1$	$(4+4)\,mod\,7$	$4-4$	$(4+9)\,mod\,7$	$(4-9)\,mod\,7$
Ergebnis	4	5	3	1	0	6	2

Tabelle 20.6: *Sondierungsfolge von quadratischem Sondieren*

fügen wie beim linearen Sondieren dieselben Schlüssel in die Hashtabelle ein und erhalten die Situation wie in Tabelle 20.7 und Abbildung 20.6.

k	77	13	99	16	21	64
$h(k)$	0	6	1	2	0	1
$(h(k)-s(j,k))\,mod\,7$	$-$	$-$	$-$	$-$	$(0+1)\,mod\,7=1$	$(1+1)\,mod\,7=2$
					$(0-1)\,mod\,7=6$	$(1-1)\,mod\,7=0$
					$(0+4)\,mod\,7=4$	$(1+4)\,mod\,7=5$
Speicheradresse	0	6	1	2	4	5

Tabelle 20.7: *Quadratisches Sondieren: Schlüssel, Sondierung und Hashadressen*

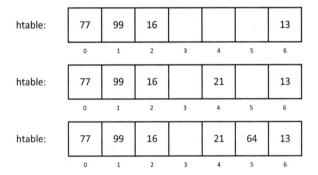

Abb. 20.6: *Hashtabelle nach quadratischem Sondieren.*

20.6.4   Laufzeitanalyse

Wiederum geben wir nur die beiden Erwartungswerte C_n und C'_n für die durchschnittliche Anzahl der betrachteten Einträge bei erfolgreicher und erfolgloser Suche an (vgl. Ottmann/-Widmayer, 2002, Seite 200):

$$C_n \approx 1 + ln\left(\frac{1}{1-\alpha}\right) - \frac{\alpha}{2} \,,\, C'_n \approx \frac{1}{1-\alpha} - \alpha + ln\left(\frac{1}{1-\alpha}\right)$$

Durch Einsetzen des Belegungsfaktors α erhalten wir wieder eine Vorstellung von der Effizienz des Verfahrens (siehe Tabelle 20.8).

Belegungsfaktor α	erfolgreiche Suche C_n	erfolglose Suche C'_n
0.50	1.44	2.19
0.90	2.85	11.40
0.95	3.52	22.05
0.99	5.11	103.62
1.00	–	–

Tabelle 20.8: Erwartungswerte für quadratisches Sondieren

Die Tabelle zeigt, dass quadratisches Sondieren besser als lineares arbeitet. Eine primäre Häufung kann dabei vermieden werden. Es tritt aber dafür die *sekundäre Häufung* (engl. *secondary clustering*) auf. Diese entwickelt sich ähnlich der linearen Häufung, nur durch die andere Sondierungsfolge etwas abgeschwächt. Solange wir Sondierungsfunktionen mit direkter Abhängigkeit vom Schlüssel gebrauchen, werden immer Häufungen auftreten, wenn sich der Belegungsfaktor dem Wert 1 nähert. Es existieren Verfahren, die diese Problematik umgehen. Dazu sei Ottmann/Widmayer (2002) empfohlen.

21 Bäume

In den beiden letzten Kapiteln haben wir uns vorwiegend mit Sortier- und Suchverfahren beschäftigt und einige grundlegende Techniken vorgestellt. In Kapitel 19 haben wir festgestellt, dass der Heap eine baumartige Datenstruktur darstellt, die effizientes Sortieren ermöglicht. Dabei kommt uns die interne Organisation des Heaps zugute. Im Allgemeinen bieten besonders Bäume die Möglichkeit, den internen Aufbau der Datenstruktur in unterschiedlichster Weise zu gestalten. Dies erlaubt sehr effiziente Zugriffsmechanismen. Aus der Vielzahl von baumartigen Datenstrukturen untersuchen wir in diesem Kapitel einige ausgewählte Beispiele.

Als Basisdatenstruktur haben wir bereits mehrfach den *Binärbaum* besprochen. Zum Einstieg in dieses Kapitel werden wir uns im Folgenden mit Verfahren zur Umwandlung eines Binärbaumes in eine Liste beschäftigen. Danach behandeln wir Datenstrukturen, die besonders interessante Eigenschaften zur effizienten Realisierung gewisser Zugriffsoperationen aufweisen. Der *AVL-Baum* garantiert die Balancierung eines binären Suchbaumes. Die *Binomial Queue* und der *Fibonacci Heap* ermöglichen den schnellen Zugriff auf spezielle Elemente. Der *(a, b)-Baum* stellt ein weiteres Beispiel für einen *höhenbalancierten* Suchbaum dar. Er hat als Spezialfall den *B-Baum*, eine bedeutende Speicherlösung für Sekundärspeicher (z. B. Festplatten).

21.1 Vor-, In- und Nachordnung von Binärbäumen

Zunächst wollen wir einen Binärbaum systematisch in eine Liste umwandeln. Dafür sind viele verschiedene Vorgehensweisen vorstellbar, wovon drei besondere Bedeutung haben (vgl. Broy, 1998, Band 1, Seite 219f). Die *Vorordnung* (engl. *preorder*) behandelt das Datenelement jedes Knotens vor der Abarbeitung seiner beiden Teilbäume, die *Inordnung* (engl. *inorder*) zwischen den Teilbäumen und die *Nachordnung* (engl. *postorder*) danach.

```
function preorder (tree<nat> b): list<nat>
  return if length(b) = 0 then empty
         else append(b.root, preorder(b.leftChild)) o
              preorder(b.rightChild)

function inorder (tree<nat> b): list<nat>
  return if length(b) = 0 then empty
         else inorder(b.leftChild) o
              append(b.root, inorder(b.rightChild))

function postorder (tree<nat> b): list<nat>
  return if length(b) = 0 then empty
         else postorder(b.leftChild) o postorder(b.rightChild) o
              append(b.root, empty)
```

Beispiel 21.1

Für den in Abbildung 21.1 gezeigten Binärbaum ergeben die drei Verfahren die Listen in Tabelle 21.1.

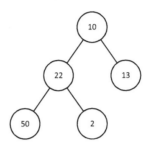

Abb. 21.1: Pre-, In- und Postorder bei Binärbäumen

preorder	10	22	50	2	13
inorder	50	22	2	10	13
postorder	50	2	22	13	10

Tabelle 21.1: Berechnung von Pre-, In- und Postorder

Praktische Verwendung finden diese Algorithmen beispielsweise beim Erzeugen von Prä-, In- und Postfixschreibweise von Ausdrücken. Ein Ausdruck (z. B. arithmetisch, oder boolesch) lässt sich über einen *Operatorbaum* darstellen, einem Binärbaum, dessen interne Knoten die Operatoren beinhalten. Mit den obigen Rechenvorschriften ergeben sich die jeweiligen Schreibweisen. Auch zur Umwandlung eines vom Compiler erzeugten Syntaxbaums in eine lineare Darstellung (z. B. als Programmdatei) sind systematische „Tree Walks" nötig.

Beispiel 21.2

Der Baum aus Abbildung 21.1 könnte auch ein Operatorbaum für den Ausdruck $(a + b) \cdot c$ sein. Dabei wäre die 22 das Plus- und die 10 das Multiplikationszeichen. a, b und c sind auch die Knoten 50, 2 und 13 verteilt. Durch Einsetzen in Tabelle 21.1 ergeben sich die drei Schreibweisen: $\cdot(+ab)c$, $(a + b) \cdot c$ bzw. $(ab+)c\cdot$.

21.2   AVL-Baum

In Abschnitt 19.8 haben wir binäre Suchbäume kennen gelernt. Operationen auf diesen Bäumen sind besonders dann effizient, wenn der Baum annähernd balanciert ist. Vergleichsweise schlechte Laufzeiten erhalten wir dagegen, falls der zugrunde liegende Baum zu einer Liste degeneriert. Um eine solche Degeneration zu verhindern, müssen wir den Baum so organisieren, dass nach jeder Änderung seiner Form die Ausgeglichenheit wieder hergestellt wird.

Dazu stellen wir nun den AVL-Baum (vgl. Ottmann/Widmayer, 2002, Seite 275) vor, welcher nach den Erfindern Adelson-Velskij und Landis benannt ist. Ein AVL-Baum ist ein binärer Suchbaum, der die Datenelemente nur in den *Knoten* speichert. Die *Blätter* bleiben leer. Jeder Knoten, der keine Kinderknoten hat, besitzt also zwei (leere) Blätter. Wir sprechen von einem *internen Suchbaum*.

Definition 21.1

Ein binärer Suchbaum heißt *AVL-Baum* (*AVL-ausgeglichen* oder *höhenbalanciert*), wenn für jeden (internen) Knoten v die Differenz der Höhe des linken und des rechten Teilbaumes von v kleiner oder gleich 1 ist:

| Höhe linker Teilbaum von v – Höhe rechter Teilbaum von v | ≤ 1.

Beispiel 21.3

Abbildung 21.2 zeigt links ein Beispiel für einen AVL-Baum (die Ellipsen symbolisieren die leeren Blätter). Der rechte Binärbaum ist kein AVL-Baum, weil er der Definition von AVL-Bäumen nicht genügt.

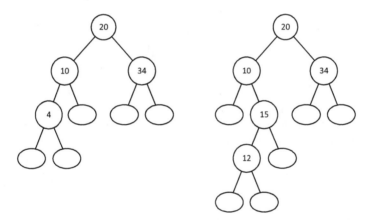

Abb. 21.2: *Ein AVL-Baum und ein Baum, der die AVL-Bedingung verletzt.*

AVL-Bäume haben die folgenden Eigenschaften:

- Zugriffsoperationen lassen sich in worst-case Laufzeit $O(\log(n))$ ausführen (die logarithmische Tiefe eines AVL-Baumes wird durch die Ausgeglichenheit garantiert),
- ein AVL-Baum der Höhe h hat mindestens F_{h+2} Blätter (F_i ist die i-te *Fibonacci*-Zahl: $F_i = F_{i-1} + F_{i-2}$ mit $F_0 = 0$ und $F_1 = 1$).

Für die zweite Eigenschaft geben wir eine Plausibilitätsbetrachtung an. Tabelle 21.2 zeigt dazu die ersten sechs Fibonacci-Zahlen und Abbildung 21.3 drei AVL-Bäume mit minimaler Blattzahl und den Höhen 1, 2 und 3.

i	0	1	2	3	4	5	6
F_i	0	1	1	2	3	5	8

Tabelle 21.2: *Fibonacci-Zahlen F_i*

Der AVL-Baum der Höhe 1 hat 2 Blätter ($\equiv F_{1+2}$) und diejenigen mit Höhe 2 haben 3 Blätter ($\equiv F_{2+2}$). Verschmelzen wir einen AVL-Baum der Höhe 1 mit einem der Höhe 2, indem wir eine neue Wurzel generieren und daran die beiden Bäume hängen, so erhalten wir einen AVL-Baum der Höhe 3 mit minimaler Blattzahl (im Bild rechts). In Bezug auf die Fibonacci-Zahlen und die Anzahl der Blätter heißt das: $F_{3+2} = F_{1+2} + F_{2+2}$.

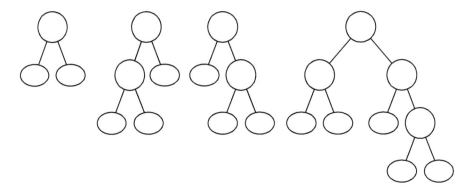

Abb. 21.3: *Minimale AVL-Bäume der Höhen 1, 2 und 3*

Allgemein ausgedrückt: Einen AVL-Baum der Höhe $h = i + 2$ (mit $i = 1, 2, 3, \ldots$) mit minimaler Blattzahl erhalten wir durch Anhängen von zwei AVL-Bäumen der Höhen i und $i+1$ mit jeweils minimaler Anzahl der Blätter an eine neue Wurzel. Die Anzahl der Blätter berechnet sich demnach wie bei den Fibonacci-Zahlen aus der Summe der Blätter der beiden „Vorgänger": $F_{h+2} = F_h + F_{h+1}$.

Wie schon erwähnt speichert der AVL-Baum Datenelemente nur an den Knoten. Gilt für die Verteilung der Schlüssel die Bedingung des binären Suchbaumes, so verfolgen wir für die Operationen `search`, `insert` und `delete` einen Pfad durch den Baum, bis die gesuchte Stelle gefunden ist. Ohne die Operationen auf AVL-Bäumen genauer zu betrachten, können wir feststellen, dass beim Einfügen ein Teilbaum in der Höhe um eins wächst und beim Löschen ein Teilbaum um ein Element schrumpft. Dadurch wird irgendwann die AVL-Ausgeglichenheit verletzt. Diese muss aber nach dem Abschluss jeder Operation wieder gewährleistet sein.

Grundsätzliche Überlegungen zeigen dass selbst nach beliebigen Kombinationen der drei genannten Operationen `search`, `insert` und `delete` immer nur einer von vier möglichen Fällen entsteht.

Ist der Betrag der Differenz aus der Höhe des linken und des rechten Teilbaumes eines Knotens v dabei größer als 1, so erfolgt die Wiederherstellung der AVL-Ausgeglichenheit (*Rebalancierung*) durch so genannte *Rotationen* und *Doppelrotationen*. Durch diese Rotationen wird die Degenerierung des Binärbaumes vermieden und die Laufzeiteffizienz von $O(\log(n))$ bleibt erhalten. Wir betrachten dabei keine Spiegelsituationen und vernachlässigen Höhendifferenzen, die keine Verletzung der AVL-Ausgeglichenheit verursachen.

1. Fall: Abbildung 21.4 zeigt links einen Baum, bei dem der linke Teilbaum die Höhe $h + 1$ und der rechte die Höhe $h - 1$ hat (die Dreiecke symbolisieren Teilbäume mit fortlaufender Nummerierung und der jeweiligen Höhe im Index von T). Die Gesamthöhe beträgt also $h + 2$ (durch Zählen der Teilbaumhöhe und der zusätzlichen Kanten bis zur Wurzel). Es gilt: $|h + 1 - (h - 1)| = 2$ und die Bedingung für einen AVL-Baum ist verletzt. Die Rebalancierung erfolgt durch eine (Einfach-) Rotation nach rechts (siehe rechter Baum in der Abbildung). Dabei wird x die neue Wurzel, y rechtes Kind von x und Teilbaum 2 linker Teilbaum von y. Wie wir schnell erkennen, hat jetzt sowohl der linke als auch der rechte Teilbaum der Wurzel die Höhe $h + 1$ und die AVL-Ausgeglichenheit ist wieder hergestellt.

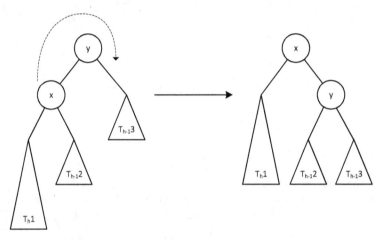

Abb. 21.4: *Rotation nach rechts*

Der AVL-Baum ist ein binärer Suchbaum (zur Erinnerung: Im linken Teilbaum speichern wir alle Schlüssel mit *kleineren* Werten als der Schlüssel in der Wurzel des Teilbaums und im rechten alle mit *größeren* Werten als der Wurzel-Schlüssel). Der linke Baum im Bild ist in irgendeiner Weise durch die Operationen `insert` und `delete` aus einem korrekten AVL-Baum entstanden. Die Bedingungen eines binären Suchbaumes sind erfüllt und unter den Schlüsseln gelten die Beziehungen in Tabelle 21.3.

Schlüssel im Teilbaum	Abbildung 21.4 linker Baum	Abbildung 21.4: rechter Baum
T_h1	$< x$	$< x$
$T_{h-1}2$	$> x \wedge < y$	$> x \wedge < y$
$T_{h-1}3$	$> y$	$> y$

Tabelle 21.3: *Rotation nach rechts: Schlüsselvergleich*

Die Verteilung der Schlüssel ist vor und nach der Rotation identisch. Sie verändert zwar die Struktur des Baumes, die Bedingungen eines binären Suchbaumes bleiben jedoch erhalten. Es können nun weitere Operationen auf dem Baum ausgeführt werden.

2. Fall: Im zweiten Fall verletzt der rechte Teilbaum die AVL-Ausgeglichenheit (siehe Abbildung 21.5): $|h - (h + 2)| = 2$. Wir rebalancieren durch eine (Einfach-) Rotation nach links. Dabei wird z die neue Wurzel, y linkes Kind von z und Teilbaum 3 rechtes Kind von y.

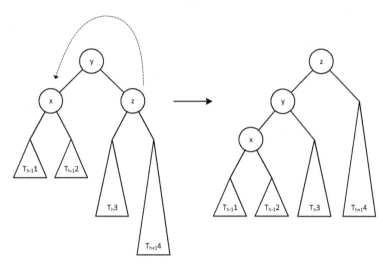

Abb. 21.5: *Rotation nach links*

Wie die Rotation nach rechts verändert auch die Rotation nach links die Sortierungsbedingungen eines binären Suchbaums auf den Schlüsseln nicht (siehe Tabelle 21.4, die genaue Betrachtung erfolgt nur auf den Teilbäumen, die an einen neuen Knoten angehängt werden).

Schlüssel im Teilbaum	Abbildung 21.5: linker Baum	Abbildung 21.5: rechter Baum
$T_{h-1}1$	$< x$	$< x$
$T_{h-1}2$	$> x$	$> x$
T_h3	$> y \wedge\ < z$	$> y \wedge\ < z$
$T_{h+1}4$	$> z$	$> z$

Tabelle 21.4: *Rotation nach links: Schlüsselvergleich*

Bei den *Einfachrotationen* wird jeweils *ein* Teilbaum an einen anderen Knoten gehängt. Bei den so genannten *Doppelrotationen* (die wir für den dritten und den vierten Fall benötigen) erhalten *zwei* Teilbäume neue Väter. Bevor wir diese genauer betrachten, wollen wir noch erörtern, warum wir diese überhaupt benötigen.

In Abbildung 21.6 haben wir eine ähnliche Situation wie im zweiten Fall. Wir tauschen lediglich Teilbaum 3 und 4 miteinander. Nach der Rotation nach links erhalten wir die Situation rechts im Bild und überprüfen die AVL-Bedingung: $|h + 2 - h| = 2$. Wir haben nichts erreicht, da nach wie vor kein AVL-Baum vorliegt. Aber vielleicht funktioniert es in der umgekehrten Situation des ersten Falles (siehe Abbildung 21.7). Wir rotieren nach rechts und stellen fest: $|h - 1 - (h + 1)| = 2$.

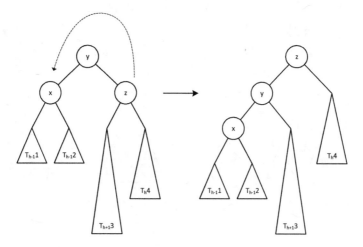

Abb. 21.6: *Erfolglose Rotation nach links*

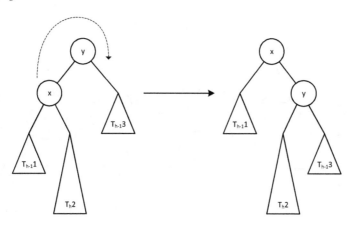

Abb. 21.7: *Erfolglose Rotation nach rechts*

Wenn äußere Teilbäume nicht mehr höhenbalanciert sind, können wir sie durch *Einfachrotationen* ausgleichen. Für innere Teilbäume ist dies nicht der Fall. *Doppelrotationen* lösen das Problem. Sie rotieren einen inneren Unterbaum nach außen, um durch eine weitere Rotation wieder eine AVL-Ausgeglichenheit herzustellen.

3. Fall: Für die Doppelrotation stellen wir die Situation etwas anders dar. Den linken Baum aus Abbildung 21.7 formen wir in den linken Baum in Abbildung 21.8 um. Der Baum ist nicht balanciert: $|h + 1 - (h - 1)| = 2$.

Im ersten Schritt rotieren wir den Knoten z nach außen (Rotation nach links), indem x linkes Kind von z und Teilbaum 2 rechter Unterbaum von x wird. Die AVL-Bedingung ist noch nicht erfüllt und wir rotieren z nochmals nach rechts (siehe Abbildung 21.9). Der zweite Schritt ist äquivalent zum ersten Fall. Zur Kontrolle zeigt Tabelle 21.5 die Korrektheit der inneren

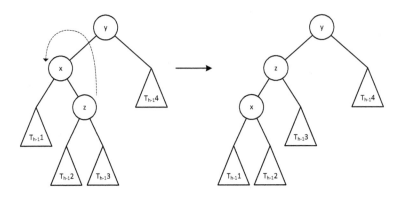

Abb. 21.8: *Doppelrotation nach links-rechts: 1. Schritt*

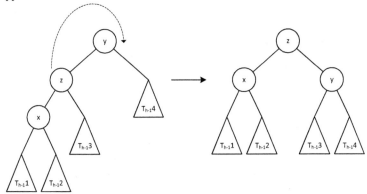

Abb. 21.9: *Doppelrotation nach links-rechts: 2. Schritt*

Sortierung des Suchbaumes.

Schlüssel im Teilbaum	Abbildung 21.6 linker Baum	Abbildung 21.7: rechter Baum
$T_{h-1}1$	$< x$	$< x$
$T_{h-1}2$	$> x \wedge\ < z$	$> x \wedge\ < z$
$T_{h-1}3$	$> z \wedge\ < y$	$> z \wedge\ < y$
$T_{h-1}4$	$> y$	$> y$

Tabelle 21.5: *Doppelrotation nach links-rechts: Schlüsselvergleich*

4. Fall: Es bleibt noch die Lösung für den Fall in Abbildung 21.6. Um eine Doppelrotation ausführen zu können, wandeln wir den Baum wieder etwas um (siehe Abbildung 21.10 linker Baum).

Zuerst führen wir mit Knoten w eine Rotation nach rechts aus (w wird Vater von z und Teilbaum 4 linker Teilbaum von z). Die entstandene Situation ist identisch mit dem zweiten Fall. Eine weitere Rotation nach links rebalanciert den Baum (siehe Abbildung 21.11). Die Kontrolle des

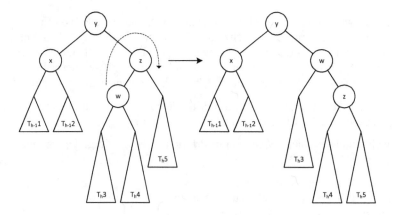

Abb. 21.10: *Doppelrotation nach rechts-links: 1. Schritt*

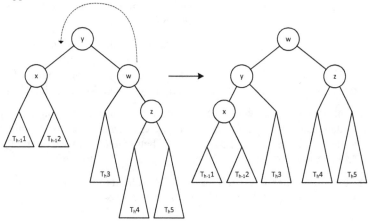

Abb. 21.11: *Doppelrotation nach rechts-links: 2. Schritt*

Erhalts der Sortierung im binären Suchbaum sei an dieser Stelle dem Leser überlassen.

Es bleibt zu erwähnen, dass AVL-Bäume leider relativ kompliziert zu implementieren sind. Es haben sich daher auch andere Lösungen zur Balancierung von Binärbäumen etabliert, wie etwa die Rot-Schwarz Bäume. Implementierungen (wenigstens in Pseudo-Code) lassen sich unter Anderem in Cormen et al. (2001) nachlesen.

21.3 Vorrangwarteschlangen

Eine *Vorrangwarteschlange* (engl. *priority queue*) ist eine Datenstruktur auf deren Elementen eine Prioritätsordnung definiert ist. Es handelt sich dabei um eine Erweiterung der herkömmlichen Warteschlange dahingehend, dass die Elemente nicht mehr nach *Verweildauer* in der Queue abgearbeitet werden, sondern nach einem *zusätzlichen*, vom Benutzer festgelegten Kriterium. Beispielsweise erfolgt das Abarbeiten eines Aktenstapels oder von Emails nach einem bestimmten Prioritätskriterium, das sich möglicherweise von der zeitlichen Reihenfolge des Eingangs unterscheidet. Vorrangwarteschlangen tragen auch zur effizienten Berechnung von Problemen etwa bei der Berechnung von kürzesten Wegen bei. Zwei dieser Probleme mit Anwendung einer Vorrangwarteschlange untersuchen wir in einem späteren Kapitel.

Wir wollen hier außer Acht lassen, wie die Prioritätenordnung genau definiert ist. Wir setzen lediglich voraus, dass es eine geeignete Definition dafür gibt.

Typischerweise sind für solche Mengen mit Prioritätsordnung einige Operationen von besonderer Bedeutung:

- `insert`: Einfügen von Elementen,
- `delete`: Löschen von beliebigen Elementen,
- `deleteMin`: Löschen des kleinsten Elements,
- `findMin`: Finden des kleinsten Elements,
- `decreaseKey`: Herabsetzen eines beliebigen Schlüsselwertes für die Priorität,
- `merge`: Verschmelzen von zwei Warteschlangen in Eine.

Bei der Vorstellung des Abarbeitens eines Aktenstapels werden diese Operationen klar. Neue Akten oder sogar Aktenstapel müssen eingefügt werden (`insert` und `merge`). Akten verlieren ihre Gültigkeit (`delete`). Der wichtigste Akt wird gesucht und verarbeitet (`findMin`) sowie aus dem Stapel entfernt (`deleteMin`). Ein Akt gewinnt an Wichtigkeit (`decreaseKey`).

Vorab sei erwähnt, dass Vorrangwarteschlangen zum Suchen nicht besonders geeignet sind. Dafür sollten andere Datenstrukturen verwendet werden. Man kann immer nur das nächste abzuarbeitende Element in der Schlange finden. Wir betrachten nun zwei effiziente Implementierungen von Vorrangwarteschlangen.

Als Grundlage und zur weiteren Vertiefung dieses Abschnitts sei abermals auf Cormen et al. (2001), Ottmann/Widmayer (2002) sowie Mayr (1999) verwiesen.

21.4   Binomial Queue

Eine Möglichkeit zur Implementierung einer Vorrangwarteschlange ist die so genannte *Binomial Queue* (oder auch *binomial heap*). Dazu verwenden wir *Binomialbäume*.

Definition 21.2

Binomialbaum (vgl. Ottmann/Widmayer, 2002, Seite 403): Ein *Binomialbaum B_n* mit $n \geq 0$ ist wie folgt induktiv definiert:

1. B_0 ist ein Baum mit exakt einem Knoten.
2. B_{n+1} entsteht aus zwei Bäumen B_n, und B'_n, indem die Wurzel von B'_n zum Sohn der Wurzel von B_n wird.

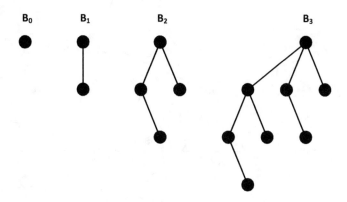

Abb. 21.12: *Die Binomialbäume B_0, B_1, B_2 und B_3*

Beispiel 21.4

Abbildung 21.12 zeigt die Binomialbäume B_0, B_1, B_2 und B_3.

Achtung: Binomialbäume sind *keine* Binärbäume, wie man z. B. an der Wurzel von B_3 erkennen kann.

Abbildung 21.13 (oben links) verdeutlicht die allgemeine Darstellung eines Binomialbaumes. Die beiden anderen Binomialbäume sind dazu äquivalente Darstellungsformen. Es sei dem Leser überlassen, sich die verschiedenen Arten anhand des B_3 aus Abbildung 21.12 klarzumachen.

Binomialbäume sind durch verschiedene Eigenschaften gekennzeichnet (vgl. Ottmann/Widmayer, 2002, Seite 403):

1. B_n besitzt exakt 2^n Knoten.
2. Die Höhe eines B_n ist n.
3. Die Wurzel von B_n hat n Kinder (Grad n).
4. In Tiefe i hat B_n $\binom{n}{i}$ Knoten.

Eigenschaft 4 begründet die Bezeichnung Binomialbaum. Es bleibt wiederum dem Leser überlassen, sich die vier Eigenschaften anhand des B_3 aus Abbildung 21.12 zu verdeutlichen oder per Induktion zu beweisen.

Man verwendet Binomialbäume vor allem zur Speicherung von Schlüsselmengen. Die Schlüssel sind dabei oft natürliche Zahlen. Die Prioritätsordnung ergibt sich aus der Minimum-Heap-Variante, d. h. der kleinste Schlüssel mit der höchsten Priorität steht in der Wurzel. Diese Bedingung muss auch für alle Teilbäume erfüllt sein. In einem Binomialbaum kann man gemäß Eigenschaft 1 bis zu 2^n Elemente ablegen.

Beispiel 21.5

Wir wollen 13 Schlüssel in einem Binomialbaum speichern: 1, 4, 6, 9, 11, 18, 21, 24, 29, 33, 40, 51, 63. Das Ablegen in einem einzigen Binomialbaum ist leider nicht möglich, da

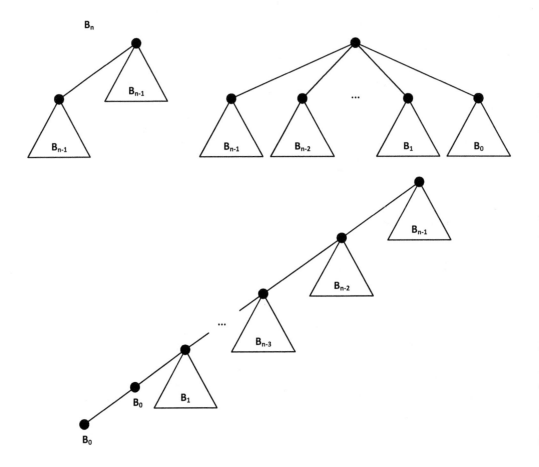

Abb. 21.13: *Darstellungsformen des B_n*

13 keine Zweierpotenz ist. Die Lösung liegt im Speichern der 13 Elemente in mehreren Binomialbäumen, welche über die Dualzahldarstellung der Anzahl der Elemente gewählt werden: $N = 13 = (1101)_2$. Die Einsen kennzeichnen die benötigten Binomialbäume, also B_3, B_2 und B_0. Darin legen wir die Elemente unter Beachtung der minimalen Heap-Bedingung ab und erhalten einen Wald von Binomialbäumen. Abbildung 21.14 zeigt eine mögliche Verteilung der Schlüssel. Sie könnte durchaus anders sein, die Struktur jedoch nicht.

Für eine beliebige Anzahl N von Elementen wählen wir die Dualzahl $N = (b_{n-1}b_{n-2}\ldots b_0)_2$. Für jedes k mit $b_k = 1$ erstellen wir dann einen Binomialbaum B_k, der gerade 2^k Elemente speichert. Wir bekommen einen Wald von Binomialbäumen, die alle für sich der obigen Heap-Bedingung genügen. Diese Art der Darstellung heißt auch *Binomial Queue*.

Eine Binomial Queue darf keine zwei gleichen B_i enthalten. Außerdem muss jeder einzelne Knoten einen Schlüssel tragen, darf also nicht leer sein. Bei tatsächlicher Realisierung einer

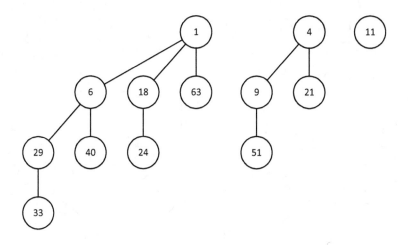

Abb. 21.14: *Wald von Binomialbäumen*

Binomial Queue könnten die Wurzeln der einzelnen Binomialbäume z. B. über eine doppelt verkettete Liste verbunden werden. In unseren Abbildungen verzichten wir aber auf eine solche explizite Kennzeichnung des Waldes.

Es ist leicht zu erkennen, dass eine Binomial Queue eine sehr starre Struktur hat. Fügen wir ein neues Element ein oder löschen ein vorhandenes, so entspricht der Rest der Warteschlange nicht unbedingt den Voraussetzungen für die Datenstruktur. Dieser Umstand erfordert eine Restrukturierung der Binomial Queue. Das folgende Verfahren entspricht der Operation `merge`, welche zwei Binomial Queues solange verschmilzt, bis keine zwei identischen Binomialbäume mehr im Resultat vorhanden sind. Wir geben es anhand eines Beispieles an.

Beispiel 21.6

Gegeben seien die beiden Binomial Queues aus Abbildung 21.15 (oben). Zum Zusammensetzen suchen wir beginnend mit dem kleinsten vorhandenen B_i zwei Binomialbäume, die gleich viele Elemente speichern (Teilbäume mit Wurzel 11 und 18). Wir fügen sie unter Beachtung der Heap-Bedingung zum nächst größeren Binomialbaum zusammen (die Wurzel mit dem größeren Schlüssel wird Sohn der Wurzel mit dem kleineren). Hier hilft uns die spezielle Definition der Binomialbäume. Wir wiederholen diesen Schritt mit dem entstandenen Wald mit den Unterbäumen 4 und 11. Das Resultat ist eine gültige Binomial Queue, die nur noch Binomialbäume unterschiedlichen Wurzel-Ranges enthält.

Wir errechnen die Anzahl der Binomialbäume anhand der Dualzahldarstellung der Anzahl N der benötigten Schlüssel. Im Beispiel verschmelzen wir Binomialbäume. Dies geschieht genau dann, wenn bei der Addition der beiden Dualzahldarstellungen der ursprünglichen Binomial Queues ein Übertrag auftritt:

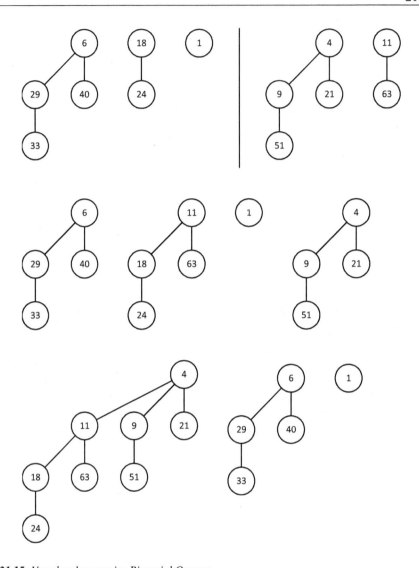

Abb. 21.15: *Verschmelzen zweier Binomial Queues*

	B_3	B_2	B_1	B_0
$N_1 = 7$		1	1	1
$N_2 = 6$		1	1	0
Übertrag	1	1	0	
Ergebnis $N = 13$	1	1	0	1

Für die Spalte B_1 und B_2 liegt jeweils ein Übertrag vor, d. h. es müssen je zwei B_1 und B_2 verschmolzen werden. Im Beispiel aus Abbildung 21.15 ist das der Fall. Die Addition erfolgt spaltenweise von rechts nach links. In den Zeilen N_1, N_2 und Übertrag lässt sich anhand der Einsen für jeden Additionsschritt i die Anzahl der momentan vorhandenen B_i ablesen.

Abschließend sei noch gesagt, dass alle Operationen der Vorrangwarteschlange bei der Realisierung durch eine Binomial Queue die worst-case-Komplexität $O(\log(n))$ haben (vgl. Ottmann/Widmayer, 2002, Seite 410). Wir verzichten an dieser Stelle auf die exakte Behandlung der Operationen und die Komplexitätsberechnungen. Zum Verständnis beachte der Leser jedoch, dass sowohl die Tiefe jedes Binomialbaumes einer Binomial Queue als auch die Anzahl der einzelnen Binomialbäume logarithmisch ist, da man für die Dual-Darstellung einer Zahl N $\log(N)$ Bits benötigt. Eine einfach zu realisierende Optimierung wäre das Einführen eines Zeigers auf das kleinste Element. Dadurch ergibt sich für findMin der Zeitbedarf $O(1)$. Bei bei Anpassungen in den Wurzeln der Binomialbäume müsste der Zeiger gegebenenfalls aktualisiert werden.

21.5   Fibonacci-Heap

Binomial Queues haben eine starre Struktur, da sie nach jeder Operation keine zwei gleichen Binomialbäume enthalten dürfen. Diese Einschränkung gibt es beim Fibonacci-Heap dagegen nicht.

Ein Fibonacci-Heap ist ein *Wald* von Bäumen (nicht unbedingt Binomialbäumen), von denen jeder für sich die Minimum-Variante der Heap-Bedingung erfüllt. Die Kinder eines Knoten haben also immer größere Werte als der Knoten selbst. Weitere Bedingungen für den Fibonacci-Heap gibt es nicht. Wir werden aber sehen, dass die Operationen des Fibonacci-Heaps eine Struktur festlegen, die eng mit der einer Binomial Queue zusammenhängt.

Die Operationen eines Fibonacci-Heaps sind teilweise noch effizienter als die einer Binomial Queue (siehe Tabelle 21.6 und Mayr, 1999).

Operation	worst-case-Komplexität	amortisierte Kosten
insert	$O(1)$	$O(1)$
merge	$O(1)$	$O(1)$
findMin	$O(1)$	$O(1)$
decreaseKey	$O(\log(n))$	$O(1)$
delete	$O(\log(n))$	$O(\log(n))$
deleteMin	$O(n)$	$O(\log(n))$

Tabelle 21.6: Fibonacci-Heap: Komplexität der Operationen

Definition 21.3

Die Datenstruktur des *Fibonacci-Heaps* ist wie folgt definiert (vgl. Mayr, 1999):

- Die Schlüsselwerte sind an den Knoten der Bäume gespeichert,
- die *Wurzelliste* ist eine doppelt verkettete Liste mit den Wurzeln aller Bäume des Fibonacci-Heaps. Zusätzlich existiert ein Zeiger auf die minimale Wurzel ($\equiv$ Wurzel des Fibonacci-Heaps),
- jeder Knoten ist gekennzeichnet durch:
  - Schlüssel und Wert,
  - Rang (Anzahl der Kinder),
  - Zeiger zum ersten Kind,
  - Zeiger zum Vater (`null` im Falle der Wurzel),
  - doppelt verkettete Liste der Kinder,
  - Markierung $\in \{0, 1\}$ (nur die Wurzel hat diese Markierung nicht).

Beispiel 21.7

Es gibt viele Möglichkeiten zur Darstellung eines Fibonacci-Heaps. Eine davon zeigt Abbildung 21.16. Das Quadrat symbolisiert die Wurzelliste, der Pfeil den Zeiger auf das Minimum und die einzelnen Knoten und Bäume die Teilbäume des Fibonacci-Heaps.

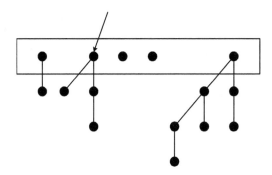

Abb. 21.16: *Darstellung eines Fibonacci-Heaps (1)*

Genau genommen spiegelt diese übersichtliche Darstellung nicht genau die obige Definition wieder. Abbildung 21.17 verdeutlicht anhand nur eines Teilbaumes, wie komplex eine genaue Veranschaulichung wird.

Auf das kleinste Element der Wurzelliste existiert laut Definition ein Zeiger. Wird ein weiteres Element in die Wurzelliste aufgenommen, so muss dieser möglicherweise aktualisiert werden. Das ist dann der Fall, wenn wir (durch einen einzigen Vergleich) feststellen, dass das neue Element kleiner als das aktuelle Minimum ist. Es liegt auf der Hand, dass damit `findMin` in $O(1)$ realisierbar ist (durch Dereferenzieren des Zeigers). `insert` hängt ein neues Element in die Wurzelliste ein (auch hier gilt: $O(1)$). Die Operation `merge` ähnelt der Vorgehensweise von Binomial Queues. Zwei Knoten in der Wurzelliste mit dem gleichen Wurzel-Rang werden derart verschmolzen, dass die Wurzel mit dem größeren Schlüssel Sohn der anderen Wurzel

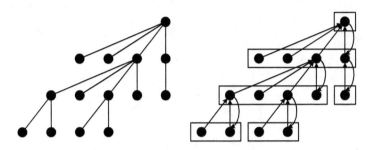

Abb. 21.17: *Darstellung eines Fibonacci-Heaps (2)*

wird. Wiederum gilt: Die Laufzeit der Operation `merge` entspricht der Größenordnung $O(1)$. Beachte: Mehrere Bäume mit gleichem Wurzel-Rang werden nicht automatisch von `merge` verbunden. Dies ist nicht Eigenschaft eines Fibonacci-Heaps.

Bis jetzt haben wir die oben genannte Markierung noch nicht in unsere Betrachtungen einbezogen. Sie ist bei den Operationen `delete` und `decreaseKey` von Bedeutung. `delete` führt `deleteMin` aus, wenn das zu löschende Element das Minimum des Fibonacci-Heaps ist.

Ansonsten sind die beiden Operationen nahezu identisch. `delete` löscht das entsprechende Element und hängt alle seine Kinder in die Wurzelliste (Achtung: Wir beschäftigen uns nicht mit der Frage, wie wir das Element finden). Die Operation `decreaseKey` entfernt es ebenfalls, hängt es mit dem veränderten Schlüssel und seinen Kindern auch in die Wurzelliste, wo wir bei Bedarf den Zeiger auf das Minimum aktualisieren. Nach dem jeweiligen Entfernen arbeiten beide Operationen äquivalent weiter.

Wenn der Vater des entfernten Elements markiert ist, so wird er nach Entfernung der Markierung samt Unterbaum in die Wurzelliste gehängt. Dies geschieht so lange, bis der Vater des aktuellen Knotens nicht markiert ist oder keiner mehr vorhanden ist. Hat der Vaterknoten keine Markierung, so wird er markiert. Die Markierungsvorschrift lässt sich wie folgt zusammenfassen (kaskadierendes Abschneiden, vgl. Mayr, 1999):

- Die Markierung eines Knotens wird entfernt, wenn
  - er durch ein `merge` Kind eines anderen Knoten wird oder
  - wir ihn in die Wurzelliste einfügen.
- Verliert ein Knoten im Markierungszustand einen Sohn, so hängen wir ihn ohne Markierung in die Wurzelliste.
- Verliert ein Knoten im Nicht-Markierungszustand einen Sohn, so wird die Markierung gesetzt.

Beispiel 21.8

Abbildung 21.18 zeigt einen markierten Fibonacci-Heap. Die Punkte bedeuten, dass die dazugehörigen Knoten markiert sind und bereits Kinder verloren haben (Knoten mit Schlüssel 21 und 34).

Entfernen wir das Element mit dem Schlüssel 40, so hängen wir 55 und 41 in die Wurzelliste (siehe Abbildung 21.19 links). Wenn wir nicht löschen, sondern auf das gleiche Element ein

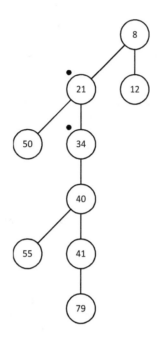

Abb. 21.18: *Markierter Fibonacci-Heap*

decreaseKey von 40 auf 13 ausführen, so erhalten wir die Konstellation im rechten Teil des Bildes (der komplette Unterbaum wandert nach oben). Der Vater von Knoten 40 hat bereits ein Kind verloren und wird dadurch in die Wurzelliste gehängt. Gleiches gilt für Knoten 21, der im ersten Schritt nach delete bzw. decreaseKey Knoten 34 verliert und ebenfalls schon die Markierung trägt.

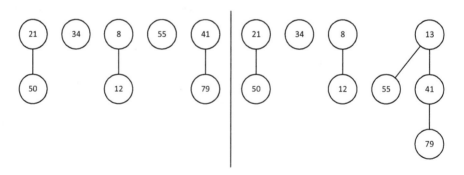

Abb. 21.19: *Fibonacci-Heap:* delete *und* decreaseKey

Bis auf deleteMin kennen wir nun alle Operationen. Diese verändern die Struktur nur in der Weise, dass die Tiefe des Fibonacci-Heaps immer kleiner wird, und die Anzahl der Elemente in der Wurzelliste steigt.

`deleteMin` räumt diese „Unordnung" auf. Es entfernt das kleinste Element und hängt deren Kinder in die Wurzelliste. Danach führt die Operation solange `merge` aus, bis keine zwei Bäume mit gleichem Wurzel-Rang mehr in der Wurzelliste vorhanden sind.

Zusammenfassend ist die Grundidee des Fibonacci-Heaps, dass teure Operationen möglichst lange hinausgezögert werden sollen. Damit verbessern dich die amortisierten Kosten. Daher wird bei `delete` und `decreaseKey` die Bäume zunächst einfach nur in die Wurzelliste ein-gehängt ohne weiter die Struktur zu verändern. Erst wenn es sich nicht mehr vermeiden lässt, wird die Struktur wieder vereinfacht. Das ist der Fall wenn `deleteMin` aufgerufen wird. Da man dort den Minimums-Zeiger aktualisieren muss, lässt sich ein Durchsuchen der Struk-tur dann nicht mehr vermeiden. Daher kann man in diesem Fall dann auch gleich noch die Teilbäume verschmelzen.

Beispiel 21.9

Wir entfernen das Minimum aus Abbildung 21.20 (links) und führen `merge` aus (siehe Abbildung 21.21). Zuerst vereinigen wir 12 und 55 und anschließend die Teilbäume mit den Wurzeln 12 und 41. Danach liegen keine zwei Unterbäume mit gleichem Wurzel-Rang mehr vor und `deleteMin` ist abgeschlossen.

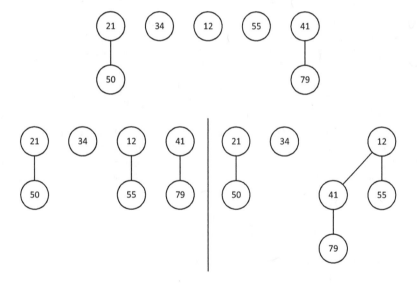

Abb. 21.20: *Fibonacci-Heap:* `deleteMin(1)`

In diesem Beispiel entsteht sogar eine Binomial Queue. Das ist normalerweise nicht der Fall. Der Leser beachte dazu die folgende Bemerkung sowie das Beispiel in Abbildung 21.21, welche links einen Fibonacci-Heap vor und rechts nach Ausführung von `deleteMin` zeigt. Der rechte Baum ist kein B_3, da der Knoten 55 kein weiteres Kind hat.

Wenn wir allerdings mit einem leeren Fibonacci-Heap starten und nur die aufbauenden Ope-rationen `insert` und `merge` verwenden, so entstehen ausschließlich Binomialbäume. Diese

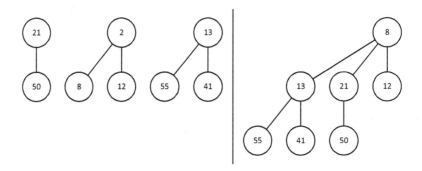

Abb. 21.21: *Fibonacci-Heap:* `deleteMin(2)`

können auch den gleichen Wurzel-Rang haben. Nach Ausführung der Operation `deleteMin` sind alle Binomialbäume mit dem gleichen Wurzel-Rang verschmolzen. Es liegt dann eine Binomial Queue vor (vgl. Ottmann/Widmayer, 2002, Seite 413).

Für weiterführende Ausführungen uns insbesondere auch beispielhafte Implementierungen der Operationen sei der Leser hier nochmals auf Cormen et al. (2001) verwiesen. Häufig wird man diese Datenstrukturen allerdings nicht selbst implementieren, sondern auf eine bereits vorhandene Implementierung zurückgreifen. Daher ist das Verständnis der groben Funktionsweise und der mit den Operationen verbundenen Kosten in vielen Fällen ausreichend.

21.6   (a, b)-Baum

Zum Abschluss dieses Kapitels stellen wir nun die Grundlagen für eine wichtige Datenstruktur aus dem Datenbankbereich vor. Wir betrachten jetzt nicht mehr wie in den letzten beiden Abschnitten „heapgeordnete" Bäume, sondern führen eine neue, der Schlüsselverteilung eines binären Suchbaumes sehr ähnliche Anordnung ein. *(a, b)-Bäume* sind also „herkömmliche" Suchbäume, mit den Operationen einfügen, löschen und suchen.

Wie bereits erwähnt, ist ein AVL-Baum ein interner Suchbaum. Er speichert die Datenelemente nur in den *internen Knoten*. Im Gegensatz dazu legt ein *externer Suchbaum* die Daten nur in den *Blättern* ab. Die inneren Knoten halten dann Verwaltungsinformationen bereit, mit Hilfe derer die Operationen durch den Baum navigieren. Der (a, b)-Baum ist ein solcher externer Suchbaum (vgl. Mayr, 1999).

Definition 21.4

Ein *(a, b)-Baum* ist ein externer Suchbaum, für den gilt:

- alle Blätter haben identische Tiefe,
- für die Anzahl N der Kinder eines jeden internen Knotens, außer der Wurzel, gilt: $a \leq N \leq b$
- für die Wurzel gilt: $2 \leq N \leq b$,
- für b gilt: $b \geq 2a - 1$.

Jeder interne Knoten speichert Verwaltungsinformationen. Ist N die Anzahl der Kinder eines Knotens, so beinhaltet er $N-1$ Verwaltungseinheiten. Ist k_i die Verwaltungseinheit an Stelle i eines Knotens, so gilt:

(Schlüssel im i-ten Teilbaum) $\leq k_i <$ (Schlüssel im $i+1$-ten Teilbaum).

Beispiel 21.10

Abbildung 21.22 zeigt einen (2, 4)-Baum. Die Struktur und Aufteilung der Knoten wird anhand der obigen Definition klar.

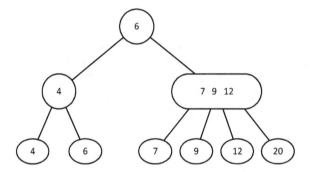

Abb. 21.22: *(2, 4)-Baum*

Beispiel 21.11

Wir fügen in obigen Baum das Element 10 ein. Nach der Verwaltungseinheit in der Wurzel muss das neue Element im rechten Teilbaum eingesetzt werden (siehe Abbildung 21.23 oben). Wir sortieren die 10 gemäß der Bedingung für die Verwaltungsknoten ein und stellen fest, dass der rechte Teilbaum fünf Kinder hat, was $5 \leq b = 4$ widerspricht. Es existieren mehrere Möglichkeiten, um wieder einen gültigen (2, 4)-Baum zu erstellen. Wir geben zwei mögliche Varianten an (siehe die beiden unteren Bäume in Abbildung 21.23).

Die letzte Bedingung der Definition eines (a, b)-Baumes wird vor allem dann klar, wenn wir wie eben ein Element einfügen. Hat ein interner Knoten bereits b Kinder und es kommt ein weiteres Element dazu, so müssen wir eventuell einen neuen Knoten erzeugen. Die beiden Knoten genügen der Bedingung $a \leq N$, wenn zuvor $b \geq 2a - 1$.

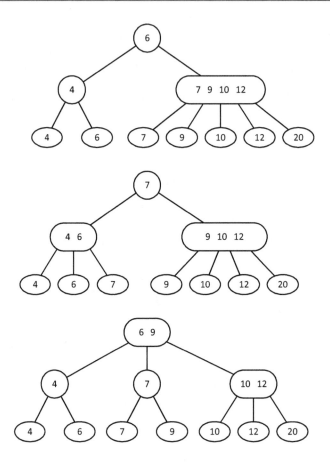

Abb. 21.23: (2, 4)*-Baum:* `insert`

Beispiel 21.12

Ein (2, 3)-Baum habe zwei Teilbäume mit jeweiliger Höhe 1, die beide komplett gefüllt sind. Fügen wir ein weiteres Element ein, so hat die Wurzel eines Teilbaumes vier Kinder. Mit dem anderen Teilbaum kann nicht wie im Beispiel oben getauscht werden, da er ebenfalls schon alle Plätze belegt hat. Wir erzeugen also einen neuen Knoten und verteilen die vier Kinder zu gleichen Teilen auf den alten und neuen Unterbaum. Beide halten dann je zwei Kinder, die minimal erforderliche Anzahl.

Unter realen Bedingungen werden immer wieder `insert`, `delete`, `merge` und andere Operationen ausgeführt. Dabei wächst und schrumpft der zugrunde liegende (a, b)-Baum und es treten Situationen auf, in denen mehrere Möglichkeiten zur Anpassung der Struktur verfügbar sind. Welche Wahl zur Umstrukturierung am besten ist oder wie eine optimale Strategie dazu aussehen könnte, wollen wir an dieser Stelle nicht tiefer behandeln. Es genügt, wenn wir uns der Problematik bewusst sind. Für weitere Studien sei Mehlhorn (1988) empfohlen.

Abschließend noch zwei Bemerkungen: Ein (a, b)-Baum hat auf jeden Fall logarithmische Tiefe. Wählen wir $b = 2a - 1$, so sprechen wir vom so genannten *B-Baum*. Der B-Baum ist eine der wichtigsten Datenstrukturen für Datenbank-*Externspeicher* (auch *Hintergrundspeicher* genannt, üblicherweise durch Festplatten realisiert). Der Parameter a wird dabei zur Speicherung auf Platten groß gewählt, z. B. $a = 100$, da der Zugriff auf Hintergrundspeicher wesentlich langsamer als auf Hauptspeicher ist und der Baum in die Breite wachsen kann. Wenn man es schafft, den Wurzelknoten oder sogar die Wurzel und die erste Ebene ihrer Kinder im Hauptspeicher zu halten, reichen üblicherweise nur eine sehr kleine Anzahl von Zugriffen auf den Hintergrundspeicher aus um zu den Daten im Blatt zu gelangen. So können in einem solchen Baum mit einer Tiefe von 4 ja bereits bis zu $100^4 = 100.000.000$ Elemente Platz finden.

22 Graphen

Fast jeder Kraftfahrer hat heutzutage ein System zur Routenplanung in seinem Fahrzeug installiert. Die zentrale Aufgabe dieser Systeme ist die Berechnung der gegenwärtig „günstigsten" Verbindungsstrecke zwischen zwei Orten. Diese Strecke soll dabei nach unterschiedlichen Kriterien optimiert werden, z. B. Zeitaufwand, Fahrtstrecke oder Spritverbrauch.

Wir wollen in diesem Kapitel zunächst mit den *Graphen* eine Datenstruktur vorstellen, die es überhaupt erst einmal ermöglicht, die Basisinformation für Routenplaner in einer dem Rechner zugänglichen Form darzustellen, nämlich als Menge von Orten mit den Kosten (z. B. Zeit oder Strecke) der jeweiligen Verbindungen dazwischen. In diesem Kapitel beschäftigen wir uns daher zuerst mit der präzisen Definition der Struktur Graph. Die *Breiten-* und *Tiefensuche* sind Verfahren zum Durchlaufen von Graphen (*Traversierung*). Die Algorithmen zur Berechnung von *kürzesten Pfaden* (eine Lösung des Problems aus Abbildung 18.1) und *minimalen Spannbäumen* runden diesen Abschnitt als Beispiele für effiziente Berechnungen über Graphen ab. Die fachlichen Grundlagen für diesen Abschnitt stammen aus Mayr (1999).

22.1 Grundlagen

Betrachten wir zuerst einige Beispiele für Graphen (siehe Abbildung 22.1), darunter *vollständige Graphen*, bei denen jeder Knoten mit jedem anderen verbunden ist (siehe Abbildung 22.1 (a) und (b)), oder vollständig *bipartite* Graphen, bei denen jeder Knoten mit allen gegenüberliegenden innerhalb einer Zweierreihe verknüpft ist (wie die Abbildung im Graphen (c) zeigt).

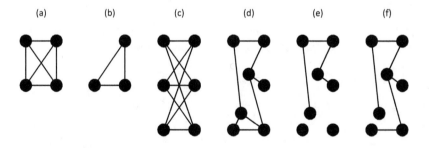

Abb. 22.1: Beispiele für Graphen.

Definition 22.1

Ein *Graph* $G = (V, E)$ ist wie folgt definiert:

- V ist eine Menge von Knoten mit Anzahl $|V| = n$,
- E ist eine Menge von Kanten mit Anzahl $|E| = m$,
- eine Kante ist ein Paar von zwei Knoten $v, w \in V$ mit $(v, w) \in E (E \subseteq V \times V)$.

Definition 22.2

Ein Graph heißt *gerichtet*, falls die Kante ein geordnetes Paar (Tupel) ist, ansonsten *ungerichtet*.

Anschaulich, macht es bei einem gerichteten Graph einen Unterschied, ob man Knoten x mit Knoten y verbindet oder umgekehrt – in ungerichteten Graphen nicht. Wir betrachte hier jedoch ausschließlich ungerichtete Graphen.

Definition 22.3

Ein Graph $H = (V_H, E_H)$ heißt *Teilgraph* des Graphen $G = (V_G, E_G)$, wenn $V_H \subseteq V_G$ und $E_H \subseteq E_G$ gilt. Andere Bezeichnungen dafür sind *Subgraph* oder *Untergraph*.

Beispiel 22.1

In Abbildung 22.1 ist (b) Teilgraph von (a), (e) und (f) Teilgraphen von (d) und auch (e) Teilgraph von (f).

Definition 22.4

Gegeben sei ein Graph $G = (V, E)$ und $v \in V$. Die *Nachbarschaft* $N(v)$ von v bezeichnet die Knoten, die direkt durch eine Kante mit v verbunden sind:

$$N(v) = \{w \in V | (v, w) \in E\}.$$

Den Betrag $|N(v)|$ bezeichnen wir als den *Grad* $deg(v)$ von v.

Beispiel 22.2

In Abbildung 22.2 ist $N(v_1) = \{v_2, v_4, v_7\}$ und $deg(v_1) = 3$.

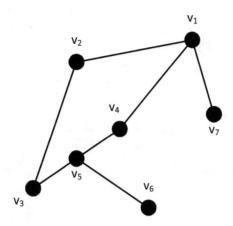

Abb. 22.2: *Graph mit 7 Knoten.*

Definition 22.5

1. Eine Folge von Kanten $(v_0, v_1), (v_1, v_2), \ldots, (v_{l-1}, v_l)$ heißt *Pfad*, wenn alle v_i verschieden sind. v_0 und v_l sind der *Start-* und *Endknoten* und l die *Länge* des Pfades.
2. Ein Pfad mit $v_l = v_0$ heißt *Kreis*.

Beispiel 22.3

In Abbildung 22.2 ist $(v_1, v_4), (v_4, v_5), (v_5, v_6)$ ein Pfad der Länge 3. Außerdem existiert ein Kreis: $(v_1, v_2), (v_2, v_3), (v_3, v_5), (v_5, v_4), (v_4, v_1)$.

Definition 22.6

Ein Graph G heißt *zusammenhängend*, wenn es für alle $v, w \in V$ mindestens einen Pfad gibt, der v und w verbindet.

Beispiel 22.4

In Abbildung 22.1 sind alle Graphen außer (e) zusammenhängend.

Definition 22.7

Enthält ein Graph keine Kreise, so sprechen wir von einem *Wald*. Ist ein Wald zusammenhängend, so bezeichnen wir ihn als *Baum*.

Beispiel 22.5

In Abbildung sind (e) und (f) Wälder, (f) ist zusätzlich ein Baum.

Definition 22.8

Ist der Teilgraph $T = (V_T, E_T)$ des Graphen $G = (V_G, E_G)$ mit den Eigenschaften $V_T = V_G$ und $E_T \subseteq E_G$ ein Baum, so heißt T auch *Spannbaum* von G.

Diese letzte Definition benötigen wir später für *Prims Algorithmus* zur Berechnung *minimaler Spannbäume*.

22.2   Darstellung von Graphen im Rechner

Bisher haben wir für Graphen lediglich eine abstrakte Definition angegeben. Dabei sind wir hier natürlich vor allem an der Umsetzung von Algorithmen interessiert, die mit Graphen arbeiten. Dazu müssen wir uns über eine geeignete Form der Darstellung von Graphen Gedanken machen, die einem Rechner zur Verarbeitung zugänglich ist.

Zunächst könnte man den Graphen einfach als verkettete Datenstruktur darstellen, beispielsweise durch Verbunde oder Objekte, die durch Referenzen miteinander verbunden sind. Ein Vorteil dieses Verfahrens ist, dass die Algorithmen meist sehr einfach umgesetzt werden können. Allerdings gibt es auch noch andere Möglichkeiten zur Repräsentation von Graphen durch Daten.

Weitere häufig verwendete Verfahren sind *Adjazenz-* bzw. *Inzidenzmatrix*.

Definition 22.9

Zwei Knoten eines Graphen heißen *adjazent*, wenn sie benachbart sind, d. h. durch eine Kante verbunden. Eine Kante heißt zu einem Knoten *inzident*, wenn sie an diesem Knoten beginnt oder endet.

Eine *Adjazenzmatrix* ist eine binäre $n \times n$ Matrix. An Stelle a_{ij} steht eine 1 genau dann wenn die Knoten i und j adjazent sind, andernfalls eine 0. Analog dazu ist eine *Inzidenzmatrix* eine binäre $m \times n$ Matrix mit $a_{ij} = 1$ genau dann, wenn Kante i und Knoten j inzident sind und 0 sonst.

Die Darstellung als Matrix hat den Vorteil, dass man die Nachbarn eines Knoten relativ einfach bestimmen kann. Dafür wächst der Platzbedarf quadratisch mit der Anzahl der Knoten, unabhängig von den Anzahl der tatsächlich existierenden Kanten. Bei sehr umfangreichen Knotenmengen (z. B. aller relevanten Orte in Europa für einen Routenplaner) kann das eventuell nicht akzeptiert werden.

Eine kompaktere Darstellung erhält man, wenn man *Listen* anstelle von Matrizen verwendet. In den Listen speichert man dann entweder alle Nachbarn eines Knotens (*Adjazenzliste*) oder Alle zu ihm inzidenten Kanten (*Inzidenzliste*). Damit wird nur Platz für tatsächlich existierende

Kanten verwendet. Allerdings kann es dafür länger dauern, aus den Listen eine Information zu gewinnen (etwa ob ein bestimmter Knoten Nachbar eines Knotens ist).

Letztlich muss man sich in jedem Fall überlegen, welche Anforderungen man an die Repräsentation stellt und welche Form dafür besser oder schlechter geeignet ist.

Eine mögliche Darstellung eines Graphen als verkettete Struktur könnte in OPPS wie folgt aussehen:

```
sort Node = class
  private nat id;

  public bool isNeighbor(Node node);
end;

sort Edge = class
  private nat id;
  private Node fistNode;
  private Node secondNode;

  public isAdjacent(Node node) : bool;
  public isIncident(Edge edge) : bool;
end;

sort Graph = class
  private LinkedList nodes;
  private LinkedList edges;

  public getNeighbors(Node node) : LinkedList;
  public addNode;
  public addEdge(Node first, Node second);
end;
```

Da Algorithmen mit Graphen in der Implementierung häufig sehr viel Verwaltungsaufwand erfordern, werden wir die Algorithmen dieses Kapitels nicht komplett programmieren sondern einen an OPPS angelehnten Pseudocode verwenden. Eine komplette, funktionsfähige Implementierung würde nur zusätzlichen Code produzieren der von der eigentlichen Idee des Algorithmus ablenkt.

22.3   Traversierung von Graphen

Mit diesen Grundlagen können wir nun Betrachtungen zum systematischen Durchsuchen von Graphen anstellen. Es gibt zwei naheliegende Strategien, um alle Knoten in einem Graphen zu besuchen. Dazu wählen wir zunächst einen Anfangsknoten beliebig aus. Die eine Methode besucht zuerst alle Nachbarn des Startknotens, danach wiederum alle deren jeweilige Nachbarn usw. Wir sprechen von so genannter *Breitensuche* (engl. *Breadth-First-Search - BFS*).

Im anderen Fall besuchen wir den ersten Nachbarn, danach wiederum dessen ersten Nachbarn usw. bis ein Knoten keine Nachbarn mehr hat. Am Ende gehen wir zur ersten Kante zurück, die zu einem noch nicht besuchten Knoten führt, und gehen wiederum bis an das Ende dieses Pfades im Graphen. Diesen Algorithmus nennen wir *Tiefensuche* (engl. *Depth-First-Search - DFS*).

Beispiel 22.6

Anhand eines Binärbaumes lassen sich die beiden Verfahren gut veranschaulichen (siehe Abbildung 22.3). Die Breitensuche besucht zuerst alle Knoten in einer Ebene, um dann in der nächsten weiterzumachen. Es ergibt sich die Reihenfolge: 1, 2, 3, 4, 5, 6, 7, 8, 9, 10, 11, 12, 13, 14, 15. Die Tiefensuche dagegen verfolgt jeden Pfad bis zu einem Blatt und geht dann zurück, bis zum tiefsten Knoten, von dem ein noch nicht besuchter Pfad wegführt. Wir erhalten die Reihenfolge: 1, 2, 4, 8, 9, 5, 10, 11, 3, 6, 12, 13, 7, 14, 15.

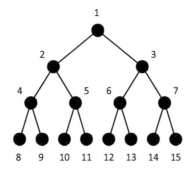

Abb. 22.3: *Breiten- und Tiefensuche.*

Praktische Anwendung finden diese Verfahren z. B. in Suchmaschinen bei der Indizierung von Webseiten. Außerdem kann man damit effizient feststellen, ob ein Graph einen Kreis enthält.

Interessanterweise ist die prinzipielle Struktur der Algorithmen für Tiefen- und Breitensuche identisch. Alles was sich ändert, ist die verwendete Datenstruktur und damit der Ablauf. Verwendet man als Zwischenspeicher für die noch nicht besuchten Knoten einen *Keller*, so wird eine *Tiefensuche* ausgeführt. Verwendet man eine *Warteschlange*, so wird eine *Breitensuche* absolviert.

Der gemeinsame Such-Algorithmus in (objektorientierter) Pseudonotation sieht wie folgt aus.

```
while es existiert unmarkierter Knoten v ∈ V do
  start := unmarkierten Knoten aus V;
  Zwischenspeicher.add(start)
  while not Zwischenspeicher.count() = 0 do
    v := Zwischenspeicher.remove() ;
    if not v markiert then
      markiere v;
      for each w ∈ N(v) and w unmarkiert do
        Zwischenspeicher.add(w);
      endfor
```

```
    endif
  endwhile
endwhile
```

Die „Markierung" eines Knotens bestimmt, ob dieser schon besucht wurde. Man könnte sich die Markierungen z. B. in einem Feld oder als zusätzliches Attribut der Klasse Node merken. Am Anfang sind alle Knoten unmarkiert.

22.3.1 Breitensuche (BFS-Algorithmus)

Wir gehen davon aus, dass der Zwischenspeicher aus dem obigen Algorithmus eine FIFO-Warteschlange queue ist. Um die Breitensuche genau wie im Beispiel zu Abbildung 22.3 beschrieben zu realisieren, müssten wir eine Ordnung auf den Knoten einführen, damit die Nachbarn eines Knoten z. B. jeweils von links nach rechts abgearbeitet werden. Wir vernachlässigen dies jedoch hier und gehen davon aus, dass der Algorithmus funktioniert wie oben beschrieben. Die Bedingung der Wiederholungsanweisung (**for each**-Schleife) prüft für jeden Nachbarn w des aktuellen Knotens, ob er nicht markiert ist. Liegt dieser Fall vor, so wird w an die Warteschlange gehängt. Oft findet man die Breitensuche auch so formuliert, dass die äußere **while**-Schleife fehlt und anstelle dessen ein ganz bestimmter Startknoten übergeben wird. Es werden dann nur alle von diesem Knoten aus erreichbaren Knoten besucht.

Beispiel 22.7

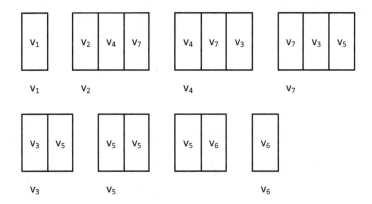

Abb. 22.4: BFS-Algorithmus

Im Graphen aus Abbildung 22.3 markieren wir die Knoten in der Reihenfolge $v_1, v_2, v_4, v_7,$ v_3, v_5, v_6. Der Startknoten ist der Knoten v_1. Während der Ausführung fügen wir die Nachbarn mit dem kleinsten Index jeweils zuerst in die Warteschlange ein, um die gewünschte

Ordnung auf den Knoten zu erhalten. Die sieben Zustandsaufnahmen von `queue` in Abbildung 22.4 zeigen dessen Inhalt jeweils zu Beginn der inneren **while**-Schleife. Darunter finden wir den danach markierten Knoten (falls er noch nicht markiert war) und rechts daneben den Zustand der Warteschlange nach der Beendigung der **for each**-Schleife (also den Zustand, zu dem alle noch nicht markierten Nachbarn in der **queue** sind).

22.3.2 Tiefensuche (DFS-Algorithmus)

Anstelle einer Warteschlange verwenden wir hier einen Keller als Zwischenspeicher. Zur Realisierung der Tiefensuche wie in Abbildung 22.3 bräuchten wir wieder eine spezielle Ordnung auf den Knoten. Wir gehen auch hier davon aus, dass diese vorhanden ist und von unseren Operationen beachtet wird. Auch die Tiefensuche findet man oft so formuliert, dass sie von einem bestimmten Startknoten aus arbeitet.

Beispiel 22.8

Im Graphen aus Abbildung 22.3 markieren wir die Knoten in der Reihenfolge v_1, v_2, v_4, v_7, v_3, v_5, v_6, v_7. Der Startknoten ist wieder v_1. Die gewünschte Ordnung erhalten wir, wenn wir die Nachbarn mit höherem Index zuerst auf den Keller setzen. Für die Zustände des Kellers in Abbildung 22.5 gilt das gleiche wie im Beispiel zur Breitensuche.

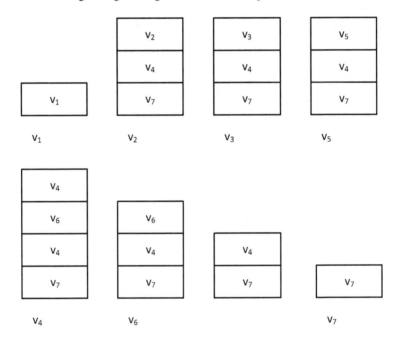

Abb. 22.5: DFS-Algorithmus

22.4 Kürzeste Pfade (Dijkstras Algorithmus)

Hier geht es um die Frage nach dem *kürzesten* Weg von einem Knoten x zu einem Knoten y, z. B. für einen Routenplaner. Dazu müssen wir noch festhalten, welche Kosten (z. B.: Zeit oder Streckenlänge) für die Kanten (bei Routenplanern im Sinne von Elementarstrecken, also direkten Verbindungen zwischen zwei Orten) jeweils gelten. Dies stellen wir durch Zahlen dar, die an den Kanten des Graphen angeschrieben sind (siehe Abbildung 22.6). Natürlich müssen diese Werte auch in der Rechnerdarstellung des Graphen entsprechend enthalten sein. Bei Listendarstellung würde man jedem Eintrag für eine Kante neben den beiden Knoten noch diesen Wert hinzufügen, bei Matrixdarstellung könnte man ihn anstelle des Wertes 1 für jeweils existierende Kanten eintragen.

Abstrakt modelliert man die Kosten meist als eine *Kostenfunktion* $w : E \rightarrow \mathbb{R}$, die jeder Kante die Kosten (oft auch *Gewicht* genannt) zuweist.

Betrachten wir den Graphen in Abbildung 22.6, so stellen wir fest, dass wir letztlich alle Knoten besuchen müssen, um herauszufinden, welcher Pfad zwischen z. B. den Knoten v_1 und v_7 der kürzeste ist. Anfangs laufen wir der Kante mit der „1" nach. Kommen wir bei der „10" an, so könnten die beiden Wege auf der rechten Hälfte des Bildes kürzer sein. Also werden wir dort weiter nach einem kürzeren Pfad suchen, usw.

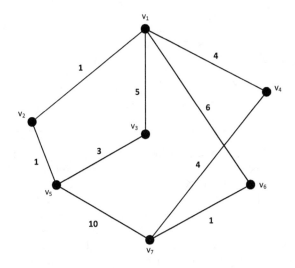

Abb. 22.6: *Ein Graph mit Kantengewichten*

Der im Anschluss betrachtete Algorithmus wurde zuerst von E. W. Dijkstra angegeben. Bevor wir den Algorithmus beschreiben, sollen die wichtigsten Variablen erklärt werden:

- Die Prioritätswarteschlange PQ (siehe Kapitel 21) enthält die noch zu bearbeitenden Knoten und Informationen zur Reihenfolge dieser Bearbeitung.
- Der Knoten s ∈ V sei unser Startknoten,
- dis[v] gibt den Abstand eines beliebigen v ∈ V zu s an.
- Die Menge S beinhaltet die bereits besuchten Knoten und ist anfangs leer.

- Das Feld `from` speichert den kürzesten Pfad, indem es nach Ende des Algorithmus für jeden Knoten den Vorgängerknoten aufnimmt.

Wir geben den Algorithmus wieder in objektorientiertem Pseudocode an:

```
PQ := generate(PriorityQueue());
S  := generate(Set());

for each v ∈ V \ {s}
  dis[v] := +∞;
  from[v] := s;
  PQ.addKey(v, dis[v]);
endfor

dis[s] := 0;
from[s] := null;

while S.count() < |V| do
  v := PQ.findMin();
  PQ.deleteMin();
  S.add(v);
  for each  w ∈ N(v) \ S do
    if dis[v] + d(v, w) < dis[w] then
      dis[w] := dis[v] + w(v, w);
      PQ.decreaseKey(w, dis[w]);
      from[w] := v;
    endif
  endfor
endwhile
```

Die ersten neun Zeilen des Algorithmus (bis inkl. `from[s] := null`) initialisieren alle nötigen Daten. Die restlichen Zeilen führen die eigentliche Berechnung aus. Die äußere **while**-Schleife terminiert, wenn S und V identisch sind, also alle Knoten von V bearbeitet wurden. Dies ist irgendwann der Fall, weil die Priority-Queue PQ anfangs alle Knoten aus V enthält und bei jedem Schleifendurchlauf ein Knoten aus PQ entfernt und in S abgelegt wird. Die Bedingung der **for each**-Schleife wählt alle benachbarten Knoten w von v, welche noch nicht in S sind (also alle noch nicht besuchten Nachbarn). Für jeden dieser Knoten w prüft die **if**-Anweisung, ob die Pfadlänge von s über v nach w kürzer ist als der momentane Abstand von s nach w (d. h. wir suchen die optimale Lösung zu diesem Zeitpunkt). Falls ja, so speichern wir die kürzere Pfadlänge in `dis[w]`, aktualisieren den Schlüssel in der Vorrangwarteschlange PQ und merken uns den Vorgänger v von w in `from`.

Beispiel 22.9

Gegeben sei der Graph in Abbildung 22.6. v_1 sei der Startknoten. Die folgende Tabelle 22.1 gibt die Belegung der Variablen nach der Initialisierung und nach jedem Schleifendurchlauf an. Ist ein Element noch in der Vorrangwarteschlange enthalten, so trägt die Zeile PQ einen Punkt (•). Das Kreuz (×) signalisiert unter PQ das Extrahieren des Minimums im aktuellen

Schleifendurchlauf und unter Nachbar, dass dieser Knoten noch nicht besuchter Nachbar von v ist. An diesen Stellen ändern sich $dis[v_i]$ und $from[v_i]$.

	S		v_1	v_2	v_3	v_4	v_5	v_6	v_7
Init	$\emptyset$	$dis[v_i]$	0	$+\infty$	$+\infty$	$+\infty$	$+\infty$	$+\infty$	$+\infty$
		PQ	•	•	•	•	•	•	•
		Nachbar							
		$from[v_i]$	**null**	v_1	v_1	v_1	v_1	v_1	v_1
1. Durchlauf	$\{v_1\}$	$dis[v_i]$	0	1	5	4	$+\infty$	6	$+\infty$
		PQ	$\times$	•	•	•	•	•	•
		Nachbar		$\times$	$\times$	$\times$		$\times$	
		$from[v_i]$	**null**	v_1	v_1	v_1	v_1	v_1	v_1
2. Durchlauf	$\{v_1, v_2\}$	$dis[v_i]$	0	1	5	4	2	6	$+\infty$
		PQ		$\times$	•	•	•	•	•
		Nachbar					$\times$		
		$from[v_i]$	**null**	v_1	v_1	v_1	v_2	v_1	v_1
3. Durchlauf	$\{v_1, v_2,$	$dis[v_i]$	0	1	5	4	2	6	12
	$v_5\}$	PQ			•	•	$\times$	•	•
		Nachbar			$\times$				$\times$
		$from[v_i]$	**null**	v_1	v_1	v_1	v_2	v_1	v_5
4. Durchlauf	$\{v_1, v_2,$	$dis[v_i]$	0	1	5	4	2	6	8
	$v_5, v_4\}$	PQ			•	$\times$		•	•
		Nachbar							$\times$
		$from[v_i]$	**null**	v_1	v_1	v_1	v_2	v_1	v_4
5. Durchlauf	$\{v_1, v_2,$	$dis[v_i]$	0	1	5	4	2	6	8
	$v_5, v_4,$	PQ			$\times$			•	•
	$v_3\}$	Nachbar							
		$from[v_i]$	**null**	v_1	v_1	v_1	v_2	v_1	v_4
6. Durchlauf	$\{v_1, v_2,$	$dis[v_i]$	0	1	5	4	2	6	7
	$v_5, v_4,$	PQ						$\times$	•
	$v_3, v_6\}$	Nachbar							$\times$
		$from[v_i]$	**null**	v_1	v_1	v_1	v_2	v_1	v_6
7. Durchlauf	$\{v_1, v_2,$	$dis[v_i]$	0	1	5	4	2	6	7
	$v_5, v_4,$	PQ							$\times$
	$v_3, v_6,$	Nachbar							
	$v_7\}$	$from[v_i]$	**null**	v_1	v_1	v_1	v_2	v_1	v_6

Tabelle 22.1: Beispielhafter Ablauf des Dijkstra Algorithmus

Nach dem siebten Durchlauf können wir den kürzesten Pfad von v_1 nach v_7 ablesen. Wir beginnen am Zielknoten unter $from[v_7]$ und erhalten v_6 als Vorgänger. Dort finden wir in der from-Zeile bereits den Startknoten und kennen somit den kürzesten Pfad: v_1, v_6, v_7.

Seien nun $|V| = n$ und $|E| = m$. Somit ergibt sich für den Algorithmus von Dijkstra unter der Verwendung von Fibonacci-Heaps als Prioritätswarteschlange `PQ` die Laufzeit wie folgt: Wir fügen n Knoten via `insert` mit jeweiliger Laufzeit $O(1)$ zur Initialisierung in den Fibonacci-Heap ein. Die anderen Schritte zu Beginn sind ebenfalls linear und es gilt somit $O(n)$ für den Aufwand des ersten Teils. Jedes Element wird genau einmal aus `PQ` entnommen und gelöscht, wodurch sich amortisiert nach Tabelle 21.6 die Laufzeiten von allen `findMin`- und `deleteMin`-Operationen ergeben. `decreaseKey` wird für jede Kante höchstens einmal initiiert, weil sie nur dann ausgeführt wird, wenn ein kürzerer Pfad vorliegt, und der benachbarte Knoten noch nicht besucht wurde. Hat der Algorithmus den Nachbarn w des Knoten v schon bearbeitet, so kommt die Kante (v, w) nicht mehr in die Auswahl durch die **for each**-Schleife. Wir erhalten als obere Grenze $m \cdot O(1) = O(m)$. Die Gesamtlaufzeit berechnen wir durch Addition der ersten vier Zeilen ($O(n)$ kann im Vergleich zu $O(n \log(n))$ vernachlässigt werden).

Init	$O(n)$
findMin	$n \cdot O(1)$
deleteMin	$n \cdot O(\log(n))$
decreaseKey	$O(m)$
Gesamt	$O(m + n \log(n))$

Abschließend sei noch erwähnt, dass sich unsere Betrachtungen lediglich auf positive Entfernungen beziehen. Negative Kantengewichte (Abstände) betrachten wir nicht. Diese sind insbesondere deshalb problematisch, wenn es einen Kreis mit negativem Gesamtgewicht im Graphen gibt. Der Dijkstra Algorithmus funktioniert für derartige Graphen nicht mehr korrekt. Tatsächlich ist die Definition eines kürzesten Wegs in diesem Fall zunächst nicht klar, da durch den Kreis negativer Länge jeder Weg der über den Kreis führt beliebig negativen Gesamtkosten erhalten kann.

22.5 Minimale Spannbäume (Prims Algorithmus)

Der Algorithmus von Dijkstra ist ein Beispiel für einen Algorithmus zur Berechnung von kürzesten Pfaden. Manchmal ist man allerdings gar nicht unbedingt an kürzesten Pfaden interessiert, sondern an einer anderen Struktur, den *minimalen Spannbäumen*

Beispiel 22.10

Zur Realisierung von „Broadcasts" (das sind Nachrichten an alle Teilnehmer) in lokalen Netzen (LANs) benötigen wir ein Wegewahl-Verfahren (Routing), das alle Rechner möglichst kostenminimal erreicht. Eine Möglichkeit ist das *Spannbaum-Verfahren*. Der Spannbaum (*Spanning Tree*) beinhaltet alle Rechner, aber keine Schleifen, um keine unnötige Netzlast zu verursachen und um zu vermeiden, dass ein Rechner die gleiche Nachricht eines Broadcasts mehrfach erhält. Jeder Router kennt seine Leitungen, die Bestandteil des Spannbaumes sind. Beim Broadcast schickt er das Nachrichtenpaket über alle ausgehenden Spannbaum-Leitungen weiter (vgl. Tanenbaum, 1996).

Definition 22.10

Sei der Teilgraph T ein Spannbaum von G. Ist die Summe der Kantengewichte von T kleiner als die Summe der Kantengewichte aller anderen möglichen Spannbäume von G, so heißt T *minimaler Spannbaum* (*MSB*).

Beispiel 22.11

Abbildung 22.7 zeigt einen minimalen Spannbaum zum Graphen aus Abbildung 22.6. Die durchgezogenen Kanten sind Teil des minimalen Spannbaums.

Der minimale Spannbaum kann mit dem Algorithmus von Prim berechnet werden. Er verwendet eine Vorrangwarteschlange PQ und ein Array namens from, der wie bei Dijkstras Algorithmus den Vorgänger eines Knotens $v \in V$ speichert. Das Array key beinhaltet zu jedem Knoten w den aktuellen Schlüssel, d. h. er stellt das Gewicht der momentan minimalen Kante zu w zur Verfügung.

```
PQ := generate(PriorityQueue());

for each v ∈ V
  key[v] := +∞;
  from[v] := s;
  PQ.addKey(v, dis[v]);
endfor

s := beliebiger Startknoten aus V;
PQ.decreaseKey(s, 0);
from[s] := null;

while PQ.count() > 0  do
  v := PQ.findMin();
  PQ.deleteMin();
  for each w ∈ N(v) do
    if PQ.contains(w) and (w((v, w)) < key[w]) then
      key[w] := d((v, w));
      PQ.decreaseKey(w, key[w]);
      from[w] = v;
    endif
  endfor
endwhile
```

Die Zeilen eins bis neun bereiten die Berechnung vor. Die Wiederholung (**while**-Schleife) terminiert nach dem Entfernen des letzten Elements aus PQ (je Durchlauf wird ein Element entfernt). Durch die Bedingung der **for each**-Schleife werden alle Nachbarn w des Knotens v extrahiert. Wenn der Knoten w noch nicht besucht wurde (wir also noch nicht wissen, welche Kante die minimale für diesen Knoten ist) und das Gewicht der Kante (v, w) kleiner als der aktuelle Schlüssel ist (also (v, w) eine kürzere Verbindung zu w ist als die bisherige), so ändern wir die entsprechenden Daten, um uns diese Kante zu merken. Durch den Einsatz einer Priority Queue verwenden wir zu jedem Zeitpunkt der Ausführung die optimale Lösung, also immer die minimale ausgehende Kante eines Knoten zum nächsten noch nicht besuchten. Dadurch erreichen wir jeden Knoten im Graphen auf dem Weg mit der geringsten Summe der Kantengewichte.

Beispiel 22.12

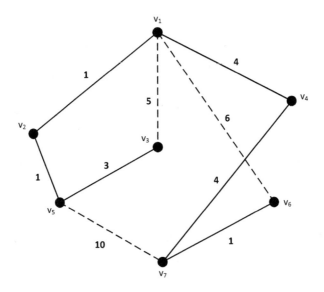

Abb. 22.7: Minimaler Spannbaum

Der minimale Spannbaum aus Abbildung 22.7 errechnet sich durch Ausführung des Algorithmus von Prim. v_1 ist wieder unser Startknoten. Die Tabelle 22.2 gibt wie oben Auskunft über die Belegung der Variablen nach der Initialisierung und jedem Durchlauf der **while**-Schleife. Die Punkte (•) kennzeichnen die noch in der Vorrangwarteschlange enthaltenen Knoten und das Kreuz (×) den im aktuellen Durchlauf ausgewählten. Ein Kreuzchen in der Zeile Nachbar gibt an, dass dieser Knoten noch nicht besuchter Nachbar des gerade bearbeiteten ist.

In der letzten Zeile (from$[v_i]$) lässt sich nun der minimale Spannbaum ablesen: (v_1, v_2), (v_1, v_4), (v_2, v_5), (v_3, v_5), (v_4, v_7), (v_6, v_7). Für sieben Knoten benötigen wir nur sechs Kanten um einen Spannbaum zu formen, darum enthält eine Spalte nach wie vor den Wert **null**.

		v_1	v_2	v_3	v_4	v_5	v_6	v_7
Init	key$[v_i]$	0	$+\infty$	$+\infty$	$+\infty$	$+\infty$	$+\infty$	$+\infty$
	PQ	•	•	•	•	•	•	•
	Nachbar							
	from$[v_i]$	**null**	v_1	v_1	v_1	v_1	v_1	v_1
1. Durchlauf	key$[v_i]$	0	1	5	4	$+\infty$	6	$+\infty$
	PQ	×	•	•	•	•	•	•
	Nachbar		×	×	×		×	
	from$[v_i]$	**null**	v_1	v_1	v_1	v_1	v_1	v_1
2. Durchlauf	key$[v_i]$	0	1	5	4	1	6	$+\infty$
	PQ		×	•	•	•	•	•
	Nachbar					×		
	from$[v_i]$	**null**	v_1	v_1	v_1	v_2	v_1	v_1
3. Durchlauf	key$[v_i]$	0	1	3	4	1	6	10
	PQ			•	•	×	•	•
	Nachbar			×				×
	from$[v_i]$	**null**	v_1	v_5	v_1	v_2	v_1	v_5
4. Durchlauf	key$[v_i]$	0	1	3	4	1	6	10
	PQ			×	•		•	•
	Nachbar							
	from$[v_i]$	**null**	v_1	v_5	v_1	v_2	v_1	v_4
5. Durchlauf	key$[v_i]$	0	1	3	4	1	6	4
	PQ			×			•	•
	Nachbar							×
	from$[v_i]$	**null**	v_1	v_5	v_1	v_2	v_1	v_4
6. Durchlauf	key$[v_i]$	0	1	3	4	1	1	4
	PQ						•	×
	Nachbar						×	
	from$[v_i]$	**null**	v_1	v_5	v_1	v_2	v_7	v_4
7. Durchlauf	key$[v_i]$	0	1	3	4	1	1	4
	PQ						×	
	Nachbar							
	from$[v_i]$	**null**	v_1	v_5	v_1	v_2	v_7	v_4

Tabelle 22.2: Beispielhafter Ablauf des Algorithmus von Prim

Mit $|V| = n$ und $|E| = m$ ergibt sich für Prims Algorithmus die Laufzeit wie folgt:

Init	$O(n)$
findMin	$n \cdot O(1)$
deleteMin	$n \cdot O(\log(n))$
decreaseKey	$O(m)$
Gesamt	$O(m + n \log(n))$

Sie gilt nur bei Verwendung von Fibonacci-Heaps. Die Herleitung der Komplexitäten ist äquivalent zu jener von Dijkstras Algorithmus.

Die hier behandelte Variante heißt auch Prims Algorithmus (1. Variante). Es existiert noch eine 2. Variante, die wir an dieser Stelle jedoch nicht diskutieren.

Auch wenn der Algorithmus von Prim strukturell gewisse Ähnlichkeiten zu Dijkstras Algorithmus aufweist muss man sich darüber im Klaren sein, dass sie unterschiedliche Dinge berechnen. Die kürzesten Pfade von einem Knoten sind im Allgemeinen nicht mit dem minimalen Spannbaum identisch, wie das Beispiel in Abbildung 22.7 bereits zeigt. Der kürzeste Pfad von v_1 zu v_7 hat Länge 7, der minimale Spannbaum beinhaltet aber nur den Pfad der Länge 8.

Es gibt noch weitere Algorithmen um kürzeste Pfade (z. B. Algorithmus von Bellman-Ford) oder minimale Spannbäume (z. B. Algorithmus von Kruskal) zu berechnen. Wir verweisen den Leser hierfür auf weiterführende Literatur wie etwa Cormen et al. (2001).

23 Allgemeine Optimierungsmethoden

In allen bisherigen Kapiteln haben wir für einige spezielle Problemstellungen konkrete, besonders effiziente Lösungen in Form spezieller Algorithmen und/oder Datenstrukturen besprochen. Zum Abschluss des Buchens sollen noch einige besonders verbreitete grundsätzliche Strategien zum Entwurf oder zur Optimierung von Algorithmen präsentiert werden. Allerdings ist dieses letzte Kapitel nur als Abrundung und Ausblick gedacht. Daher behandeln wir das Thema „Optimierungsmethoden" nur sehr kurz. Zur Vertiefung sei auf die entsprechende Fachliteratur verwiesen.

Optimierungsmethoden kommen meist dann zum Einsatz, wenn wir Aufgabenstellungen betrachten, zu deren Lösung prinzipiell Verfahren mit exponentieller Laufzeit notwendig sind. Gerade dann ist es wichtig, jede nur denkbare Möglichkeit zu nutzen, um (im speziellen Fall) eine Verbesserung der realen Laufzeit zu erreichen. Wir stellen hier drei Optimierungsverfahren vor: *Dynamisches Programmieren*, *Greedy-Algorithmen* und *Backtracking*.

Oftmals benützt man zur Problemlösung von exponentiellen Verfahren auch Heuristiken. Diese liefern während des Optimierungsprozesses z. B. eine Vorhersage darüber wie gut eine gefundene Lösung bereits ist. Vorab sei gesagt, dass wir nicht vorhersagen können, wann und wie genau welche dieser Heuristiken brauchbar ist. Dies hängt immer von der Problemstellung ab. Es liegt vor allem in der Hand des Entwicklers, durch geschickten Einsatz einer oder mehrerer Methoden effizient und möglichst leicht verständlich und nachvollziehbar zur Lösung zu gelangen.

Der Vollständigkeit halber seien an dieser Stelle noch die immer wichtiger werdenden *probabilistischen Verfahren* genannt, die zufällig erzeugte Größen verwenden und dabei meist für die Güte des Resultats gewisse Wahrscheinlichkeitsschranken angeben (vgl. Broy, 1998, Band 2).

23.1 Dynamisches Programmieren

Wir betrachten zunächst die Rechenvorschrift zur Bestimmung der n-ten Fibonacci-Zahl F_n. Zur Erinnerung:

$$F_n = F_{n-1} + F_{n-2} \text{ mit } n \geq 2 \text{ und } F_1 = 1, F_0 = 0.$$

Die Berechnung lässt sich rekursiv einfach umsetzen.

```
function fib (nat n): nat
  return if n = 0 then 0
         else if n = 1 then 1
              else fib(n-1) + fib(n-2)
```

Entfalten wir die Rekursion für ein beliebiges $n \geq 2$ mehrmals, so erhalten wir das folgende Bild:

```
fib(n)    = fib(n-1) + fib(n-2)
          = fib(n-2) + fib(n-3) + fib(n-3) + fib(n-4)
          = ...
```

Man zeigen, dass die Laufzeit dieser naiven Berechnung der Fibonacci-Zahlen eine exponentielle Laufzeit aufweist. Bereits in der zweiten Zeile fällt auf, dass `fib(n-3)` *doppelt* berechnet wird. Ziel ist nun, solche Aufrufe nur *einmal* auszuführen. Wir müssen eine berechnete Lösung also irgendwo speichern, um sie später wiederverwenden zu können. Im Algorithmus zur Berechnung der Fibonacci-Zahlen könnte das folgendermaßen aussehen:

```
function fibdyn (nat n, nat i, nat j, nat k): nat
  return if n = 0 then 0
         else if n = 1 then 1
              else if n = k then i
                   else fibdyn(n, i+j, i, k+1)
```

Zur Berechnung von F_n rufen wir `fibdyn` wie folgt auf: `fibdyn(n, 1, 0, 1)`. Die Kontrolle, dass `fibdyn` tatsächlich die Fibonacci-Zahlen berechnet, sei dem Leser überlassen (Tipp: die Parameter `i` und `j` speichern die Fibonacci-Zahlen F_{n-1} und F_{n-2}, falls $n > 1$).

Beispiel 23.1

Wir expandieren die Parameterwerte für n = 5:

```
fibdyn(5, 1, 0, 1)
fibdyn(5, 1, 1, 2)
fibdyn(5, 2, 1, 3)
fibdyn(5, 3, 2, 4)
fibdyn(5, 5, 3, 5)
```

Das Ergebnis lautet 5.

Der entscheidende Vorteil liegt darin, dass wir keine Doppelberechnungen mehr ausführen. Wir merken uns dazu jeweils die beiden Vorgänger der Fibonacci-Zahl F_n. Die Laufzeit der Berechnung ist nun linear!

Grundsätzlich betrachtet, werden bei *dynamischer Programmierung* zuerst die optimalen Lösungen der kleinsten Teilprobleme direkt berechnet. Dann setzt man daraus eine Lösung eines nächstgrößeren Teilproblems zusammen. Dieses Verfahren setzt man fort, bis das ursprüngliche Problem gelöst wurde. Bei naiven Ansätzen kommt es z. B. wie hier vor, dass Teillösungen im Verlauf der Berechnung mehrfach bestimmt werden. Durch geschickte Umorganisation kann man diese speichern, um zu gegebener Zeit darauf zurückzugreifen. Die Verbesserung der Laufzeit-Effizienz hat bei dynamischer Programmierung den Nachteil, dass mehr Speicherplatz benötigt wird (Abspeicherung der Zwischenergebnisse in Feldern oder Tabellen). Diese und weitere Betrachtungen zu dynamischer Programmierung sind in Broy (1998, Band 2) und Aigner (1996) zu finden. Es ist auch nicht prinzipiell möglich aus einem Algorithmus mit exponentieller Laufzeit durch dynamisches Programmieren einen Algorithmus mit linearer Laufzeit zu machen, wie es bei den Fibonacci-Zahlen ging.

Dynamisches Programmieren findet in vielen Situationen Anwendung. Beispielsweise berechnet man die Ähnlichkeit von Zeichenketten (auch *Edit-Distanz* genannt) normalerweise mithilfe eines dynamischen Algorithmus. Aufgrund der Herangehensweise der Algorithmen nennt man sie auch „table-filling" bzw. „(i,j,k)" Algorithmen" (siehe zu diesem Namen auch die Parameter im Beispiel oben).

23.2   Greedy Algorithmen

Betrachten wir die Algorithmen von Dijkstra und Prim aus dem letzten Kapitel, so finden wir jeweils ein besonderes Merkmal. Zu jeder Zeit während der Berechnung sucht der Algorithmus aus dem Blickwinkel der momentanen Situation heraus die (derzeit) optimale Lösung. Bei diesen beiden Algorithmen war das die jeweils optimale Lösung aus der Sicht des Knotens des Fibonacci-Heaps heraus gesehen, der mit geringstem Abstand oder Gewicht versehen war. Eine derartige Strategie nennt man *gierig* (engl. *greedy*). Nach Cormen et al. (2001) nimmt ein Greedy-Algorithmus immer die Lösung als optimal an, die im Moment am besten aussieht, z. B. die kürzeste unter den Strecken, die vom Knoten mit dem bis dahin kürzesten Weg aus weiterführen. Eine Greedy-Strategie nimmt also an, dass eine lokal optimale Lösung auch im globalen Sinn optimal ist, d. h. in unserem Fall zum insgesamt kürzesten Weg zwischen Anfangs- und Endknoten führt. Dabei ist allerdings größte Vorsicht geboten, weil das nicht immer der Fall sein muss. Dennoch führt die gierige Strategie oft zu recht guten Lösungen, vorausgesetzt sie ist überhaupt anwendbar.

Merke: Greedy-Algorithmen müssen nicht unbedingt zu einer optimalen Lösung führen. Es ist auch nicht sicher, dass die bestmögliche berechnet wird. Dies muss gesondert untersucht werden. Im Anschluss folgt ein Beispiel dazu.

Beispiel 23.2

Wir stellen uns vor, dass wir einen Rechner mit zwei Rechenkernen betreiben, die gleichzeitig eingehende Rechenaufträge des Betriebssystems bearbeiten. Es sei bekannt, wie lange die Bearbeitung eines Auftrags dauert. Bei Ankunft werden die Aufträge in einen Wartebereich (Puffer) abgelegt, aus dem sich die beiden Kerne bedienen und Ihre Aufgabe erledigen. Zum Zeitpunkt t seien nun sieben Aufträge mit den Bearbeitungszeiten in Tabelle 23.1 vorhanden.

Anfragenummer	A1	A2	A3	A4	A5	A6	A7
Bearbeitungszeit	4	4	3	4	3	3	3

Tabelle 23.1: Bearbeitungszeit für Anfragen

Zu jedem Zeitpunkt soll unsere Auswahlstrategie des nächsten Auftrags derart optimiert werden, dass alle Aufträge in minimaler Gesamtzeit bearbeitet werden (globale Optimierung). Verwenden wir eine Greedy-Strategie, indem sich jeder Rechenkern zu jeder Zeit (fleißigerweise) immer den Auftrag nimmt, der am längsten dauert, so erhalten wir eine Gesamtdauer von 13 Zeiteinheiten, wenn beide Kerne sofort nach Beendigung der einen Aufgabe zur nächsten übergehen (siehe Abbildung 23.1).

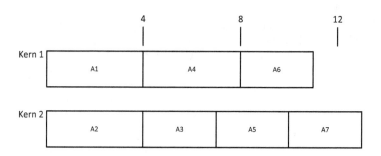

Abb. 23.1: *Greedy Strategie Variante 1*

Ändern wir die lokale Optimierung, indem jeder Kern zunächst (faulerweise) die Aufträge übernimmt, die am schnellsten bearbeitet werden können, so erhalten wir den Ablauf aus Abb. 23.2

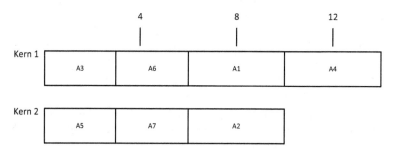

Abb. 23.2: *Greedy Strategie Variante 2*

In diesem Fall benötigt Kern 1 sogar 14 Zeiteinheiten.

In beiden Fällen zeigt sich, dass die Greedy-Strategie hier nicht zum Ziel führt. Optimal wäre *in diesem Fall* dagegen eine Spezialisierung der beiden Kerne, wobei einer alle „kurzen" Aufträge übernimmt und der andere alle „langen" (siehe Abbildung 23.3). Damit könnte man eine Gesamtzeit von 12 Einheiten erreichen

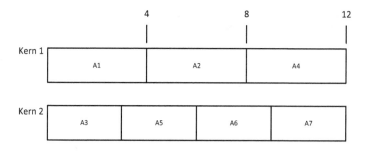

Abb. 23.3: *Optimale Lösung ohne Greedy Strategie*

Oftmals funktionieren Greedy Algorithmen in der Praxis aber sehr gut. Insbesondere, weil sie sich einfach implementieren lassen und meist schnell ein Ergebnis liefern - das ist realen Anwendungsfällen oft wichtiger als ein garantiert optimales Ergebnis.

23.3   Backtracking

In Abschnitt 22.5 wurde die Tiefensuche in Graphen diskutiert. Wir laufen einen Pfad in den Graphen hinein, bis wir nicht mehr weiter kommen. Danach kehren wir um, gehen solange zurück, bis wir einen noch nicht besuchten Pfad finden und laufen diesen entlang. Diese Art des Vorgehens nennen wir *Backtracking* (vgl. Ziegenbalg, 1996). Mit dem Prinzip „Tiefe zuerst" steigen wir in die Tiefe hinab, bis wir eine Lösung erkennen oder feststellen, dass es auf dem eingeschlagenen Pfad keine Lösung gibt. Falls wir auf dem Weg von oben nach unten eine „verbotene" Stelle erreichen, kehren wir zum nächst höheren Knoten zurück („tracking back") und untersuchen die nächste wieder nach unten führende Kante.

Beispiel 23.3

4-Damen Problem: Die Aufgabe besteht darin, vier Damen auf einem 4×4-Schachbrett so unterzubringen, dass sie sich nach Schachregeln nicht gegenseitig schlagen können (siehe Abbildung 23.4 links). Für die Nicht-Schachspieler: eine Dame im Schach kann alle Figuren horizontal, vertikal und diagonal schlagen. Die Dame auf $(1, 1)$ in Abbildung 23.4 (rechts) schlägt die Damen auf $(1, 3)$, $(3, 1)$ und $(4, 4)$, jedoch nicht diejenige auf Position $(2, 3)$.

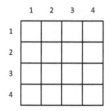 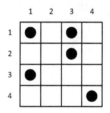

Abb. 23.4: Ein 4×4 Schachbrett mit platzierten Damen.

Wir benötigen zunächst eine geeignete Darstellung des Schachbrettes, um eine Lösung für das Problem zu suchen. Dazu berücksichtigen wir zunächst die Tatsache, dass jede der Damen $D_1, \ldots, D_4$ in einer eigenen Spalte stehen muss, weil sich zwei Damen in einer Spalte gegenseitig schlagen könnten. Wir verteilen die Damen also zunächst auf die Spalten und nummerieren sie danach: D_1 steht in der ersten, D_2 in der zweiten, ..., D_4 in der vierten Spalte. Dann müssen wir nur noch eine passende Zeile für die Damen suchen, falls das Problem überhaupt lösbar ist. Die Suche danach kann man nun durch einem Baum auf die folgende Weise darstellen. Jede Ebene außer der Wurzel steht für die möglichen Zeilenpositionen einer der Damen, ggf. unter Berücksichtigung der Positionierung der Ebene darüber. Die Kantenmarkierungen geben die Zeilenposition der jeweiligen Dame auf dem Schachbrett an. Mit Kreuz markierte Knoten sind die verbotenen Positionen (also solche, bei denen eine Dame eine andere schlagen kann).

Im ersten Schritt suchen wir eine Zeile für D_1. Dafür gibt es die vier Möglichkeiten 1, 2, 3, 4. Für die Aussage, dass D_1 z. B. in der 2. Zeile steht, schreiben wir kurz $D_1 = 2$. Nun suchen wir für jede der vier möglichen Zeilen von D_1 eine passende Zeile für D_2. Hierfür ist die jeweilige Zeile von D_1 schon mal verboten, daher bleiben z. B. für $D_1 = 1$ nur noch $D_2 = 2, 3, 4$ übrig. $D_1 = 1$ ist dazu noch $D_2 = 2$ verboten, weil sich die Damen diagonal schlagen könnten. Daher setzen wir ein Kreuz, gehen wieder zurück und probieren Zeile $D_2 = 3$. Im Moment gibt es dagegen nichts einzuwenden, daher probieren wir die Positionen von D_3 durch. Dafür gibt es nur noch die zwei Möglichkeiten (zwei Damen in einer Zeile sind ja verboten) $D_3 = 2$ oder $D_3 = 4$. In beiden Fällen gibt es eine „Diagonalbedrohung. Für $D_2 = 4$ ist $D_3 = 3$ nicht möglich wegen Diagonalbedrohung D_2, aber $D_3 = 2$ scheint hier zu passen. Allerdings kann dann D_4 wegen Diagonalbedrohung durch D_3 nicht in die einzige noch freie Zeile 3 gestellt werden. Damit ist $D_1 = 1$ also nicht möglich. Wir probieren daher $D_1 = 2$ aus, usw.. Bei der sukzessiven Aufstellung der Figuren hat die erste Dame 4 Positionen, die zweite 3, die dritte 2 und die vierte 1 Position zur Auswahl. Dadurch ergeben sich insgesamt 24 verschiedene Stellungen ($4 \cdot 3 \cdot 2 \cdot 1 = 24$).

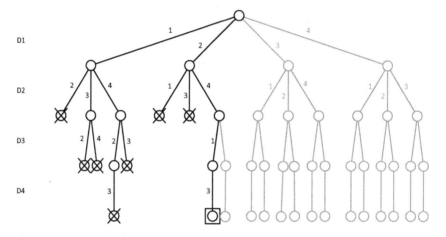

Abb. 23.5: *Backtracking: Baumdarstellung von Damenpositionen (4×4-Schachbrett). An den mit 'x' markierten Knoten erfolgt ein Backtracking. Die grauen Knoten werden nicht ausgewertet, da vorher eine Lösung gefunden wurde.*

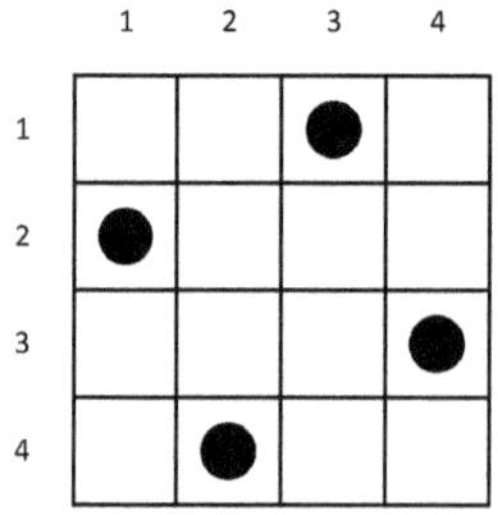

Abb. 23.6: *Geschickte Damenverteilung*

Mit dem Backtracking-Verfahren können wir umkehren, falls ein Kreuz erreicht wird. Die erste Lösung haben wir gefunden, wenn die Pfadlänge 4 ist (siehe Abbildung 23.5 und 23.6 für die Lösung).

Der Algorithmus funktioniert genauso, wenn man die Verallgemeinerung von 4 auf n Damen (und einem $n \times n$-Schachbrett) betrachtet, lediglich der Baum wird unübersichtlicher.

Backtracking ist ein allgemeiner Suchalgorithmus. Häufig wird er mit einer Maximaltiefe und einer Heuristik kombiniert. Die Maximaltiefe garantiert, dass bei beschränkten Ressourcen nicht nur ein Pfad des Baums in die Tiefe gesucht wird, sondern rechtzeitig noch andere Äste des Baums abgesucht werden. Die Heuristik kann für jede Stelle des Baums einen numerischen Wert der Güte dieser Situation liefern und den Algorithmus somit (hoffentlich) zu „besseren" Lösungen im Baum führen.

VI   Aufgaben

Auf den folgenden Seiten finden Sie eine Sammlung an Aufgaben zu den verschiedenen Teilen. Teilweise sollten die Aufgaben direkt mithilfe der entsprechenden Kapitel lösbar sein, teilweise sind Sie als Anregung gedacht, sich noch etwas mehr mit den behandelten Themen auseinanderzusetzen. Insbesondere bei der Implementierung in den realen Programmiersprachen werden die Informationen des Buchs evtl. nicht an allen Stellen ausreichen.

Grundlagen der Programmierung

Aufgabe 1

Beschreiben Sie den Startvorgang eines Automobils vom Öffnen der Garagentür bis zum Einreihen in den Straßenverkehr durch ein *Ereignisdiagramm*. Machen Sie dabei auch deutlich, welche Ereignisse parallel ablaufen können.

Aufgabe 2

Im Folgenden sind mehrere Beispiele für Kandidaten von Algorithmen angegeben. Geben Sie jeweils an, ob es sich um einen Algorithmus gemäß der Ihnen bekannten Definition handelt. Prüfen Sie in diesem Fall, welche der in Abschnitt 2.4 beschriebenen Eigenschaften (*terminierend, deterministisch, determiniert*) der Algorithmus aufweist. Begründen Sie Ihre Antworten!

1. Berechnung der reellen Zahl „Quadratwurzel von 2" durch Intervallschachtelung. (Zur Erinnerung: Intervallschachtelung ist eine Folge immer kürzer festgelegter, abgeschlossener Intervalle, wobei jedes Intervall vom vorhergehenden umfasst wird).
2. Kochrezept (Weinpunsch): 3 – 4 Kaffeelöffel schwarzen Tee mit 1,5 Litern Wasser angießen und zugedeckt 3 – 4 Minuten ziehen lassen. Dazu gebe man ein Pfund Zucker in Würfeln, den Saft von drei Orangen und zwei Zitronen. Man nehme ein Stückchen Zitrone und reibe mit diesem auf einem Stück Zucker einige Male hin und her, damit etwas Schale daran haftet, was dem Punsch einen feinen Geschmack verleiht. Man gebe 1,5 Liter guten Rotwein und 1 Flasche Weißwein hinzu, erhitze alles bis zum Sieden und stelle die Flüssigkeit vom Feuer. Man gebe 0,25 Liter guten Arrak hinzu; es kann jedoch nach Belieben mehr oder weniger genommen werden, ohne dass der Geschmack des Punsches beeinträchtigt wird.
3. Die Regeln zur Durchführung eines Schachspiels
4. Fahrt über eine Straßenkreuzung; die Vorfahrt ist nur durch die Vorschrift rechts vor links geregelt.

Aufgabe 3

Sie lassen sich an einem Geldautomaten mit Hilfe Ihrer EC-Karte einen bestimmten Betrag auszahlen. Beschreiben Sie den gesamten Vorgang durch einen *Algorithmus* und zeichnen Sie ein *Struktogramm* dazu.

Aufgabe 4

Beschreiben Sie mit Hilfe von *EBNF-Regeln* die folgenden formalen Sprachen. Geben Sie außerdem jeweils das verwendete Alphabet an. Leiten Sie jeweils das letzte angegebene Wortbeispiel mit Hilfe Ihrer Grammatik ab.

1. S_{Uhr} sei die Menge aller möglichen Anzeigen einer Digitaluhr mit Stunden, Minuten und Sekunden, z. B 23:13:55.
2. S_{ab} besteht aus allen Wörtern, in denen abwechselnd a und b auftreten (z. B $a, b, ab, ba,$ $aba, bab, abab, baba$ usw.).
3. S_P umfasst alle *Palindrome* (d. h. Wörter, die von vorne bzw. hinten gelesen gleich lauten), die man aus den Buchstaben a, b und c bilden kann, z. B $\epsilon, a, cc, aba, aabaa, abccba$ usw.
4. S_{AK} ist die Menge aller Zeichenfolgen, die auf deutschen Autokennzeichen erlaubt ist.

Funktionale Sicht

Aufgabe 5

Heron von Alexandria entwickelte bereits in der Antike die folgende Formel für die Fläche A eines allgemeinen Dreiecks mit den Seiten a, b, c: $A^2 = s(s-a)(s-b)(s-c)$ mit dem halben Dreiecksumfang $s = (a + b + c)/2$.

1. Stellen Sie ein *Datenflussdiagramm* auf, das die Berechnung des Flächeninhalts A eines Dreiecks aus den drei Eingaben a, b, c nach dieser Heron'schen Formel darstellt. Versuchen Sie dabei, die Berechnung von s nur einmal einzubauen und das Ergebnis durch Kopieren weiter zu verwenden.
2. Programmieren Sie Ihre Berechnung als Funktion in FPPS und/oder HASKELL.

Aufgabe 6

Gegeben ist folgende in HASKELL geschriebene Funktion:

```
-- exp2.hs
exp2 :: (Int, Int) -> Int
exp2(x, y)   = if y == 0 then 1 else x*exp2(x, y-1)
```

1. Formulieren Sie eine Funktion in FPPS, die dasselbe leistet.
2. Warum ist die Funktion nicht *repetitiv rekursiv*?
3. Die Funktion soll nun durch Einbettung repetitiv rekursiv gemacht werden. Folgendes Programmfragment sei dazu gegeben:

   ```
   exp2 :: (Int, Int) -> Int
   exp2(x, y) = exp_embed(x, y, 1)
   ```

   Schreiben Sie die repetitiv rekursive Funktion exp_embed in HASKELL oder FPPS.

Aufgabe 7

Die Lösbarkeit einer quadratischen Gleichung $ax^2 + bx + c = 0$ (nach der Variablen x) wird durch die Diskriminante $D = b^2 - 4ac$ bestimmt:

1. Fall: $D > 0$: 2 verschiedene Lösungen für x
2. Fall: $D = 0$: 1 Lösung
3. Fall: $D < 0$: keine Lösung

1. Stellen Sie einen Term $T(a, b, c)$ auf, dessen Wert die Anzahl der Lösungen in Abhängigkeit von a, b und c ist. Verwenden Sie dazu die Präfixfunktionen Quadrat und Wenn sowie die Grundrechenarten in Infix-Notation (also z. B „a + b" für die Addition).
2. Erstellen Sie eine HASKELL-Funktion, die unter Benutzung eines zu 1. äquivalenten Terms die Anzahl der Lösungen der Gleichung ausgibt.

Aufgabe 8

Implementieren und testen Sie die Basisdatenstrukturen aus Kapitel 7 in HASKELL

Aufgabe 9

Erweitern Sie die Basisdatenstruktur Liste (in Haskell oder FPPS) um eine Funktion concat, die zwei Listen zu einer kombiniert ohne den Operator für die Konkatenation zu benützen.

Imperative Sicht

Aufgabe 10

Die Digitaluhr DIGICLOCK hat drei Tasten (A, B und C), mit denen man die Zeit und das Datum betrachten und einstellen kann: Aus der normalen Zeitanzeige (Stunden, Minuten und Sekunden) schaltet man durch Drücken der Taste A auf den Datumsmodus, in dem Tagesdatum und Wochentag angezeigt werden. Der Wochentag wird automatisch aus dem Datum berechnet. Ein erneutes Drücken von A schaltet wieder in den Zeitmodus zurück. Aus dem jeweiligen Anzeigemodus (Zeit bzw. Datum) kann man durch Drücken der Taste B in den Einstellmodus schalten. Dabei kann zunächst die Stundenanzeige bzw. der Tag eingestellt werden. Weiteres Drücken der Taste B im Einstellmodus schaltet nacheinander zur Einstellung der weiteren Anzeigen (Minuten, Sekunden im Zeit- bzw. Monat und Jahr im Datumsmodus) und danach wieder zurück in den jeweiligen Anzeigemodus. Die Taste C dient zur Einstellung der Werte („Hochblättern um eine Stufe").

Erstellen Sie ein *Zustands-Übergangsdiagramm* für die oben beschriebenen Anzeige- bzw. Einstellmodi der Uhr. Die Funktion der Taste C dürfen Sie dabei unberücksichtigt lassen.

Aufgabe 11

Geben Sie einen endlichen Automaten an, der die syntaktische Korrektheit von deutschen Autokennzeichen feststellt.

Aufgabe 12

Entwerfen Sie zu den folgenden Aufgabenstellungen jeweils ein Programm in IPPS und/oder PYTHON. Testen Sie Ihre PYTHON-Programme.

1. Der *Body-Mass-Index* kann als Maß für Übergewicht benutzt werden. Die Formel lautet:
   BMI = Gewicht/(Größe/100)^2
   Das Gewicht wird dabei in kg, die Größe in cm angegeben.
   Schreiben Sie ein Programm, das die notwendigen Eingaben übernimmt und den Body-Mass-Index ausgibt. Dabei soll auf Fehleingabe (Nenner = 0!) passend reagiert werden.

2. Ein Temperaturwert soll wahlweise in Fahrenheit oder Celsius eingegeben und dann in die jeweils andere Skala umgerechnet werden. Die Umrechnungsformel lautet: GradCelsius = (GradFahrenheit − 32)/1,8

3. Die Lösungen x_1, x_2 der quadratischen Gleichung $ax^2 + bx + c = 0$ werden durch die folgende bekannte Formel bestimmt: $x_{1,2} = (-b \pm W)/2a$ mit $W^2 = D = b^2 - 4ac$.
   Schreiben Sie ein Programm, das die Werte der drei Parameter a, b, c einliest und dann nach einer vollständigen Fallunterscheidung (in Abhängigkeit von a und der Diskriminante D) die Lösungen bzw. passende Fehlermeldungen ausgibt.

4. Mit dem berühmten *Näherungsverfahren von Heron* kann man den Wert einer Quadratwurzel (von x) näherungsweise berechnen:
   Startwert: $x_0 = x$
   Nächster Wert: $x_{n+1} = 1/2 \cdot (x_n + x/x_n)$
   Schreiben Sie ein Programm, das den Wert x sowie eine Angabe zur gewünschten Genauigkeit der Berechnung (z. B 0.0001) einliest und die o.g. Iteration so lange durchführt, bis die gewünschte Genauigkeit erreicht ist.

Aufgabe 13

In der Einleitung zu Kapitel 2 finden Sie eine Formulierung des Euklidischen Algorithmus zur Prüfung der Primzahleigenschaft. Schreiben Sie ein Programm zur Bestimmung des *größten gemeinsamen Teilers (ggT)* zweier natürlicher Zahlen n, m, das auf diesem Algorithmus aufbaut.

Dazu noch ein Hinweis: Der Algorithmus bricht ab, falls „ein Rest die vorangehende Zahl genau misst". Diese Zahl ist dann der ggT. Falls der ggT gleich 1 ist, sind die beiden Zahlen m, n zueinander *prim*, d. h. *teilerfremd*. Der Modulo Operator (Teilungsrest) lautet in IPPS **mod** und in PYTHON %.

Geben Sie für $m = 10$ und $n = 18$ den Ablauf des Algorithmus als *Folge von Zuständen* an. Jeder dieser Zustände wird dabei durch die jeweiligen Werte (Belegung) aller im Programm verwendeten Variablen festgelegt.

Aufgabe 14

Gegeben ist folgendes Programm (mit Zeilennummern) in IPPS, das eine Potenz x^y berechnet:

```
1        program Potenz:
2        var nat x, y;
3        procedure berechnen (nat x, y)
4          procedure x_hoch_y (nat x, y)
5            var nat erg, i;
6            begin
7              erg := 1;
8              for i := 1 to y do
9                erg := erg * x
10             endfor
11             output(erg);
12           endproc
13       begin
14         x_hoch_y(x, y);
15       endproc
16       begin
17         output("Geben Sie bitte die erste Zahl ein:");
18         input(x);
19         output("Geben Sie bitte die zweite Zahl ein:");
20         input(y);
21         berechnen(x, y);
22       end.
```

Geben Sie für jedes Auftreten einer Variablen die Zeile ihrer *Deklaration* an! Geben Sie für jede Variable ihren *Bindungsbereich* und ihren *Gültigkeitsbereich* an.

Aufgabe 15

Implementieren und testen Sie die Basisdatenstrukturen aus Kapitel 12 in PYTHON.

Aufgabe 16

Erweitern Sie die Basisdatenstruktur Liste um eine Funktion appendAtEnd, die ein Element an das *Ende* einer Liste anfügt.

Objektorientierte Sicht

Aufgabe 16

Die Firma CALLCAR betreibt ein innovatives, automatisiertes System zur Vermietung von Automobilen. An 5 Flughäfen (München, Köln/Bonn, Berlin, Hamburg und Frankfurt) kann man Automobile ausleihen und sie auch wieder abgeben. Nach der Anmeldung als Kunde (unter

Einsendung einer amtlich beglaubigten Führerscheinkopie) kann man Fahrzeuge bis spätestens einen Tag vor der Abholung (unter Angabe von Name, Vorname, Adresse, Kreditkartendaten, Fahrzeugklasse, Tag, Uhrzeit und Ort von Abholung und Rückgabe) über das Internet reservieren. Falls das gewünschte Fahrzeug (oder ggf. nach Rückfrage eine Ersatzklasse) verfügbar ist, erhält man eine Reservierungsnummer. Mit dieser und der bei der Reservierung angegebenen Kreditkarte erhält man an einem Automaten in der Flughafenhalle den Fahrzeugschlüssel sowie die Parkplatznummern für Abholung und Abgabe und kann danach in der Parkgarage das Fahrzeug abholen. Die Rückgabe erfolgt, indem man das Fahrzeug auf dem vorgesehenen Parkplatz abstellt und die Schlüssel in einen Briefkasten wirft. Falls das Fahrzeug nicht mit vollem Tank oder beschädigt zurückgegeben wird, belastet CALLCAR die Kreditkarte entsprechend. Die Fahrzeuge enthalten Sender, die den aktuellen Aufenthaltsort (über GPS) und Ausleihstatus alle 5 Minuten an CALLCAR melden.

1. Erstellen Sie ein Datenflussdiagramm, das die für die obigen Vorgänge notwendigen Komponenten und Datenflüsse des Systems beschreibt. Sie können sich bei Flughäfen und Fahrzeugen dabei jeweils auf einen Repräsentanten beschränken.
2. Beschreiben Sie das System als Klassendiagramm. Identifizieren Sie dazu geeignete Klassen inkl. Ihrer Attribute und Methoden.
3. Beschreiben Sie den Ausleihvorgang durch ein Zustandsdiagramm.
4. Implementieren Sie das Klassenmodell in OPPS oder JAVA.

Aufgabe 17

Zustandmodelle lassen sich schematisch in Algorithmen und damit in Programme transformieren. Dabei wird der jeweilige aktuelle Zustand in einer speziellen Variablen bzw. einem Attribut verwaltet (z. B zustand). Ein Automat mit den Zuständen 1, 2, 3 und Transaktionen, an denen jeweils eine Eingabe (in Großbuchstaben) als auslösende Aktion und eine ausgelöste Aktion (in Kleinbuchstaben) notiert sind, führt zu folgendem Algorithmus:

```
Wiederhole solange weiter = WAHR
Falls Zustand =
        1: Falls Eingabe =
                A: Aktion a; Zustand = 2
                B: Aktion b; Zustand = 3
        2: Falls Eingabe =
                A: Aktion c; Zustand = 1
                B: Aktion d; Zustand = 3
        3: Falls Eingabe =
                A: Aktion e; Zustand = 1
                B: Aktion f; Zustand = 2
```

Implementieren Sie nach diesem Schema in OPPS oder Java eine Klasse Automat zur Erkennung syntaktisch korrekter ungeklammerter algebraischer Terme. Der zu untersuchende Term soll dabei zeichenweise eingegeben werden, mithilfe der Methode naechstesZeichen. Zusätzlich soll der Automat eine Methode istOK beinhalten, die angibt, ob die bisher verarbeiteten Zeichen einen gültigen Term darstellen.

Aufgabe 18

Erstellen Sie ein Klassendiagramm für die Digitaluhr aus Aufgabe 10. Implementieren Sie das Modell anschließend in JAVA oder OPPS.

Aufgabe 19

Implementieren Sie die Basisdatenstrukturen aus Kapitel 17 in Java.

Aufgabe 20

Erweitern Sie die Basisdatenstruktur Liste um eine Methode split, die eine Position übergeben bekommt und die Liste nach dieser Position abschneidet und den Rest als neue Liste zurückgibt.

Algorithmen und Datenstrukturen

Aufgabe 21

Klassifizieren Sie die folgenden Größen mit Hilfe der O-Notation: $10^{20}n+1, 10^{20n}n+1, \frac{n^{20}}{n^{18}} + 1, 124100000, n^3 \cdot \log(n)$. Setzen Sie die Größen zueinander in Beziehung und stellen Sie einen Vergleich an.

Aufgabe 22

Zur Lösung eines Problems stehen zwei Verfahren zur Verfügung. Verfahren A benötigt in Abhängigkeit von der Eingabegröße n $1000000n$ Operationen, das Verfahren B $0.000001n^4$ Operationen.

Für welche Werte von n verwenden Sie Verfahren A und für welche Verfahren B? Tipp: Die Anzahl der Operationen lässt sich in einem Koordinatensystem als Graph einer Funktion mit der Variablen n darstellen. Berechnen Sie den Schnittpunkt der beiden Graphen für die Verfahren A und B.

Aufgabe 23

Gegeben sei die Liste von Zahlen 29, 10, 2, 90, 117, 33, 73, 42, 8. Sortieren Sie diese Liste (bzw. dieses Feld) anhand der Verfahren Sortieren durch Einfügen bzw. Auswählen, Bubblesort, Quicksort und Heapsort. Tipp: Bei Heapsort kann es hilfreich sein, Zeichnungen des äquivalenten Heaps anzufertigen.

Aufgabe 24

Implementieren Sie die Suchalgorithmen in PYTHON. Testen Sie sie mit hinreichend großen Eingabedaten um die Laufzeitunterschiede messbar zu machen (z. B mehr als 1000 zufällige Zahlen).

Aufgabe 25

Realisieren Sie die linear rekursiven Hilfsfunktion von Quicksort `lowerpart`, `equalpart`, `higherpart` in FPPS oder HASKELL.

Aufgabe 26

Realisieren Sie Quicksort mit *aufsteigender* Sortierung in FPPS oder HASKELL.

Aufgabe 27

Quicksort teilt die zu sortierende Liste in drei Teile. Dazu verwendet es ein Element aus der Liste, das so genannte *Pivot-Element*. Die in Kapitel 19 vorgestellte Variante von Quicksort wählt immer das *erste* Element als Pivot-Element aus. Bei schlechter Verteilung der Schlüsselwerte kann dies zu einer ungleichen Teilung der Liste führen (mit der Folge einer Laufzeit von $O(n^2)$).

1. Überlegen Sie sich informell ein Verfahren, das das Pivot-Element in Abhängigkeit von den aktuellen Schlüsselwerten bestimmt.
2. Formulieren Sie Anforderungen an ein optimal gewähltes Pivot-Element.

Aufgabe 28

Heapsort sortiert aufsteigend. Realisieren Sie eine *absteigend* sortierende Variante von Heapsort. Tipp: Definieren Sie die Heap-Bedingung für einen *Minimum-Heap* mit dem minimalen Element in der Wurzel eines (Teil-) Baumes. Passen Sie danach – wenn nötig – die Prozeduren `siftdown` und `heapsort` an.

Aufgabe 29

In Listen mit natürlichen Zahlen ist es möglich, dass eine Zahl mehrmals in der Liste auftritt. Überprüfen Sie die behandelten Sortierverfahren, ob diese Listen mit identischen Zahlen sortieren können. Begründen Sie Ihre Antwort.

Aufgabe 30

Gegeben sei die Liste von Zahlen 29, 10, 2, 90, 117, 33, 73, 42, 8. Suchen Sie das Element 33 mit sequentieller, binärer und Binärbaumsuche. Wenn nötig, sortieren Sie die Liste oder wandeln Sie sie in einen binären Suchbaum um.

Aufgabe 31

Implementieren Sie einfügen und suchen in einem binären Suchbaum in OPPS oder JAVA. Erzeugen Sie dazu eine Klasse `BinarySearchTree` (z. B als Unterklasse der Basisdatenstruktur `BinTree`). Diese soll die Methoden `insert` und `find` implementieren (ggf. überschreiben).

Aufgabe 32

Gegeben sei die Hashfunktion $h(k) = k^2 \bmod 7$ (Größe der Hashtabelle $t = 7$). Ist $h(k)$ eine gute Hashfunktion? Untersuchen Sie dazu zuerst die Werte $0 < k \leq 6$ und beurteilen Sie die Schlüsselverteilung über die Hashtabelle. Testen Sie danach den Schlüssel $k' = 7 \cdot x + k$ mit $x \geq 0$ und $0 < k \leq 6$.

Aufgabe 33

Gegeben sei die Hashfunktion $h(k) = k \bmod 11$. Fügen Sie die Werte 135, 102, 28, 14, 61, 6, 94 in der angegeben Reihenfolge in eine Hashtabelle mit $t = 11$ ein. Verwenden Sie zur Kollisionsauflösung:

1. separate Verkettung der Überläufer,
2. lineares Sondieren und
3. quadratisches Sondieren.

Erklären Sie anhand der Beispiele von linearem und quadratischem Sondieren die Phänomene der primären und sekundären Häufung.

Aufgabe 34

Bei der Programm-technischen Realisierung des AVL-Baumes benötigt man eine Möglichkeit zur Feststellung der AVL-Ausgeglichenheit. Erarbeiten Sie eine informelle Lösung. Versuchen Sie dazu für jeden Knoten im AVL-Baum eine lokale Lösung zu erzeugen, welche die lokalen Werte der beiden Kinder verwenden.

Aufgabe 35

Erzeugen Sie für die Schlüssel 2, 4, 10, 16, 18 einen AVL-Baum mit der Wurzel 16. Beachten Sie dabei die Bedingung für binäre Suchbäume.

1. Fügen Sie die 1 an der korrekten Position in den Baum ein. Stellen Sie bei Bedarf die AVL-Ausgeglichenheit wieder her.
2. In den Baum aus Teilaufgabe 1 sollen nun die Schlüssel 7 und 6 eingefügt werden. Falls nötig ist der Baum zu rebalancieren.

Aufgabe 36

Legen Sie die Schlüssel 1, 2, 4, 6, 7, 10, 16, 18 in einer Binomial Queue ab.

1. Bestimmen Sie zuerst die benötigten Binomialbäume und fügen Sie die Schlüssel entsprechend der minimalen Heap-Bedingung ein.
2. Löschen Sie den Wert 18 aus der Binomial Queue und restrukturieren Sie den Baum in geeigneter Weise.
3. Beschreiben Sie den Löschvorgang informell. Gehen Sie davon aus, dass Sie auf jedes Element im Baum direkt zugreifen können.

Aufgabe 37

Fügen Sie die Schlüssel 1, 2, 4, 6, 7, 10, 16, 18 nacheinander mit `insert` in einen anfangs leeren Fibonacci-Heap ein und führen Sie danach `deleteMin` aus.

Aufgabe 38

Legen Sie die Schlüssel 1, 2, 4, 6, 7, 10, 16, 18 in einem (2, 4)-Baum ab. Wie viele strukturell verschiedene Varianten eines (2, 4)-Baumes mit 8 Elementen existieren? Fertigen Sie entsprechende Zeichnungen an.

Aufgabe 39

Eine Vision: Im vereinten Europa der Zukunft sollen innereuropäische Flugzeugbewegungen obsolet sein. Viele Metropolen sind durch Hochgeschwindigkeitsbahnstrecken miteinander verbunden. Es existieren die folgenden Strecken mit Entfernungs- und Reisezeiten (die Angaben sind zur Vereinfachung der Berechnungen nur schematisch):

Verbindung	Entfernung (in Kilometern)	Reisezeit (in Stunden)
München – Hamburg	900	2
München – Berlin	950	3
München – Paris	750	2
München – Wien	400	1
München – Bern	300	1
München – Rom	600	2
Berlin – Paris	1100	3
Hamburg – Berlin	400	1
Hamburg – Brüssel	500	2
Paris – Brüssel	300	1
Paris – Lyon	400	1
Bern – Lyon	400	3
Bern – Rom	600	3
Bern – Wien	600	2
Lyon – Madrid	600	2
Wien – Rom	700	2
Wien – Berlin	700	3

1. Modellieren Sie diese Verbindungen durch einen kantenmarkierten Graphen. Führen Sie für die Städtenamen geeignete Abkürzungen ein.
2. Ihr Standort sei München. Besuchen Sie alle Städte mit Hilfe der Breitensuche.
3. Ihr Standort sei München. Besuchen Sie alle Städte mit Hilfe der Tiefensuche.
4. Geben Sie die kürzesten Verbindungen von München zu allen anderen Städten an. Verwenden Sie dazu Dijkstras Algorithmus.
5. Geben Sie die schnellsten Verbindungen von München zu allen anderen Städten an. Verwenden Sie dazu ebenfalls Dijkstras Algorithmus.
6. Auf allen Teilstrecken pendeln Hochgeschwindigkeitszüge. Gewisse Güter sollen kostenminimal von einer beliebigen Stadt auf alle anderen Städte verteilt werden können. Die

Kosten steigen, wenn sich die Summe der Fahrzeiten der zur Beförderung beauftragten Pendelzüge erhöht. Geben Sie eine optimale Lösung unter Verwendung von Prims Algorithmus an.

Aufgabe 40

Dijkstras Algorithmus ist mit Hilfe eines Fibonacci-Heaps realisiert. Geben Sie die Gesamtkomplexität des Algorithmus unter Verwendung einer Binomial Queue an. Nehmen Sie an, dass alle Operationen der Binomial Queue die Laufzeit $O(\log(n))$ haben.

Aufgabe 41

Implementieren Sie eine Klasse Graph in JAVA oder OPPS (z. B mithilfe der vorgestellten Klassen NODE und EDGE). Implementieren Sie die Tiefen- und Breitensuche als Methoden der Klasse Graph. Teste Sie ggf. ihr JAVA Programm

Aufgabe 42

Beim sogenannten *Färbeproblem* geht es darum, den Knoten eines Graphen eine *Farbe* (oder auch nur eine Nummer) zuzuweisen, so dass zwei *adjazente* Knoten nie dieselbe Farbe besitzen. Klassisch verwendet man die Farben z. B um Länder auf einer Karte einzufärben (Nachbarländer sollen unterschiedliche Farben haben) oder auch in einem Compiler um die Variablen eines Programms geschickt den *Registern* des Prozessors zuzuweisen. Formulieren Sie (informell) einen Backtracking-Algorithmus, der versucht mit Hilfe einer Greedy Strategie einen Graphen mit nur 4 Farben zu färben.

A Die Pseudo-Programmiersprachen FPPS, IPPS und OPPS

Im zweiten bis vierten Teil des vorliegenden Buches wurde die Pseudo-Programmiersprache PPS in den 3 Sichten in 3 Variationen eingeführt. Die Syntax der Sprachen wird in den drei nächsten Abschnitten in EBNF-Notation definiert. Hierbei ist es wichtig zu beachten, dass die Grammatik einer Programmiersprache nicht dazu gedacht ist, direkt auf den Programmtext angewendet zu werden. Vielmehr wird das Programm zunächst von einem sogenannten *Lexer* bearbeitet. Dieser trennt die Eingabe in sinnvolle Teilstücke (sog. *Tokens*). Die Grammatik bezieht sich dann auf diese Tokens. Andernfalls müsste man beispielsweise in der Grammatik dafür Sorge tragen, ob ein oder mehrere Leerzeichen zwischen den Codefragmenten (etwa einem Funktionsnnamen und der öffnenden Klammer) stehen. Das würde zu einer unnötig komplizierten und schwer zu lesenden Grammatik führen. Genauso ist es auch die Aufgabe des Lexers, Kommentare aus dem Quelltext zu entfernen. Diese kommen daher in der Grammatik selbst auch nicht mehr vor. Da Kommentare praktisch an beliebigen Stellen im Programm vorkommen dürfen (z. B. auch innerhalb eines Ausdrucks, wenn dieser sich über mehrere Zeilen erstreckt) wäre eine Grammatik, die Kommentare beinhaltet sehr komplex. Da Kommentare auf die Programmerstellung keinen Einfluss haben, können sie problemlos vom Lexer entfernt werden.

A.1 Allgemeine Regeln

Die allgemeinen Regeln fassen die Gemeinsamkeiten der drei Sprachvarianten zusammen. Allerdings lässt es sich teilweise nicht vermeiden, ein Nichtterminal in einer der drei Sprachen noch etwas zu erweitern (z. B. ist **nil** eine Konstante für FPPS aber nicht für IPPS oder OPPS). Wir benützen dafür das Format 'NT = ... | x' um zu kennzeichnen, dass das bereits definierte Nichtterminal NT um eine oder mehrere neue rechte Seiten x erweitert wird. Fehlt diese Kennzeichnung, wird das Nichtterminal neu bzw. erneut definiert. Andernfalls stellt ... wie gewohnt eine Auslassung in einer Aufzählung dar. Die Startvariable der Grammatik (aus der sich alle Programme ableiten lassen) ist für jede der drei Sprachvarianten das Nichtterminal program

Konstanten und Symbole

```
cons = bool_cons | char_cons | nat_cons | string_cons |
    float_cons
bool_cons = 'true' | 'false'
char_cons = "'"character "'"
```

```
nat_cons = digit{digit}
string_cons = '"'{char_cons}'"'
float_cons = nat_cons'.'nat_cons
character = letter | digit
letter = 'a' | 'b' | 'c' | ...| 'A' | 'B' | ...| 'Z'
digit = '0' | '1' | '2' | '3' | '4' | ...| '9'
```

Bezeichner

```
id = letter {character}
```

Ausdrücke

```
exp = cons | id | monad_op exp | exp dyad_op exp | '(' exp ')'
monad_op = '-' | 'not'
dyad_op = '+' | '-' | '*' | '/' | '<' | '≤' | '=' | '≠' |
    '≥' | '>'| 'and' | 'or' | '^' | 'mod'
```

A.2   FPPS

Konstanten + Ausdrücke

```
cons = ...| 'nil' | 'empty'
dyad_op = ...| 'o'
exp = ...| function_call | cond_exp | id {'.' id}
function_call = id '(' [exp {, exp}] ')'
cond_exp = 'if' exp 'then' exp 'else' exp
```

Sortendeklarationen

```
sort_declaration = 'sort' id['<' id '>'] '=' sort_construct
sort_construct = sort_id | record_sort | variant_sort
sort_id = id['<' id '>'] | 'bool' | 'char' | 'nat' |
    'string' | 'float' | 'empty'
record_sort = 'record' sort_id id {';' sort_id id} 'end'
variant_sort = sort_construct 'or' sort_construct
```

Definition von Funktionen

```
function_definition = 'function' id '(' [parameter_list]')' ':'
    sort_id 'return' exp
parameter_list = sort_id id {',' parameter_list}
```

Programm

```
program =
    {sort_declaration}
    {function_declaration}
    exp
```

A.3   IPPS

Konstanten + Ausdrücke

```
cons = ...| 'null'
exp = ...| function_call | var_id
function_call = id '(' [exp {, exp}] ')'
```

Sortendeklarationen

```
sort_id = id | array_sort | 'bool' | 'char' | 'nat' |
    'string' | 'float'
sort_declaration = 'sort' id '=' sort_construct ';'
sort_construct = sort_id | record_sort | array_sort |
    pointer_sort
array_sort = '['nat_cons':'nat_cons']' 'array' sort_id
record_sort = 'record' sort_id id {';' sort_id id} 'end'
pointer_sort = 'pointer' sort_id
param_sort = sort_id | 'array' param_sort
```

Variablen

```
var_id = [var_id '.'] id [index] ['↓']
index = '[' exp ']'
var_declaration = 'var' sort_id id [:= exp] {, id [:= exp] }';'
```

Anweisungen

```
statement = assignment_statement | input_statement |
    output_statement | sequential_composition |
    conditional_statement | for_statement | while_statement |
    call | return_statement | generate_statement
assignment_statement = var_id ':=' exp ';'
input_statement = 'input' '('var_id')' ';'
output_statement = 'output' '('exp')' ';'
```

```
sequential_composition = statement {sequential_composition}
conditional_statement = 'if' exp 'then' statement
    ['else' statement] 'endif'
for_statement = 'for' id ':=' exp 'to' exp 'do' statement
    'endfor'
while_statement = 'while' exp 'do' statement 'endwhile'
return_statement = 'return' exp
call = id ['(' [exp {, exp}]')'] ';'
generate_statement = 'generate' '(' var_id ')' ';'
```

Deklaration von Unterprogrammen

```
procedure_declaration =
    'procedure' id ['('parameter_list')']
    {var_declaration}
    {procedure_declaration}
    {function_declaration}
    'begin'
    statement
    'endproc'
parameter_list:= ['var'] param_sort id {',' parameter_list}
function_declaration =
    'function' id '('[parameter_list]')' ':' sort_id
    {var_declaration}
    {procedure_declaration}
    {function_declaration}
    'begin'
    statement
    'endfunc'
```

Programm

```
program =
    'program' id ':'
    {sort_declaration}
    {var_declaration}
    {procedure_declaration}
    {function_declaration}
    'begin'
    statement
    'end.'
```

A.4   OPPS

Da OPPS auf IPPS basiert, sind zunächst alle dort definierten Regeln weiterhin gültig, sofern sie nicht erweitert bzw. erneut definiert werden.

Klassendeklaration

```
sort_construct = class_sort
class_sort = 'class' {class_member} 'end'
class_member = attribute_definition | method_declaration
attribute_definition = [visibility] sort_id id';'
method_declaration = [visibility] id['('[parameter_list]')']
    [':' sort_id] ';'
visibility = 'public' | 'private' | 'protected'
```

Anweisungen + Variablen

```
var_id = id[index]
call = var_id'.'id ['('[exp {, exp}]')']
generate_statement = var_id ':=' 'generate' '(' id '('[exp
    {',' exp}]')'')' ';'
```

Definition von Methoden

```
method_definition = procedure_definition |
    function_definition | constructor_definition
procedure_definition =
    'procedure' id '.' id ['('parameter_list')']
    {var_declaration}
    'begin'
    statement
    'endproc'
function_definition =
    'function' id '.' id '('[parameter_list]')' ':' sort_id
    {var_declaration}
    'begin'
    statement
    'endfunc'
constructor_definition =
    'constructor' id '('[parameter_list]')'
    {var_declaration}
    'begin'
    statement
    'endcons'
```

Programm

```
program =
    'program' id ':'
    {sort_declaration}
    {method_definition}
    {var_declaration}
    'begin'
    statement
    'end.'
```

B   Programmierstile im Vergleich

In den folgenden beiden Tabellen werden die typischen Gegensätze zwischen den drei in diesem Buch besprochenen Sichtweisen noch einmal zusammengefasst und gegenübergestellt. Die wesentlichen Unterschiede treten dabei jeweils zwischen der imperativ-prozeduralen Sicht (z. B. von IPPS, PYTHON oder PASCAL) einerseits gegenüber der funktionalen, andererseits gegenüber der objektorientierten Sicht auf. Da wir für die objektorientierte Sicht hier eine Kombination mit der imperativen gewählt haben, macht ein direkter Vergleich dieser beiden Sichten keinen Sinn. Dagegen ist es sehr interessant, die Eigenheiten nicht-objektorientierter imperativer Sprachen (hier als prozedural bezeichnet) außerhalb der imperativen Gemeinsamkeiten mit denen objektorientierter zu vergleichen.

	Imperativ (z. B. IPPS, PYTHON, PASCAL)	Funktional (z. B. FPPS, ML, HASKELL)
Charakteristischer elementarer Verarbeitungsschritt	Zuweisung x := 5	Funktionsapplikation Fak(5)
Programm	Sequenz (von Anweisungen)	Term
Semantik	Spur im Zustandsraum aller Variablen/Attribute	Wert (des Terms)
Sequenz	Folge von Anweisungen: x := 5; Ausgabe(x); Hupen;	Geschachtelte Funktions-Applikationen: Fak(Pot(Sum(2,3),5))
Bedingte Verarbeitung	Bedingte Anweisung **if** <Bed> **then** <Anw1> **else** <Anw2>	Bedingter Term: **if** <Bed> **then** <Wert1> **else** <Wert2>
Wiederholung	Wiederholungsstrukturen, z. B. **while** <Bed> **do** <Sequenz>	Rekursion: Func (int par): **if** <Bed> **then** <Wert> **else** Func(par-1)

Tabelle B.1: *Gegenüberstellung imperative und funktionale Sicht*

	Prozedural (z. B. IPPS, PYTHON, PASCAL)	Objektorientiert (z. B. OPPS, JAVA)
Prinzip	Zentrale Prozedur steuert alles	Objekte agieren soweit möglich selbstverantwortlich
Datensätze	Records (Verbunde)	Objekte
Operationen	Records werden verändert	Objekte führen Methoden aus
Implementierung von Varianten	Diskriminatorvariable: `Art := "Manager"` ... `if Art = "Manager" then` ...	Unterklassen über Polymorphe Methoden

Tabelle B.2: *Gegenüberstellung prozedurale und objektorientierte Sicht*

Literaturverzeichnis

Aigner, M.: *Diskrete Mathematik*, 2. durchgesehene Auflage, Vieweg Braunschweig/Wiesbaden, (1996).

Broy, M.: *Informatik - Eine grundlegende Einführung, Band 1: Programmierung und Rechnerstrukturen*, 2. Auflage, Springer Verlag, Berlin, (1998).

Broy, M.: *Informatik - Eine grundlegende Einführung, Band 2: Systemstrukturen und Theoretische Informatik*, 2. Auflage, Springer Verlag, Berlin, (1998).

Cormen, T. H., Leiserson, C. E., Rivest, R. L., Stein, C.: *Introduction to Algorithms*, second edition, The MIT-Press, Londond, (2001).

Date, C.J.: *An Introduction to Database Systems*, 7th edition Addison Wesley Longman Inc., (2000).

Güting, R.H.: *Datenstrukturen und Algorithmen*, B.G. Teubner, Stuttgart, (1992).

Mayr, E.W.: *Effiziente Algorithmen und Datenstrukturen*, Skriptum zur Vorlesung im Wintersemester 1998/99 Technische Universität München, (1999).

Mehlhorn, K.: *Datenstrukturen und effiziente Algorithmen, Band 1: Sortieren und Suchen*, 2. Auflage B.G. Teubner, Stuttgart, (1988).

Ottmann, T., Widmayer, P.: *Algorithmen und Datenstrukturen*, 4. Auflage Spektrum Akademischer Verlag Heidelberg, Berlin, (2002).

Tanenbaum, A.S.: *Computer Networks*, 3rd edition Prentice HallInc., (1996).

Wedekind, H., Görz, R., Kötter, R., Inhetveen R.: *Modellierung, Simulation, Visualisierung: Zu aktuellen Aufgaben der Informatik*, Informatik Spektrum 21:5, S. 265-272, 1998.

Ziegenbalg, J.: *Algorithmen, Von Hammurapi bis Gödel*, Spektrum Akademischer Verlag Heidelberg, (1996)

Index

(a, b)-Baum, 265

Ablauf, 3
Ableitung, 27
Ackermannfunktion, 64
Adjazenz, 272
Adjazenzliste, 273
Adjazenzmatrix, 272
Adresskollision, 230
Aktion, 5
Aktionsstruktur, 7
Algebraischer Typ, 50
Algorithmus, 9, 11, 199
    determinierter, 15
    deterministischer, 15
    Laufzeit, 201
    terminierender, 14, 15
Alphabet, 24
Alternative, 97
Amortisierte Kosten, 207
Analysemodell, 154
Anweisung
    bedingte, 96, 106, 169
    wiederholte, *siehe* Wiederholung
Attribut, 153
Aufrufgraph, 63
Ausgabeanweisung, 104
Ausgangsparameter, 120
Auswertungsfunktion, 38
Automat, 82
average case, 202
AVL-Baum, 247

B-Baum, 266
Backtracking, 289
Backus-Naur-Form, 25
    erweiterte, *siehe* EBNF
Baum, 271
Bedingter Term, 47
Belegungsfaktor, 231

best case, 202
Betriebsmittel, 7
Betriebssystem, 7
Bezeichner, 44
Binärbaum, 73, 147, 191
    fast vollständiger, 218
    Traversierung, 76
Binäre Suche, 224
Binomial Queue, 256
Binomialbaum, 254
Black-Box-Sicht, 31
Boolscher Operator, 47
Breitensuche, 273–275
Bubblesort, 10, 213

call-by-reference, 121
call-by-value, 121
Compiler, 22, 23

Datenfluss, 32
Datenflussdiagramm, 32
    dynamisches, 60
Datenkapselung, 161
Datenquelle, 32
Datensenke, 32
Datenstruktur, *siehe* Datentyp
    baumartig, 69
Datentyp, 43, 199
    dynamischer, 53
    statischer, 54
Deklaration
    Funktions-, 40, 121
    Prozedur-, 113
    Sorten-, 44, 101
    Variablen-, 88, 89
Diskriminiator, 76
Divide-and-Conquer, 215, 224
Doppelrotation, 251

E-V-A-Prinzip, 15

EBNF, 25
  Semantik, 26
Einbettung, 129, 130
Einfachrotation, 250
Eingabeanweisung, 105
Eingangsparameter, 121
Entwurfsmodell, 155
Entwurfsmuster, 191
Ereignis, 5
Ereignisdiagramm, 7
Ergebnisparameter, *siehe* Ausgangsparame-
    ter
Euklidischer Algorithmus, 9
eval, *siehe* Auswertungsfunktion

Feld, 101
Fibonacci-Heap, 259
formale Sprache, 24
Funktion, 35, 39
  kaskadenartig rekursive, 61, 143
  linear rekursive, 60, 129
  primtiv rekursive, 65
  Rückgabewert, 121
  rekursive, 53
  repetitiv rekursive, 60, 127
  Verkettung, 46
  vernestet rekursive, 64, 143
  verschränkt rekursive, 66, 143

Generalisierung, 177
Glass-Box-Sicht, *siehe* White-Box-Sicht
Grammatik, 27
  inhärent mehrdeutige, 28
  mehrdeutige, 28
Graph, 270
  bipartiter, 269
  gerichteter, 270
  gewichteter, 277
  vollständiger, 269
  zusammenhängender, 271
Greedy-Strategie, 287

Häufung
  primäre, 240
  sekundäre, 243
Hashadresse, 230

Hashfunktion, 230
  perfekte, 232
Hashtabelle, 230
Hashverfahren, 229
  offenes, 238
  universelles, 233
Heap, 219, 220
Heapsort, 218, 222
Heuristik, 285

IDE, 168
Initialisierende Deklaration, 92
Inordnung, 76, 245
Insertionsort, 210
Interface, 177
Interpreter, 22, 23
Inzidenz, 272
Inzidenzliste, 273
Inzidenzmatrix, 272

kaskadierendes Abschneiden, 261
Keller, 72, 141, 187
Klasse, 153, 158
Klassendiagramm, 154
Klassenkarte, 153
Knoten
  Grad, 270
  Nachbarschaft, 270
Kommentare, 94
Komponente, 31
Kompositum, 191
Konkatenation, 110
Konstruktor, 44, 54, 159
Kontrollstrukturen, 94

Landau-Symbol, 203, 205
Laufzeitfehler, 71
Lexer, 307
lineare Suche, *siehe* sequentielle Suche
Liste, 50, 69
  doppelt verkettete, 137, 183
  einfach verkettete, 137
Listenkonstruktor, 108

Maschinencode, 22
Maschinensprache, 22

Methode, 153, 171
    Überladen, 180
    Überschreiben, 179
    abstrake, 177
    Aufruf, 159
    polymorphe, 179
Modell, 3, 4
    funktionales, 32
    Klassen-, 153
    Zustands-, 81
Modellierung, 3, 4
Modul, 48, 123, 125

Nachordnung, 245
Nichtterminal, 25
null, 134

O-Notation, 203
Oberklasse, 175
Objekt, 153, 158
    Beziehung, 154, 165
        einseitig, 163
        zweiseitig, 164
    Instanz, 159
    Zustand, 162
OOM, 153
OOP, 153
Ordinaltyp, 108

Parameter, 39, 41, 118
    formale, 118
Pattern Matching, 51, 58
Pfad, 271
Polymorphie, 192
Potential, 207
Probabilistisches Verfahren, 285
Programm
    funktional, 38
    imperatives, 93
    objektorientertes, 157
    Zustand, 89
Programmiersprache, 22
    funktionale, 37
    höhere, 22
    imperative, 87
    objektorientierte, 158
    Pseudo-, 9

Programmierung
    dynamische, 286
Prorammiersprache
    Pseudo-, 19
Prozedur, 35, 93, 114
    Aufruf, 114
    Deklaration, 114
Prozess, 7
    datenverarbeitender, 32
Pseudocode, 17

Queue, *siehe* Warteschlange
Quicksort, 56, 215

Rebalancierung, 249
Referenz, 133, 160, 172
reguläre Sprache, 85
Ringtausch, 90

Schlüssel, 209
Schleife, *siehe* Wiederholung
Schrittweise Verfeinerung, 35
Seiteneffekt, 105, 119, 120
Selectionsort, 211
Selektorfunktion, 76
Semantik, 24
sequentielle Suche, 224
Sequenz, 94, 106
Signatur, 40, 158
Skript, 49, 103
Sondieren
    lineares, 239
    quadratisches, 241
Sondierungsfolge, 239
Sorte, 42
    polymorph, 57
Sortenparameter, 57, 58
Spannbaum, 272
    minimaler, 281
Speicherkomplexität, 201
Speicherkomponente, 32
Speicherverwaltung, 136
Spezialisierung, 177
Spur, 95
Stützgraph, 66
Stack, *siehe* Keller
statische Typisierung, 168
Struktogramm, 18

Strukturelemente, 12, 94
Substitutionsprinzip, 178
Suchbaum
    binärer, 226
    externer, 264
    interner, 247
Syntax, 24
Syntaxprüfung, 82
System, 4

Tabelle, 102
Tabellenkalkulation, 40
Teilgraph, 270
Terminale, 25
Terminalsymbole, *siehe* Terminale
Tiefensuche, 274, 276
Token, 307
Transition, 81
Tupel, 50

Überläufer, 234
Übersetzerprogramm, 23
UML, 154
Universalrechner, 21
Unterklasse, 175
Unterprogramm, 33

Variable, 87
    Bindungsbereich, 116
    Gültigkeitsbereich, 116
    globale, 114, 119
    lokale, 114
Variablentabelle, 89
Verarbeitungsschritt
    bedingter, 12
    Block, 12
    elementarer, 12
    zusammengesetzter, 12
Verbund, 44
Vererbung, 175
    mehrfach, 177
Verketten
    direktes, 235
    seperates, 235
Verkettung, 234
Verschattung, 115
von-Neumann-Prinzip, 22

Vorordnung, 245
Vorrangwarteschlange, 254

Wörterbuch, 229
Wald, 271
Warteschlange, 71, 141, 187
White-Box-Sicht, 31
Wiederholung, 13, 98, 107
    bedingte, 99, 109, 170
worst case, 202

Zeichenkette, 24
    leere, 24
Zeigervariable, 133, 135, 160
    dereferenzieren, 133
Zeitkomplexität, 201
Zugriffsmodifikator, 161, 176
Zustand, 81
Zustandsübergangsdiagramm, 81
Zuweisung, 89, 91
Zuweisungsoperator, *siehe* Zuweisung

www.ingramcontent.com/pod-product-compliance
Lightning Source LLC
LaVergne TN
LVHW080112070326
832902LV00015B/2548